2019年度安徽省教育科学规划立项课题
"指向学生核心素养的主题式学习实践研究"
（课题立项号：JK19117）
阶段性研究成果之一

2022年度安徽省教育信息技术研究课题
《AI视域下实践学习的"教、学、评"一体化研究》
（课题立项号：AH2022012）
阶段性研究成果之一

冯璐 等——著

『启明教育』下的实践学习探索

启迪心灵 明亮人生

时代出版传媒股份有限公司
安徽文艺出版社

图书在版编目（ＣＩＰ）数据

"启明教育"下的实践学习探索/冯璐等著. —合肥：
安徽文艺出版社,2023.11
ISBN 978-7-5396-5659-5

Ⅰ．①启… Ⅱ．①冯… Ⅲ．①课堂教学－教学研究－
小学 Ⅳ．①G622.421

中国版本图书馆CIP数据核字(2022)第048578号

出 版 人：姚　巍
责任编辑：姜婧婧　　　　　　装帧设计：张诚鑫
....
出版发行：安徽文艺出版社　　www.awpub.com
地　　址：合肥市翡翠路1118号　　邮政编码：230071
营 销 部：(0551)63533889
印　　制：合肥创新印务有限公司　(0551)64456946
....
开本：710×1010　1/16　印张：17.75　字数：270千字
版次：2023年11月第1版
印次：2023年11月第1次印刷
定价：52.00元
....

序

让启明星照亮孩子的慧丽人生

作为创办于 1899 年的百年老校,合肥市师范附属小学走过了从义学到崇今小学到今天的一百二十三年发展历程。学校在"启迪心灵 明亮人生"的办学理念指导下,孜孜以求学校各方面的优质发展,形成了富有影响力的"启明教育"品牌,且在这一品牌打造的过程中,系统地构建了"明慧课程",并借此促进学生的实践性学习。

启明星是金星的古称,是日出之前,出现在东方天空的金星,也是整个天空中除太阳和月亮之外最亮的那颗星。启明星在中国古代被称为"太白金星",而在希腊和罗马神话中,金星是爱与美的化身——维纳斯女神。启明星作为一种教育的象征,学校把它诠释为"启迪心灵 明亮人生",从而引申出更为深邃的内涵,赋予了教育的深远意蕴,即为每个孩子的人生奠基,让每个孩子走出千差万别的成长之路,活出千姿百态的慧丽人生。

《"启明教育"下的实践学习探索》这本书,以启明教育为主旨,以实践学习为主题,以"儿童学什么、儿童怎么学、教师如何教、效果如何评、学了会怎样"为主线,为读者呈现出编写者的心路历程和理性光芒。

我理解,实践学习中的"实践",在安徽,在合肥,在合肥师范附小是有别样含义的。著名教育家陶行知先生是安徽人,他关于知行关系的论述,学习教育学的几乎无人不知,他的"教学做合一"便是教育学意义上形态独具的"实践"。陶行知先生对知行关系的理解有一个变化过程,他先是改名为"陶知行",后又改为"陶行知",反映了从"知在行先"向"行在知先"的转变。确切地说,转向了他践行一生的"行是知之始,知是行之成"这一教育信条。尽管这句话与王阳明先生《传习录》中的"知者行之始,行者知之成"密切相关,但内涵上已是反其意而用之。并且,王阳明先生所谓"知",主要指人的道德意识和思想意念;"行",主要指人的道德践履和实际行动。因此,知行关系,也就是指道德意识和道德践履的关系,也包括思想意念和实际行动的关系。陶行知所提出的"行是知之始,知是行之成"已提升至一般意义上的认识与实践的关系,体现了他向社会学习、向实践学习的治学态度,也蕴含着其认识来源于实践、实践是认识的基础这一新的"知行合一"观。当然,从"认识—实践—再认识—再实践……"这一循环递归的逻辑长链上看,也许王阳明与陶行知谁也没说错,只是各自"截取"的"那一段"不同而已,而且,知与行互为起始,互为因果,也是事物本来的样子。

陶行知先生批评传统教育历来把读书、听讲当成"知之始",并以其为知识的唯一来源,习之既久,学生就"不肯行、不敢行、终于不能行,也就一无所知",这确实是对传统教育弊端的十分接地气的批判。

合肥的教育家何炳章先生是教师、校长出身,长期致力于"自育自学"实验的研究与推广,在合肥中小学界产生了重要的影响,何先生自身也是践行知行合一的典范。

合肥师范附小能以实践学习为中心来开展课程创新与教学变革,同样基于在校教师对知行关系的透彻理解,才能在陶行知先生与何炳章先生的故土,把"知行合一"思想继续发扬光大,像启明星一样照亮孩子未来的人生道路。

这本书为我们循序展开了儿童实践学习所依托的明慧课程,这一课程实施中的主题式、链条式、项目式、立体式、联动式、浸润式学习与教学,围绕实践学习教学而进行的教师研修,面对实践学习所开展的评价改革,以及明慧课程实施、教研和评价影响下师生的成长和课程的改进与优化。

明慧课程以培养身体健康、精神饱满、品格高洁、科学与人文素养良好的"明理少年"为目标,"明理少年"即明事懂理、通达情理的学生。明慧课程以"以文养慧,以智促慧,以能增慧"为指导,包含了国家基础课程、地方特色课程、学科拓展课程、校本选修课程,整体上建构起一个基础扎实、内涵丰富、选择多元的课程体系,以此引领学生进入、经历并体悟丰富多样的实践学习过程。明慧课程以图形呈现,就是"一中心五环式"。这个中心,就是以实践性学习为中心,充分体现了"知行合一"的实践观与学习观。

合肥师范附小对实践学习的关注,源于乒乓球队成功案例的启示,继而求索于"轻负担、高质量、有特色"思想引导下的第二课堂活动,发展成型于明慧课程的开发与实施。不仅突破学科界限,重构多学科融合的结构化实践学习内容,相应实施多方位综合的教学教研模式,还立足生命成长,建立多维度结合的实践式学习评价,可以说,是熔课程、教学、教研和评价于一炉的"促进学生实践性学习体系"。这样一个体系支撑下的实践学习,是"做"中的"学",是自主主动地学,是互动合作地学,是自由而有深度地学。诚如陶行知先生所言,行(做)是知识的重要来源,也是创造的基础,身临其境,动手尝试,才有真知,才有创新。他将行动、知识和创造的关系做了形象的比喻:"行动是老子,知识是儿子,创造是孙子。"明慧课程中的"陶艺 STEAM""文化寻根""科学主题聚焦"以及"主题阅读、创新阅读"等浸润式阅读,都能让孩子们学中有创、创中有学、以创促学,能够在玩中、在学中、在生活的每一个场景中,深深体验到学习和创造的快乐。

合肥师范附小的师生和学生家长们,用爱心和智慧共创了"启明教育","启明教育"就像每个人生命中的启明星,照亮的不仅是每个人当下的实践性学习,更是每个人的慧丽人生和璀璨未来。

杨小微

(序者系华东师范大学教授、华东师大基础教育改革与发展研究所原所长;广西师范大学教授,广西基础教育研究院教育现代化研究所所长。)

前　言

马克思主义实践观认为,实践是认识的来源,是认识发展的根本动力,是检验认识正确与否的唯一标准,实践与认识是辩证统一的关系。

建构主义强调学习者的主动性,认为学习是学习者基于原有的知识经验生成意义,强调学习的主动性、社会性和情境性。

教育,是要教会学生在实践中学习,将知识的学习、技能的掌握上升到更高阶的思维的形成和解决问题的能力方面,从而达到"知行合一",将实践与认识统一于一体。

1963 年,一支乒乓球校队在学校体育老师魏兆海的带领下诞生了。谁也不会想到,就是这样一支在艰苦环境下成长起来的球队,已经历了半个多世纪的辉煌。而它的诞生、发展和壮大,也成了合肥市师范附属小学实践学习的源头。

一、追忆——实践学习的历史沿革

(一)起源:乒乓球队的光芒

引拍、发球、接球……乒乓球校队成立后,乒乓球教练带着学生苦练基本功,在实践中学习乒乓技法。1964 年,仅仅过了一年的时间,合肥师范附小乒乓球校队参加合肥市的比赛,就一举夺得了女子团体冠军,此后不但在安徽省、合肥市的比赛中多次夺冠,更是常在全国赛中精彩亮相。球队参赛代表曾受到周恩来总理的接见;在国际少年乒乓球赛中获得三个冠军;当年省队的男女主力队员中有好几位均是校队队员。乒乓健儿毕业后或是一辈子献身乒坛,或是成为为国捐躯的烈士,或是成为行业领军人物……这些优秀的人才,成了合肥市师范附属小学乒乓球队的荣光,也代表了学校实践学习的探究成果。

(二)求索:兴趣小组的成立

20世纪80年代起,学校以"轻负担、高质量、有特色"作为办学指导思想。为了让更多的学生了解、学习乒乓球,在乒乓球队的基础上,学校成立了首个不以参赛为目的的乒乓球兴趣小组。

由此生发,学校在抓好第一课堂的同时,在学生中积极开展第二课堂活动,实践学习的脚步走向远方。学校成立了包含微机组、航模组、无线电组等十多个兴趣小组。学生将平时在课堂上学习到的各学科知识迁移到兴趣小组的学习中,用以解决实际问题。此后,在各级各类比赛中,各兴趣小组获得多项殊荣,捷报频传,极大地拓宽了学生视野,提高了学生学习的积极性和探究欲。

(三)发展:校本课程的诞生

2000年,乒乓球被纳入学校的校本课程。教师自拟计划、自编教材,合肥师范附小的第一本特色课程教材由此诞生。而后,学校的明慧课程围绕育人目标,开设了多达三十多门课程,各门课程的开设结合学生的兴趣点,力图将知识内化为学生的能力和经验,实现学生学用结合。

二、追寻——实践学习的发展完善

从乒乓球队到兴趣小组再到特色课程,在实践学习探索的历程中,合肥市师范附属小学培养出了一批又一批全面发展又具有个性特长的学生。但探索的步伐并未停止,追求的脚步永远在路上,学校进一步明确了要引导孩子在"做"中"学",将"学"与"做"相融通,由"学"掌握知识和技能,在"做"中将知识和技能转化为解决问题的关键能力,促进学生核心素养的提升。

本书重点展示了在新阶段,学校基于对实践学习的特点理解,围绕学生发展核心素养结构模型,通过三个紧密相关的途径:实践学习的课程改革、实践学习的教学方式改革、实践学习的评价改革,进行实践学习领域学习方式和教学模式的协同变革。

（一）突破学科界限，重构多学科融合的结构化实践学习内容

根据学生核心素养养成及综合发展的需要，为了消解学科之间的壁垒，学校对国家课程、地方课程、校本课程等不同层面的课程内容进行重组，设计多门学科相融合、接近学生日常生活的学习主题。同时，打破课堂教学的局限，通过完成主题学习任务，激励学生走出课堂，进行实践学习。

（二）促进探究发现，实施多方位综合的教学教研模式

追求灵动、高效、智慧的教学过程和自主、开放、拓展的学习过程，开展学生探究活动和教师协作研修活动，构建多种互动共生课堂模式。教师通过研修，促进专业成长，使课堂更具魅力；学生通过解决实际问题，改善思维方式，提高综合解决问题的能力。

（三）立足生命成长，建立多维度结合的实践式学习评价

探究多角度、动态化、实践式的形成性评价，将评价贯穿学生学习全过程，注重评价内容的多维化、评价方式的多样化、评价主体的多元化，利用教育信息化手段，构建起全方位、立体式、综合性的评价体系，实现"时时有成长，处处有评价"。

学校课程体系的建构，教师教学方法的转变，学生学习方式的变革，教育评价体系的完善……一系列的变化，促进了学校教育改革向纵深推进。

心在路上，路在心上。我们一直在探索小学阶段学生实践学习的路上奔跑，未曾停下脚步，沿途饱览无限风景……

目录

第四章　效果怎么评？　围绕实践学习建立评价新体系 / 200

我们的探寻:基于实践学习的"1+2+N"评价

第五章　学了会怎样？孩子在成长、教师在成长、课程在成长 / 247

我们的期待：实践启明　共同成长

第一章　儿童学什么？
实践学习的理念在学校扎根

我们的追求：立足"实践"培育　让孩子向上生长

合肥市师范附属小学在"启迪心灵，明亮人生"的办学理念指导下，一直孜孜寻求提升教学质量、高品质实施素质教育的智慧。合肥市师范附属小学，原名崇今小学，创办于 1899 年，在一百多年的办学过程中，学校名称及办学体制等几经变化，从最初的义学发展至今，已成为拥有五千多名在校学生的大规模学校。学校先后荣获"全国教育系统先进集体""全国德育工作先进集体""全国群众体育先进集体""全国现代教育技术实验学校""安徽省特色示范小学""安徽省体育传统项目学校""安徽省数字化校园建设示范学校"等多项殊荣。

学校本着"生命是一个整体，培养真正自由的人，让他能自主地发掘他个人的使命与方向"的教育理念，以学生为中心开展学习设计，尊重个体差异，用多元化的实践学习课程，让学生自信而阳光地成长。"教育是点燃火苗，而不是灌满瓶子。"苏格拉底的名言，道出了最科学的教育理念的精髓。尊重儿童自身发展规律，让儿童在亲身体验和理解中快乐地学习。整个学校就是一个学习共同体，在这里，学生发展着他们的天性，多元化的课程接纳着不同学生的差异，为他们提供适合自己的学习方法，帮助他们发挥自己最大的潜能。在实践学习过程中，学生体验着一次自我实现的旅程，他们自身的天性得到充分发挥。课程是学生核心素养及学校办学理念落地生根的重要途径。学校依据"启明教育"的办学理念，多年来围绕实践学习进行了明慧课程的研发和实施。采用了丰富的教学资源，努力创设自主、开放的学习氛围，将学科知识与实践运用相结合，开设了系列主题任务式课程,并以链条的形式进行多项课程的统整,形成主题课程的链条,使学生在课程链中获得多个课程的综合性学习。同时注重综合实践课程的特色实施,引领学生用探究和实践的方式在主题教育活动、社会生活实践活动中学会有意义地学习,让他们在探究中增长见识,在实践中培养能力,帮助学生点亮精神世界的希望之光,引领学生走向美好学习和生活。

第一节　明慧课程的起点——正视实践的价值

新时代对育人目标和方向提出了更高、更具体的要求。面对新时代给教育带来的崭新机遇和更高挑战,学校从教育变革的真正需求出发,从育什么样的人的实际出发,重构了开放、创新的教育生态,助力学生全面发展和个性化成长。学校立足于实践性学习,创造学生学习的真实环境,满足学生的不同成长需求,不断地探索与思考,对课程进行个性化的建构。实践性学习贯穿国家课程、地方特色课程、学科拓展课程、校本选修课程,形成了"自主选择、多元发展、动心体验"为特色的明慧课程体系。

明慧课程以培养"明理少年"为目标,促进学生的全面发展,提高学生的综合素养。"明理少年"即明事懂理、通达情理的学生。其育人目标具体分为以下几个方面:一是"身体健康",健康是基础,健康的身体是一切的根本,是美好人生的基础;二是"精神饱满",饱满、向上的精神是旺盛生命力的重要表现,是人成长的内驱力;三是"品格高洁",是乐观、友好、好学、耐挫、有毅力等个性心理品质和善良、豁达、友爱、团结等优秀社会品质的目标总和;四是"科学与人文素养良好",是学生在学科领域要实现的目标。

明慧课程以"以文养慧,以智促慧,以能增慧"为指导,包含国家基础课程、地方特色课程、学科拓展课程、校本选修课程,整体建构了具有基础扎实、内涵丰富、选择多元的课程,引领学生经历实践学习的过程。学校将核心素养与学校文化、育人目标相融合,围绕"整合""跨界"的理念,促进学生的课堂学习和生活实践发生联系,通过激发学生对问题的研究兴趣,加深对知识的理解,在

"做"中"学"，通过实践学习锻炼技能，提高解决问题的能力。

第二节　明慧课程的历程——将实践与教育融为一体

对于学校来说，1.0、2.0、3.0、4.0、5.0 这组数字意义非凡，它们记录了学校一百多年办学历程中的课程变化与实践，从最初的版本到 5.0 版本的华丽蝶变。在一路的变化与实践中，学校一直围绕两个方面思考：一是教育要培养什么样的人，二是学校要如何实现教育的目标。

从 1963 年到 2008 年，四十五年的光阴，学校在实践、思考、再实践、再思考中，完成从最初版本的兴趣小组到 2.0 版本课程的演变。最初的课程版本以兴趣小组为主要活动形式，陆续成立了十多个课外兴趣小组①：微机兴趣小组、车模兴趣小组、无线电兴趣小组、书法兴趣小组、摄影兴趣小组、美术兴趣小组、歌舞兴趣小组、气象兴趣小组等。这些兴趣小组以实践学习为主线，注重激发培养学生的兴趣爱好和技能。如，附小乒乓球队始建于 1963 年，坚持常年训练。学校利用乒乓球特色的硬件、师资等资源，从训练队扩展到兴趣班，从 2001 年起，正式将乒乓球纳入学校课程，并编制了课程纲要、校本教材以及评价办法。同一年，学校围绕信息技术、乒乓球、英语等特色项目，提出了"三个百分百"的特色培养目标，编制了"三百工程"评价手册。这种坚持与坚守凸显了学校的文化特色。

从 2008 年到 2014 年，这六年里，围绕"启迪心灵，明亮人生"的核心价值观，学校明确"关注儿童精神世界的教育"的办学思想，紧随学校文化建设脚步，紧扣信息化时代脉搏，将课程作为落实学校文化建设的重要途径，提升至 3.0 版本的课程蜕变令人耳目一新。学校坚持以实践学习、掌握技能为本，通过明慧课程结构的改革、课程内容的重构，实现优化实践学习品质，同时通过实践的探索与思考，对课程进行个性化的建构，在国家课程和校本选修课程的基础上，根据学生兴趣和需求"量身定制"活动课程。充分挖掘学生资源与潜能，让课程

---

① 张红,等. 启迪心灵　明亮人生[M]. 合肥:安徽文艺出版社,2013.

成为助力学生成长的跑道。实践活动课程以"两球滚动,一艺一礼,线上线下,科学探究,三惯一体,经典阅读"为特色。"两球"指的是以乒乓球和足球课程为引领,丰富运动类课程文化。"艺"指的是陶艺课程。"礼"指的是明礼课程。"三惯"指的是在低、中、高三个年级段开设不同主题、各具特色的好习惯课程。STEAM 科学探究课程是一种联合科学(Science)、技术(Technology)、工程(Engineering)、艺术(Art)、数学(Mathematics)五个学科,跨学科、跨主题的综合性实践学习课程形态,将学科知识与生活情境关联,在真实的问题、真实的情境中,让学生合作、探索解决问题。"经典阅读"指的是传统文化、徽文化等经典作品的阅读课程。这些实践活动课程不限于在具体的场所和时间里进行①,借助云端,运用混合式学习的方式,突破时空的限制,满足学生多样化的需求,开拓了学生的视野,激发了学生的兴趣。

随着我国 21 世纪学生核心素养的出炉,围绕"教育要培养什么样的人? 学校要办什么样的教育?"这些问题,从核心素养的"一个核心、三个板块、六大素养、十八个基本点"中,我们得到这样的答案:现代教育就是要培养一个真正的人,一个适应未来的人。学校将育人目标、办学特色等与核心素养相对照,围绕统整的理念,开启 4.0 课程模式,以实践性学习课程,创造丰富、真实的学习环境,突破课程壁垒,重构课程,从学科立场转变为学生立场,让知识内化为学生的能力和经验。"互联网+"下的主题实践课程,通过技术与课程的突围与重构,为学生呈现未来的生活、完整的世界,是以全人培养为目标、以国家课标为引领、以项目学习为抓手、以跨学科整合为基本策略的综合性实践活动课程。它从学科立场转变为儿童立场,横向拓展了课程的丰富性,让儿童的学习伴随着积极的动机、情感、情绪。

2017 年 VR 虚拟现实课程和 3D 打印的人工智能课程走进校园。学生在学习的过程中,可视化地"听到""看到",课程变得既有趣又好玩,学生纷纷表示喜欢这样的课程。"AR+教育"让明慧课程迎来 5.0 版本的蝶变期。

明慧课程从 1.0 到 5.0 的发展,前后经历了半个多世纪。一代又一代的附

---

① 张红,等. 启迪心灵 明亮人生[M].合肥:安徽文艺出版社,2013.

小教育工作者在课程研发的道路上,在寻找教育真谛的过程中执着前行。随着教育形势的发展和国家课程指导性政策的出台,明慧课程也在进行着一场场变革,变得更顺应时代的需求,变得更贴近学生的生活,更符合儿童的心理认知水平。

第三节 明慧课程的研发——探索基于学生的实践学习

学校在广泛调研的基础上,参考实效性、满意度等数据,对明慧课程进行科学论证,做好加减法,实事求是地删减了一些低效课程,有计划地开发符合学校课程实施要求的课程。每研发一个新项目,都要严格根据课程研发路径来实施,建设优质的资源库,同时加强对相应课程教师的培训,确保课程实施的有效性。

一、明慧课程的研发思路

(一)利用地方资源的优势

学校发挥地方的优势,结合场馆资源、社区资源、高校资源,将其作为课程资源。本土资源的引进,凸显了课程资源的地方风土人情和地方文化特色。

(二)从课外活动小组走向课程开发

兴趣小组是明慧课程的雏形,在不断的变化和实践中,课程研发坚持从学生的角度出发,让学生在各类探究性、参与性、体验性活动中成长。

(三)从教师专业爱好发展走向课程的开发

教师资源是实现课程研发不可或缺的一种资源,课程为教师创造了专业发展的舞台,教师不仅是传统的知识传授者,还成为校本课程开发者、校本教材研发者、校本资源挖掘者。

二、明慧课程的研发程序

课程研发要立足于学校本身的特色,要结合校情、师情、学情。学校课程部采用"推荐才能、自我接榜"的双向选择的方式,确定了各门课程名称和课程研发的主持人。在广泛征集师生的意见后,学校结合校情和学生实际开设课程,学生自主选课。

课程研发教师依据课程育人目标、课程的主要内容,设计了详细的明慧课程指导手册。课程研发团队首先在组内进行合理分工,每位教师领取不同板块的课程设计任务,然后进行课程板块内容的汇总,大家集思广益,并依照课程目标,明确课程框架,细化课程实施对象,优化课程教学进程安排,调整课程教材内容。

三、明慧课程的研发模式和应用模式

(一)明慧课程的研发模式

规范、精准、科学的课程研发模式,不仅保证了课程研发的进度,更确保了课程的质量。明慧课程的研发方案包含以下几个方面:

1. 课程分析

解析该课程的开发背景、学习对象的定位、课程主要特点等。

2. 课程目标

明确该课程的详细培养目标,从实践性学习的要求出发对课程目标进行分解。

3. 课程结构和内容

依据课程的育人目标,按照课程的主线,编写课程的指导手册,按板块、篇章或主题安排课程架构,制订教学实施活动方案,在具体教学过程中逐步总结经验,再充实各板块、篇章或主题内容。

4. 课程实施

完成课程研发方案初稿后,按板块、篇章或主题内容将课程逐一分开实施,并依据教师的课后反思、课堂实录及学生实践作业等进行修改完善。

5. 课程评价

根据课程目标制定评价策略,形成学生课程学习改革的综合性评价。以下是明慧课程研发模式。

课程开发背景	⇒	编写课程纲要	⇒	制订教学方案	⇒	确定课程目标

⇒ 开发评估工具 ⇒ 确定课程架构 ⇒ 追踪与重建 ⇒ 解释与实施

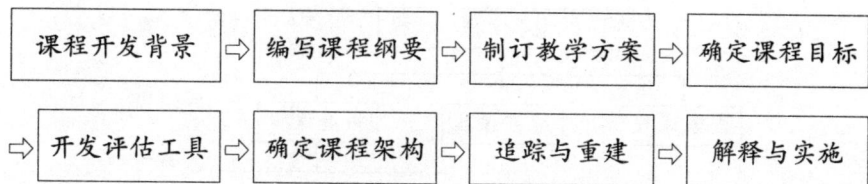

图 1-1　明慧课程研发模式图

(二)明慧课程应用模式

教师在实践中反复研讨，已形成具有学校特色的应用模式：一是拓展课程与学科课程结合，形成了融合课程、聚焦课程、拓展课程、成长课程、传统文化课程、阅读课程。二是信息化环境与现实真实环境相结合，充分发挥网络的巨大作用，"云端"助力"实地"，搭建"云教室"特色课程新载体；通过微课、微信实现翻转课堂的"两微一翻"策略，开创了学生学习的新方式。学校借助互联网，开发网上选课平台，借助大数据精准透视课程实效，让学生获得更多的跨学科知识，提高解决问题的能力。三是必修课程和选修课程相结合、固定班级和走班上课相结合、40 分钟长课与 20 分钟特色短课相结合的应用模式。

第四节　明慧课程的框架

建构主义认为，学习是学生自己建构知识的过程，学生不是被动的信息的吸收者，而是主动建构者。基于这样的理论支撑，学校构建具有全新观念的多样化课程体系，使每个学生在国家基础课程、地方特色课程、学科拓展课程、校本选修课程中，个性得到充分、自主、和谐的发展，提高学生的综合运用能力，提升学生的核心素养。

学校制订了《合肥师范附小课程实施方案》，依据学校育人目标的五个方面，培养"身体健康、精神饱满、品格高洁、科学与人文素养良好"的明理少年，梳理学校现有的明慧课程结构，设计了以"健、乐、尚、思、博"五字命名、以五个色块"赤、黄、蓝、绿、橙"为标识的明慧课程架构，见图 1-2。

```
                    ┌─────────────────┐
                    │  明   慧   课   程  │
                    └─────────────────┘
             ┌──────────┬─────┴──────┐
        ┌────────┐  ┌────────┐  ┌────────┐
        │ 国家课程 │  │ 地方课程 │  │ 拓展课程 │
        └────────┘  └────────┘  └────────┘
                         ┌────────┴────────┐
                   ┌──────────┐    ┌──────────┐
                   │ 拓展必修课程 │    │ 拓展选修课程 │
                   └──────────┘    └──────────┘
        ┌──────────────────────────────────────┐
        │  健     乐     尚     思     博  │
        └──────────────────────────────────────┘
```

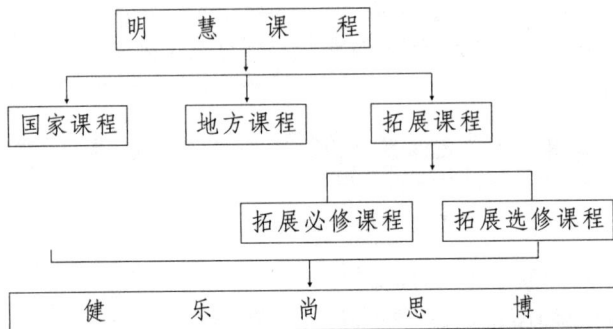

图 1-2 明慧课程框架图

1. 红色课程,代表字为"健"。红色让人感觉色彩浓烈,代表着吉祥、活跃、热情、勇敢、健康。健,意为强壮,身体好,体现学校育人目标中的"身体健康"。课程的培养目标是让学生健康、阳光地成长。重视体育课程,发展学校体育传统项目,涵盖快乐乒乓等体育类课程。

2. 黄色课程,代表字为"乐"。黄色给人轻快、明亮的感觉。黄色课程代表灿烂,不受拘束,超出一般。乐,意为快乐,体现学校育人目标中的"精神饱满"。课程的培养目标是让学生心理健康,认识自我,能快乐、自信地成长。涵盖综合实践、心理拓展、游戏节、艺术节等体验类课程。

3. 蓝色课程,代表字为"尚"。蓝色给人平静、安静的感觉。蓝色课程旨在培养学生高尚的德行和规范的礼仪。体现学校育人目标中的"品格高洁"。课程的培养目标是让学生拥有独立向上、宽容合作、规范严谨等品质。包含品德课程、"明礼"课程、成长课程、"好习惯"课程、人文课程等。

4. 绿色课程,代表字为"思"。绿色给人生机勃勃、充满希望的感觉。绿色课程突出热爱自然、崇尚科学。"思"本身有智慧和思考的含义。二者均体现学校育人目标中的"科学素养良好"。课程的目标在于培养热爱自然、崇尚科学的学生,加强科技创新教育,提高学生科技意识和创新精神,促进学生的全面发展。涵盖科学素养课程、操作体验课程、思维训练课程。

5. 橙色课程,代表字为"博"。橙色给人温暖的感觉。橙色课程体现学校育人目标中的"人文素养良好"。课程的目标在于培养博古而通今、汇中而融外、具有一定的艺术修养的学生。涵盖语言表演课程、声乐戏曲课程等。

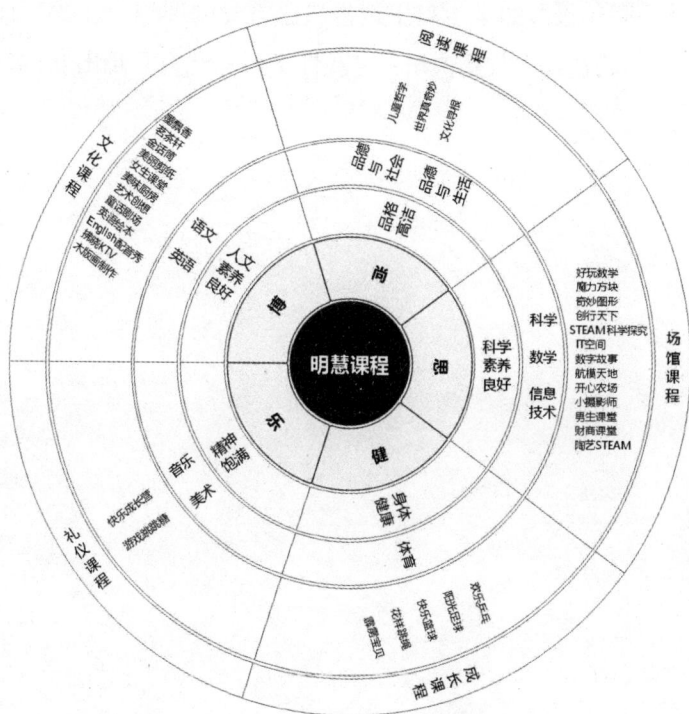

图 1-3　明慧课程图谱

明慧课程"一中心五环式"课程图谱意为：

一中心：即以实践性学习为中心的明慧课程。

环一：以五字"健、乐、尚、思、博"命名、以五个色块"赤、黄、蓝、绿、橙"为标识的课程架构。

环二：即学校育人目标的五个方面。

环三：即国家基础课程。

环四：即实践性拓展必修课程，如儿童哲学、金话筒、魔力方块等。

环五：即实践性拓展选修课程，如礼仪课程、成长课程等。

"五色五字"明慧课程建设，坚持学校自身特色和追求，与学校的定位相一致,与学校的培养目标相一致。在低年级段,实施基础阶课程,侧重让学生了解、体验明慧课程的魅力和特色,激发学习兴趣。在中、高年级段,实施提升阶明慧课程,让不同年级段的学生自主选修自己喜爱的课程,实践学习课程让每一个学生在参与的过程中收获快乐。实践性学习从儿童立场出发,培养全面发展的人。

第二章　儿童怎么学？
立足实践构建满足学生需求的课程设计

我们的主张：实践中体验，真实中满足

在明慧课程的实施过程中，学校采用了丰富的教学资源和先进的现代信息技术手段，努力构建自主、开放的学习氛围，通过课程统整、学科拓展、项目化研究、学校特色资源课程化研发等方式，多维度、多方向地进行实践性学习。学生通过解决实际问题，转化思维方式，进行自主探究式学习，提高了综合解决问题的能力。

第一节　主题任务式聚焦课程

学校在国家课程的基础上，将学科知识与实践运用相结合，将符合儿童身心发展与实际需要的课程相整合，聚焦于学生在基础课程中学到的知识，带领学生进行思考与感悟，去解决实际问题，将课程资源、课程内容、课程时间与空间整合，开展系列主题式课程实践。以此达到学习目标聚焦阶段育人主题，单元教学聚焦核心概念，教学评估聚焦单元主题的核心概念和知识的目的。在此过程中，学校重构了课程体系，关注对学生创新精神、实践能力和社会责任感的培养，以强化单元统整教学，以主题式、任务式的实践活动课程来促进学校教育改革的纵向推进。

一、语文大单元主题式聚焦课程

（一）主题任务式聚焦课程的开发设计

华东师范大学课程与教学研究所所长崔允漷教授在《新一轮义务教育课标的修订,即将带来哪些教学上的变革》一文中强调,深化教学改革应做到坚持以素养为导向,强化学科实践,推进综合学习,落实因材施教。在如今以核心素养为导向的教学背景下,学科教学不能只停留在单纯的知识传授和对课堂的"一刀切"上。因此,学校积极组织学科教师,结合国家课程教材编排的特点以及学生学习能力发展的规律,在语文学科中创新实施了大单元主题式聚焦课程。

大单元主题式聚焦课程是以语文学科核心素养为基础,基于学校特色以及学生的真实学情,通过对国家课程内容的单元主题式统整、编排,注重培养学生核心素养的实践课程。课程以主题式教学和语文学科核心素养为前提,充分挖掘学科知识与生活实践的关系,将单元中零散的知识点融入活动任务中,让学生在实践中体会知识应用的价值,从而为学生的全面发展奠定基础。

(二)语文大单元主题聚焦课程的实施

语文学科核心素养是学生在积极的语言实践活动中积累与构建起来,并在真实的语言运用情境中表现出来的语言能力及其品质,是学生从语文学习中获得的语言知识与语言能力,思维方法与思维品质,情感、态度与价值观的综合体现。

为了高效推进学生语文学科的核心素养,学校成立了语文大单元主题聚焦课程专项课程研发教师工作坊,分年级进行每个阶段的教学研讨,在学校"通识三备、独立三备、集体六备"的"336"备课模式的基础上,完善课堂教学过程。与此同时,工作坊成员教师以学期为单位,在学期前期以培训工作坊先行;以月度为单位,通过线上线下相结合的互动研讨、协同备课,以公开课、课例研究、撰写课例报告等方式点面结合、逐次推进,促进课程的深入研发。

1.课程目标

(1)提炼主题内容,分年级横向推进学科素养阶段性目标

《义务教育语文课程标准》(2011年版)将语文的核心素养与语文学习能力目标相结合,体现在"识字与写字、口语交际、阅读、习作、综合性学习"等方面。在课程实施方面,部编版教材以单元语文要素的形式分阶段培养学生的语文能

力。基于此,学校老师在单元整合的理念下,提炼核心主题,将培养目标以单元为学习整体,分年级横向推进语文学科素养。

(2)创设实践活动,纵向深化学科素养内涵

学校通过提炼的主题要素,创新性开展语文实践活动,将学生需要具备的学科素养能力融入其中,构建相同语文素养在不同年级的实践模式。在此过程中形成素养提升的闭环,改革教学模式,深化教学内涵。

2.课程内容

结合课程的聚焦目标,我们以语文学科素养中的语言构建与应用为切入点,将六个年级的不同单元统整与学校生活相关联的语文大单元主题式教学内容,具体统整模式整合下表:

年级	学科素养	单元主题	社会情感	学校统整关联主题	涉及课文
一年级上	语言建构与应用:交流与语境	上学	学生角色的适应	认识自我	《我上学了/我是小学生》《读书真快乐》
二年级上	语言建构与应用:思维发展与提升	特征	我是谁(从外部特征到内在心理特征的认知)	认识自我	《小蝌蚪找妈妈》《我是什么》《植物妈妈有办法》《有趣的动物》
三年级上	语言建构与应用:交流与语境	学校	集体及规则适应(学会学习)	我与学校	交流与语境:《大青树下的学校》《花的学校》《我的暑假生活》 学会学习,关于如何学习的规则:《不懂就要问》
四年级上	语言建构与应用:交流与语境	环境	复杂情绪	我与环境	《观潮》《走月亮》《花牛歌》《繁星》 口语交际:《我们与环境》《推荐一个好地方》
五年级上	语言建构与应用	特点	人际关系:认识他人	我与他人	《将相和》《什么比猎豹的速度更快》《"漫画"老师》《介绍一种事物》
六年级上	语言建构与应用:思维发展与提升	重温革命历史公众表达	集体,爱国	我与集体(国家/社会)	《开国大典》《狼牙山五壮士》《七律·长征》《只有一个地球》 口语交际:演讲,请你支持我,意见不同怎么办,书写倡议书

表2-1　语文大单元主题式课程内容实施表

从表中我们不难发现,学生的学习不再是教材内容的堆叠,而是以明确的关联主题为基础的实践探究性学习。在此过程中,我们既关注了学生的社会情感体验,也培养了他们健康向上的心理行为习惯。

3. 课程实施步骤

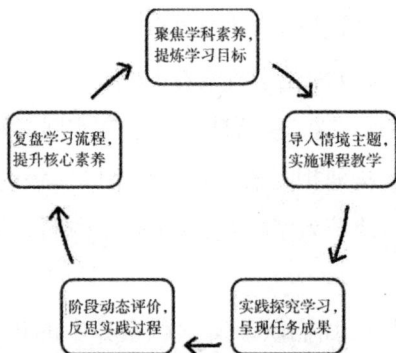

图 2-1 课程实施步骤

(1)聚焦学科素养,提炼学习目标

语文大单元主题式聚焦课程将学习目标由传统的传授学科知识向聚焦育人目标进行了转变。因此,学校根据学生心理和社会性发展的成长阶段,基于不同年级学生的实际学情,统整了六个年级学生的侧重发展目标,分别为:自我管理(学生角色的适应)、自我认知、学校认同、融入环境、认识他人及发展友伴关系以及对集体、社会和国家认同。依据这些素养目标,学校为各个年级设置了年级段育人目标主题。不同年级根据主题选择对应的语文教学单元,并确定单元的核心概念。将单元中的课文、语文园地、习作等教学内容用核心概念串联起来,形成相对应的问题链和任务链。

语文大单元主题式聚焦课程指向高阶思维能力,注重持续性深入探究。学生明确学习目标,以小组合作的学习方式,形成学习共同体。学生围绕学习目标,收集并分析数据,积极思考,主动探究,构建并完善解决方案。

(2)导入情境主题,实施课程教学

语文大单元主题式聚焦课程的学习是基于解决真实的问题而存在的有意义的学习,真实的问题也一定存在于相应的学习情境中。教师在确定单元主题后,围绕单元核心概念设置学习情境。同时,在此背景下整合问题链和任务链,并设置一个个具体的情境,对应地设计一些教学活动,旨在让学生在互动中真正做到深度思考与深度学习。以一年级组的主题教学为例：

　　一年级的学段育人目标是帮助学生实现从幼儿园小朋友到小学生的角色转变，使他们尽早适应校园生活。因此，刚入学时学习的第一单元的核心概念就是"适应"，核心问题是："我如何适应小学生的新身份，成长为一名'五星小学生'？"

　　在"适应"这个核心概念下，老师围绕着核心问题，对一年级学生遇到的实际问题进行了分析，并将这些问题分解成问题链：我如何整理书包？我怎样找到自己的东西？我怎样坐端正？我怎样正确地读拼音生字？为了让学生更好更快地适应角色，老师们设置了相应的任务链：守护书包大挑战、叠衣服比赛、坐端正游戏体验、拼音朗读大挑战。

课程安排	学科教学安排	探究实践活动安排	阶段性成果（阶段性评估）	点评与建议
1. 课程启动	感受小学与幼儿园的区别	参观校园；小剧场拍摄：晋升小学生的我，有点小困惑	小剧场视频	课程启动包括参观校园和小剧场拍摄，形式非常新颖，贴近入学新生的现状，呼应学生的实际需求。
2. 小学初体验	《我是小学生》	量表初评；图片收集；小剧场记录：懵懵懂懂的小青豆	第一份测评量表；根据量表制订习惯养成计划；小剧场视频	将"五星成长量表"作为目标的想法很棒！考虑到一年级小学生的能力，量表可以选取一些卡通图来选择性拼贴，并且与同桌协作完成选择性粘贴。
3. 五星进阶记	《我爱学语文》《对韵歌》	一日常规量表检测；小剧场记录：神速进阶的小青豆（读书，写字，绘画……）	第二份量表；小剧场视频	邀请家长配合，并且配上文字反馈，识别实现目标的障碍，创意解决办法并采用一定的支架做出决策。
4. 我是五星小学生	《我们做朋友》	对比成长量表，说说自己的成长和收获；小剧场；"五星小学生"上线	五星成长量表；小剧场视频	呼应《我们做朋友》的内容，可以把人际交往的内容放入量表中，并进行同伴互评。小剧场视频中，加入反思总结的内容，还可以在哪些方面继续努力。

表2-2　一年级语文主题式聚焦课程设计建议

一年级组在《我,我们》这一主题情境下,对单元中的人文要素和语文要素进行了整合分析,根据一年级学生的学习规律,分别设计了"我是几星小学生""'五星小学生'养成记""五星小学生大闯关"这三个学习任务,再结合单元语文学习目标将每个任务进行了细化。只有明确课程的学习情境,有意义的学习才能实现。

图2-2 "五星小学生"大闯关　　　图2-3 "五星小学生"闯关卡

(3)实践探究学习,呈现任务成果

在语文主题式聚焦课程中,确定好一个个情境,任务就要有序地开展起来。任务与任务之间前后贯通,层层递进。通过有序地完成实践活动,能够深化学生对核心概念的理解。

【案例2-1 一年级教学案例】

任务一:我是几星小学生?

1.绘本导入,捕捉学生对于新校园的初体验,用图片与视频展示学生入学初的各种不适应:找不到班级、找不到座位、拿错校服、找不到水杯、不会走路队……感受小学与幼儿园的区别。

2.引导学生针对"晋升小学生的我,有点小困惑"进行讨论,说一说刚进小学,你有什么不适应和困惑的地方。

3.出示"自我管理"评估量表,学生从"整理书包、叠衣服、书写、拼读、校园四走"几方面给自己进行初评级,再由同桌互评,初步确认"我现在是几星小学生"。

任务二:"五星小学生"养成记(分项课程)

(一)守护书包大挑战

1. 谜语导入:"它是我的好朋友,每个同学全都有,笔墨书本帮我拿,可我还得背它走。"

2. 绘本《真的要守住一年级的书包》共读,讨论交流:"我们现在知道了哪些守护一年级书包的小秘诀呢?"

3. 学生整理自己的书包,给每个文具和物品找到自己的家。

(二)我会自己叠衣服

1. 共读绘本《乱扔东西的塔格叔叔》,讨论:"塔格叔叔为什么总是找不到自己的东西呢? 有什么想对他说的?"

2. 出示衣物整洁与凌乱的两张图片,引导思考:"你最喜欢哪一张? 为什么?"

3. 展示叠衣服小妙招,共同学习。

"伸伸手,左抱抱,右抱抱,弯弯腰,变一半。"

4. 进行叠衣服比赛,评选"叠衣服小能手"。

(三)坐端正,写好字

1. 共读绘本《如果你坐得歪歪扭扭》,交流:"坐端正有什么好处呢? 我们如何坐端正?"

2. "坐端正"小游戏体验。

(1)"长个儿"游戏:老师把手掌心放在学生头顶上方一厘米处,让学生通过伸展腰部、背部以及颈部,努力去顶老师的手。

(2)"头顶书"游戏:准备一本书,让学生坐下来,把书平稳地放在学生头上,数三十个数。

(3)"蝉蛹变蝴蝶"游戏:首先,两手交叉抱住后脑勺。接着,向前弯腰,同时把胳膊肘向前收拢,蜷缩上半身。然后,深吸一口气,同时向外打开胳膊肘和胸膛,眼睛向前看。帮助学生矫正"乌龟脖"。

3. 学生用端正坐姿与正确写字姿势进行书写练习。

（四）我爱"读读背背"

1. 出示学生语文课上的读书视频,引导学生进行自我评价:我能正确认读拼音生字吗?

2. 学生进行"拼音朗读大挑战",同桌互评,教师相机指导。

3. 小组成员依次上台进行"校园四走"背诵,边背边演示相应场景。

任务三:"五星小学生"大闯关(成果展示)

1. 设置"整理书包我能行""叠好衣物我最会""认真书写我最棒""拼音生字我会读""校园四走我会背"五个关卡。

2. 学生持闯关卡依次进行挑战,每完成一项获得一颗星,争做"五星小学生"。

3. 结合闯关游戏,说一说自己的成长和收获。

（案例撰写人:钱夏婷）

图2-4　学生记录活动感受

一年级组设计的主题式聚焦课程,旨在帮助学生适应"小学生"这一新身份,完成从幼儿园到小学的过渡。课程从"整理、收纳、书写、朗读、规范"五个方面入手,用游戏与体验的方式,让他们得到锻炼与相应能力的提升,逐步成长为一名合格的小学生。在学习过程中,学生表现出极大的好奇心,调动了学生学习的积极性,学生在每个活动中全情投入,通过学习与实践,逐步提升认知,初步养成良好的行为习惯，为小学生活创造了一个良好的开端。

（4）阶段动态评价，反思实践过程

评价具有诊断、反馈等重要作用。在语文大单元主题式聚焦课程的实施过程中，也需要对学生的整个学习过程进行评价。根据评价的作用不同，评价可分为诊断性评价、形成性评价和总结性评价。不论是何种评价方式，都必须遵循真实性原则。学校不同年级组设计出不同主题的语文实践活动，也相应地设计出了具有可操作性的评价方式。例如，一年级组出示"自我管理"评估量表，学生从"整理书包、叠衣服、书写、拼读、校园四走"几方面给自己进行初评级，再由同桌互评，初步确认"我现在是几星小学生"。

评价项目	自评	同桌评
整理书包我能行	★　★★★　★★★★★	★　★★★　★★★★★
叠好衣物我最会	★　★★★　★★★★★	★　★★★　★★★★★
认真书写我最棒	★　★★★　★★★★★	★　★★★　★★★★★
拼音生字我会读	★　★★★　★★★★★	★　★★★　★★★★★

续表

评价项目	自评	同桌评
校园四走我会背	★ ★★★ ★★★★★	★ ★★★ ★★★★★

表2-3 "自我管理"评估量表

评估量表的意义在于指导学生开展有意义、有效率的学习活动。通过评估量表,学生懂得了每一项活动需要达成的目标,同时能够促进学生解决实际问题,深化对核心知识的理解,通过评估反馈,也有利于老师更加有针对性地推进主题式聚焦课程。

(5)复盘学习流程,提升核心素养

学生在完成一个主题式实践教学活动后,老师应该及时进行学习流程的复盘,帮助学生回顾学习的方法,提炼学习中解决问题的要点,为学生夯实学科素养奠定基础。复盘课程教学的实施过程也有利于老师发现教学中的问题,厘清下一阶段的教学思路。以下是一位老师关于"神话单元"单元主题式教学反思片段。

【案例2-2 教学反思】

课堂伊始,我带领学生共读古诗《嫦娥》,激发学生阅读神话故事的兴趣,引入"神话单元"的学习。在语文学科核心素养的基础上,落实单元的语文要素,一是"了解故事的起因、经过、结果,感受神话中的人物形象",二是"感受神话中神奇的想象和鲜明的人物形象"。并让学生共读古希腊神话《普罗米修斯》,体会中国古代神话和希腊古代神话的异同处,提升学生核心素养中"思维发展与提升"这一点。当然,在教学中也存在一些问题。比如小组合作,有些同学没有主动地参与其中,有些流于形式,有些问题的设计,学生思考起来比较困难,等等。

对于单元主题式教学这一新的教学方式的尝试,作为教师,我觉得要有开放的心态,直面课堂的"真"。这一教学方式对于学生的学习来说是一种新的挑战,对于教师的教学更是一种挑战。对于课堂上发生的一切,我认为作为教师,要做好应对,努力做好自身的改变。眼中更要有语文核心素养这个航标,这样才能引导我们走向成功。

（案例撰写人:闪海兰）

二、科学主题任务式聚焦课程

小学科学主题任务式学习是指以建构主义教学理论为基础,在强烈的探究兴趣的影响下,教师指导学生围绕着一个有效的探究任务,灵活地运用已有的学习资源,开展以自主、合作为特点的探究学习。主题任务式学习是一种高效小学科学学科教学模式,相对于讲授法、阅读法等传统教学法而言,它更注重知识和能力的综合运用。一般的科学研究主要以寻找问题的答案为主要目标,而任务驱动式的探究学习并没有把完成任务作为唯一目标,而是关注学生的科学素养的全面发展。

（一）科学主题任务式学习"四步骤"

科学主题任务式学习有确定任务、制订计划并实施计划、分析研究和搜集信息、反思总结四个步骤。

1.锁定目标,明确任务

主题任务式学习的前提是有明确的任务,任务既是整个学习过程的目标,也是探究活动的初始动力。探究式教学,首先就要创设一种能激发学生探究欲望的环境,任务情境能够激发并维持他们的兴趣,因此,采用这种教学模式时,要提前为学生创设真实或仿真的情境,以便确定本次活动的任务,并以完成任务为目标,激励学生寻找任务的完成路径。由此看来,任务就是这种探究形式的核心。教师的主要任务之一就是创设适当的问题情境,促进学生发现问题,并促使学生积极寻找完成任务的方法。对于科学教学来说,设置任务时应该注意以下三个方面:一是相关性,即任务不能天马行空,而是要与课程本身所规定的教学目标相对应;二是新颖性,即学生要面对的是没有完成过的、新奇的任务;三是困难度,任务的难度应略微高于学生的探究基础,即刚好在学生已有的知识和能力水平之上,所谓"跳一跳,摘得到"。

2. 制订计划,全面考虑

俗话说,凡事预则立,不预则废。在确定了目标任务后,学生需要制订具体的计划。一份优秀的计划离不开前期酝酿、碰撞讨论、征求意见等过程,学生在制订计划时,要主动地进行思考,全面衡量任务、资源与能力等因素的关系。在反复的沟通下,在计划里,学生除了要明确提出任务外,还要全面考虑自身的条件与外界的影响因素,通过观察、阅读、实验、考察等,筛选恰当的研究方法,逐步确定探究步骤、职责分工、预期成果等,描绘出大致的路径等。计划可以使探究活动的方法更明确、思路更清晰、过程更科学。

3. 搜集信息,得出结论

同学们在完成任务的过程中,要围绕目标,利用多种途径发现、搜集信息。其途径大致分成两类:一是获取直接信息,即学生从观察与实验中获取信息;二是获取间接信息,即学生通过学习和阅读,从他人那里获取信息。在搜集过程中,学生要具备一定的信息技术能力,知道通过图书馆、互联网、调查访问、参观考察等渠道,获取资料,运用文字、图画、影音等形式记录信息,运用统计图、概念图、表格等方法有效整理信息,并根据信息形成自己的观点,最后归纳总结,形成结论。在整个探究学习过程中要培养学生实事求是的科学精神。

4. 善于反思,不断创新

有专家认为,学习的过程不仅体现为概念上的从疑惑到释然,也不仅是经历了一个印象深刻的过程,还在于在完成任务的过程中,逐渐孕育并制定、更新的任务。因此,教师应鼓励学生在探究中及时发现、善于提炼出更多的新任务。每一个计划执行结束或执行到一个阶段,就应当检查一下效果如何。如果效果不好,就要找找原因,进行必要的调整。有人认为,任务式学习的过程是线性的,即从任务到计划,然后是实施和结论。事实上,任务驱动并不完全按照这种顺序发展,实际上每一阶段都可能相互影响,观察往往会引出新的任务,结果也可能激发新的探究。研究过程更多地表现为循环上升,而把这种循环上升的探究活动运用于小学科学学习之中,将意味着学习的非线性结构,它更接近科学家从事的真实的科学探究。因此,在整个学习过程中,都要帮助和启发学生提出更高层次、更复杂的任务,要把学生确定新任务的多少、任务的可达成度等,作为课堂教学的重要的评价标准。

(二)以数码探究为主题的任务式学习课程

以大数据和人工智能等教学技术为代表的信息化时代的到来,促进了教育的变革,这就需要我们在课堂上转变教与学的方式、重塑师生的关系和重新建构教学的结构。2021 年,学校在北师大项华教授数字科学家项目团队的带领下,开展了为期三年的小学科学数字科学家新生态项目。数字科学家项目是一种基于数码相机、计算机和物联网等数字化手段,提高计算思维、创新与实践能力的行动方案。学校科学教师在数字科学家项目的引领下,不断探索新的课堂教学模式,提高孩子们的科学素养能力。

【案例 2-3　制作我的小乐器】

一、案例研发(开发)描述

本案例活动以任务式教学浓缩微课堂的形式,呈现学生自己思考设计、制作、调试、展示的完整的全过程。(共 1 课时)

二、案例实施目标

科学目标:知道改变材料的一些属性可以改变材料产生声音的音高。

技术目标:在乐器制作过程中及完成后,需进行相应的测试和调整。

工程(设计)目标:经历从设计制作调整展示小乐器的制作过程,并将科学和技术与工程相结合。

艺术目标:感受动手后的成就感和体会音乐之美。

数学目标:体会材料的长短、多少等因素和声音的高低存在的数学关系。

三、教学实施条件(准备)

任务式教学所需的硬件环境:希沃白板、无线投屏、展示白板等。

教师准备:带琴弦类的乐器材料、敲击类的乐器材料、吹奏类的乐器材料、材料卡片、设计单。

学生准备:彩笔、有关音高的知识储备。

四、教学过程设计

1. 问题提出

技术发明创造通常都蕴藏着一定的科学原理,需要科学概念的支撑,以先前知识为基础开展活动。首先,通过让学生欣赏一场简短的音乐会导入,引出乐器为何能够产生高低不同的声音,然后请学生回答,从而对原有科学概念进行复习巩固,为接下来的设计活动做好理论支撑。

2. 方案设计

本次活动的目标:设计制作出能够发出三种不同音高的乐器。

材料准备:我们找来了未加工的材料和可能用到的工具:钢管、塑料管、鞋盒、食用油桶、吸管、高脚杯、切割机、剪刀、双面胶、橡皮泥、铁架台等。

分组讨论:让学生开动脑筋,以小组形式进行充分讨论,思考都有哪些方法可以达成活动目标,充分调动学生学习的主观能动性,发挥学生在活动中的设计主体地位,让每位学生化身为乐器设计师,积极主动参与到活动中来。

思考设计方法:请小组代表回答本组想到的设计方法,小组在设计开始前展示实验要求,并找一位同学将要求读给全班同学听,通过这种方法让学生明确在实验过程中的注意事项,力求设计活动更有效、顺畅地进行。

绘制完善设计图:缩小每组的设计目标范围,进一步分配每组制作乐器的任务,如:第一、二、三小组为弦乐器组,第四、五、六小组为打击乐器组,第七、八、九小组为管乐器组。然后向各组分发准备好的资料卡片,自行领取资料卡片上的材料和工具进行本组的设计制作。并合作完成设计单。设计完成后将设计单贴在磁性黑板上进行分享展示，教师从三种乐器类型中分别选取设计比较好的小组的设计单，利用投屏技术投屏放大，并找对应的小组汇报员到讲台上汇报本组的设计思路，解说设计图。汇报完毕请各组拿回设计单，针对发现的问题对本组设计图进行修正完善。

设计环节中要注意以下几点：

（1）出示未加工的材料和可能用到的工具让学生进行思考是十分必要的，工具是物化的技术，认识常见的工具，了解其功能，并使用工具对材料进行简单加工，培养学生的动手操作能力。学生们探讨开发不同的解决方案以及优化实验方案，来解决问题，达成目标，这种创造性思考的过程是工程设计的核心要素。如果直接展示给学生的是加工好的长短不同的管子，或是直接运用一些公司开发的小乐器套盒，那么这个活动只能算得上是一节乐器组装课，对学生技术素养、工程素养的提升也会大打折扣。在这个过程中老师不能成为别人"材料包"的搬运者和实施者，我们要根据学生的实际，寻找更适合自己学生的材料，成为一名开拓型的教师。

（2）设计时，最好以资料卡片的形式让学生进行观察设计。如果让学生直接观察真实的材料，很多学生会急于进行动手制作，而忽略设计环节，利用资料卡片可以让学生进行充分的小组讨论，细致地观察，从而"画"出相对完善的设计图。

（3）设计单上强调乐器的发音部分，按照音高由低到高的顺序，依次标注为数字"1""2""3"。此时不能说成音乐上的"do""re""mi"。因为学生们制造的乐器音准不准确，还需要校音，调试，否则会对一些同学产生知识性误导。

（4）设计开始前，进行不同任务划分，让学生更清楚自己要制作什么，锁定目标。

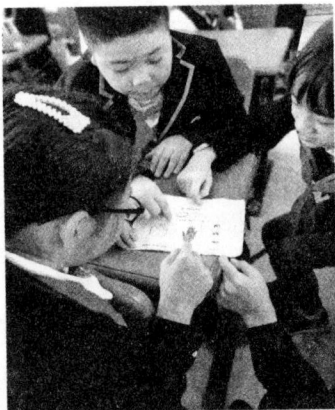

图 2-5　讨论设计方案　　　　　图 2-6　画设计图

图 2-7　设计图展示

3. 实践活动

在制作环节中，我们要为学生提供合适的材料，《制作我的小乐器》是《声》单元的一个总结，目的是让学生感受改变材料的属性可以产生不同音高的声音，培养学生的技术素养和科学素养，锻炼学生动脑、动手的能力，养成科学思维习惯。在实际教学中，由于所面对的学生年龄比较小，还不能独立地完成一些工具的使用，在提供材料时，要考虑到材料的可使用性和安全性。如：制作打击乐器的长金属管、塑料管，可以事先利用切割工具切割成不同的长度,提供给学生进行选择,省去学生不便操作的危险环节。尽可能多为学生准备不同的材料,启发学生的制作想法。为学生提供合适的半成品材料,可以帮助孩子更快、更有效地制作出作品,降低动手环节的难度,让学生充分体验到将科学运用于解决实际问题的乐趣,领悟到科学和工程技术的联系和不同之处,提升科学自信心和成就感。

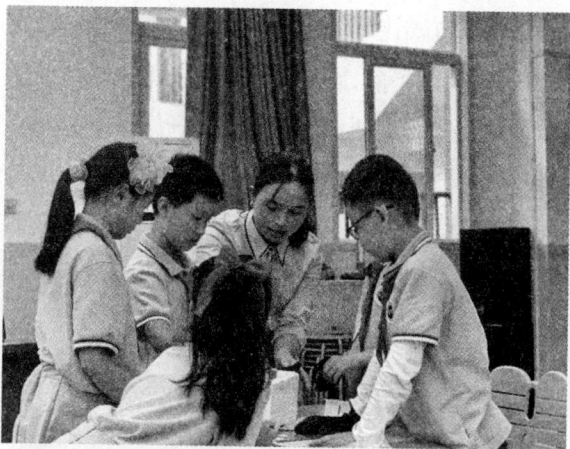

图 2-8　动手实践,教师指导

4. 作品分享与评价

每一组同学展示本组所制作的乐器成果,进行"音乐表演",然后各组再次进行乐器调试。通过提出问题激发学生进一步设计、制作和完善乐器的热情。如:怎么样进行调节、校音,使自制乐器的音准更加接近标准;怎么样使我们的自制乐器发出更多高低不同的声音;身边有没有更好的材料可以自制乐器等一系列的问题,让课堂延伸到生活,让思考不止于课堂。正如陶行知先生的生活教育理论所说:"生活即教育。"

5. 反思与改进

任务式教学是学生成长发展的必要过程,教师要深入地了解学生的知识掌握情况及实践的需要,不断提升学生科学素养、技术素养、工程素养,为学生今后的成长和发展打下坚实的基础。

（案例撰写人:官云秀）

(三)以科技长廊为主题的任务式学习课程

学校的科技长廊是一个微型的科技馆,里面五十多套仪器设备涵盖了电、磁、声、光、能量等各个科学领域。科技长廊主题实践课程学习中,教师运用学习任务单,通过查阅资料、动手实践,将深奥的物理、科技知识潜移默化地印在孩子们的脑海中。寓教于乐的学习方式让每个爱动手操作的孩子像科学家一样探究问题。科学课上,在一台台的仪器设备前,同学们聚精会神地做起实验,科技长廊之"十万个为什么"课程,让学生脑洞大开。这样的课程开阔了学生的视野,普及了科学知识,让学生感受到了科技的神奇力量,激发了他们爱科学、学科学的热情。

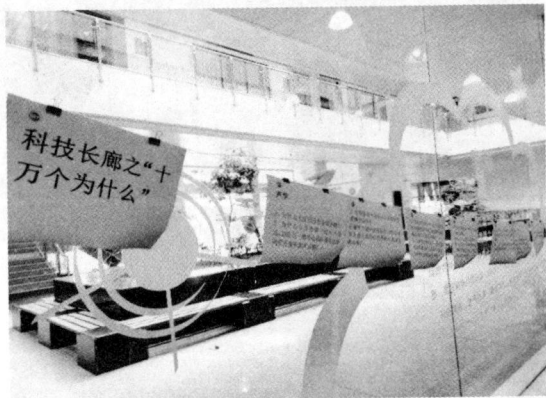

图 2-9 科技长廊任务单

【案例 2-4 科技长廊学习任务单】

欢迎你来到科技长廊,现在就开始有趣的科学探究闯关吧!

温馨提示:

1. 阅读学习单的学习任务,有序找到对应的展品,自主学习,小组合作探究完成。

2. 请在阅读展品的简介及使用方法后,轻触按钮,小声讨论。

第一关:"光井"

你觉得这口光井有多深? _____。真的是这样吗?

我的猜想：_____。

它的原理：_____。

第二关："手不能抖"

你知道什么是导体,什么是绝缘体吗？说一说：_____

_____。

你的一只手在金属片上,另一只手拿着金属杆,什么情况下会报警？

原因是什么？ _____。

第三关："地磁场"

为什么指南针可以指示南北？ _____

_____。

第四关："华容道"

小组内谁能帮助曹操逃出？ _____

_____。

第五关："自己拉自己"让我们感受到了滑轮组的威力

本来向下的力量方向变成了_____。（向下、向上）

力量通过装置变大了还是变小了？ _____。

你能试着画出这个装置的样子吗？

通过探究,你觉得滑轮组有什么作用呢？

_____。

（案例撰写人：黄玉凤）

第二节　链条式融合课程

近几年,课程统整(curriculum integration)也可译为整合课程,综合化、开放式等词语成为基础教育课程改革实验领域的热门词。詹姆斯·比恩曾以拼图游戏来说明课程统整的意义,想象一下玩拼图游戏的情景,当一堆图块呈现在眼前,通常我们必须先有一个图像作为指引。个别的图块也许毫无意义,只有当这些图块被组合起来时,它们才会显现出意义来。这就告诉我们,学校的课程应组成一个个有意义而又具有整体性的图块。

在我国,2014 年 3 月,教育部颁布的《关于全面深化课程改革落实立德树人根本任务的意见》中指出:"要增强整体性,强化各学科相关学科纵向有效衔接和横向协调配合……充分发挥学科间综合育人功能,开展跨学科主题教育教学活动,将相关学科的教育内容有机整合。"《北京市实施教育部〈义务教育课程设置实验方案〉的课程计划(修订)》,也突出课程"整体育人"的基本理念。浙江省教育厅《关于促进义务教育课程整合的指导意见》则更为具体明确:"课程整合应以培养学生思想品格、综合素质为目的,体现学科核心素养的要求。"

学校在课程综合化实施过程中力求打破学科间的壁垒,以多学科课程融合的方式,在一主题课程引领下,以链条的形式进行多项课程的统整,引导学生在整合中获得多项学科知识、生活经验、丰富的学习方式与课程资源,从而形成更加立体化、综合化的知识构建。

一、链条式融合课程的开发设计

步骤一:建立融合课程框架

在明慧课程中,以多个主题课程作为融合中心,再构建融入多项其他学科,形成主题课程内的链接。各学科教师分工协作,研讨交流,学科之间加强联系与整合,进而展开多学科、多角度的知识探索与实践内容,形成了每个主题课程的融合式内容框架。

步骤二:开发融合课程手册

通过跨学科教研,教师参与到一项融合课程手册的编写中。在课程手册中,确立多个学科涉及的主题,整合各学科相关的学习目标、学习资源、知识点和课程素材,来深化该融合课程的学习内容。教师围绕课程手册进行教学,引导学生获得该融合课程中的各科相关知识,从而为学生的深度学习与实践探究提供材料。

步骤三:围绕同主题形成课程链

在明慧课程中，各课程不是独立存在的，是可以相互交叉、相互融合的。围绕着一个主题，学生不仅可以在自己选择的拓展课程中进行实践性学习，也可以在其他课程中得到不同的学习内容与方式，在课程链中获得多个课程的综合性学习，从而深化所学习的课程。如，在文化寻根课程中，进行茶主题学习的学生，不仅能够在这个课程中了解茶文化，还能够走进这一课程链中的其他课程，既可以走进茗茶轩课程中去品茶，探究茶文化，也可以走进陶艺教室来做一个茶具、茶杯，在课程链中获得有关茶的多方面学习。

二、陶艺 STEAM 课程链

（一）课程目标

陶艺是一门实践性很强的课程，从设计方案的制订，选择材料、工具，再进行烧制，是学生参与、动手操作的过程，也是哲学、历史学等多种知识渗透于操作中的过程。学校以陶艺课程为基础，将小学阶段人文、科学、音乐等学科知识整合其中，教师围绕不同的主题开展教学活动。在课程中学生不仅进行艺术的实践，同时获得音乐、历史、文化、科学、数学等方面的知识。课程既发挥陶艺教育特有的魅力，又将各门学科融合，以课程链的形成构建出艺术课程的新形式，提高了学生的综合素养。具体目标如下：

1. 突破学科界限，重构多学科融合的结构化学习内容

设计多门学科相融合、接近学生日常生活的学习主题，打破课堂教学的局限，通过完成各主题学习任务，激励学生进行探索、实践、学习。

2. 促进学生探究发现和自主学习能力

课程构建自主、开放的学习环境，开展学生自主探究和协作探究活动，学生在实践中解决问题，提高学习能力。

3. 立足生命成长，建立多维度结合的实践式学习评价

评价可以是对一个问题、一项技能、一次活动的评价，也可以是对一个贯穿整个学习的主题作出评价。以学生在每一学习阶段完成的作品以及自己的构思、看法等作为依据，构建适合 STEAM 学习的形成性评价方式。

(二)课程内容

1. 中年级陶艺 STEAM 课程内容一览表

教师们依据研发的陶艺 STEAM 课程指导手册中的主题制订了中年级的课时计划。

主题	内容与要求	课时
百变的泥土	陶艺课堂:泥土的秘密 人文课堂:两只罐子的故事 音乐课堂:陶笛的旋律	3
小茶壶	陶艺课堂:制作小茶壶 人文课堂:茶叶与茶杯的分类 音乐课堂:学唱《采茶山歌》	3
罍	陶艺课堂:罍的故事与制作方法 人文课堂:中国酒器文化 音乐课堂:听古曲,学习古代传统礼仪	3
鱼	陶艺课堂:泥土巧做海底鱼 科学课堂:鱼的结构,了解安徽巢湖三鲜,年画剪纸中鱼的特别寓意 音乐课堂:欣赏《丰收渔歌》《渔舟唱晚》,比较西洋乐器与民乐的艺术魅力	3
花	陶艺课堂:花的表现方法 人文课堂:花的故事,吟诵花的诗句 音乐课堂:聆听乐曲,模仿律动	3
面具	陶艺课堂:夸张的面具 人文课堂:读一读《面具:人类的自我伪装与救赎》,说一说更多有关面具的知识 音乐课堂:听歌曲《唱脸谱》,寻找最具特色的脸	3
农家小院	陶艺课堂:巧用泥土表现农家小院 人文课堂:学习徽派建筑,了解徽州文化 音乐课堂:聆听歌曲,看图配乐	3

续表

主题	内容与要求	课时
皖北农夫	陶艺课堂：泥土人物表现方法 人文课堂：皖北家乡的故事分享 音乐课堂：唱一唱五河民歌《摘石榴》	3

表 2-4　中年级陶艺 STEAM 课程内容一览表

2. 高年级陶艺 STEAM 课程内容一览表

教师们将教材中的内容融入其他拓展课程中，形成课程链，达到综合育人的教学目标。

主题	内容与要求	其他课程
百变的泥土	陶艺课堂：泥土的秘密 人文课堂：两只罐子的故事 音乐课堂：陶笛的旋律	文化寻根 国际理解 七彩哆来咪
小茶壶	陶艺课堂：制作小茶壶 科学课堂：茶嘴的秘密 人文课堂：茶叶与茶杯的分类 音乐课堂：学唱《采茶山歌》	科学探究 美味厨房
罍	陶艺课堂：罍的故事与制作方法 人文课堂：中国酒器文化 音乐课堂：听一听古曲，学习古代传统礼仪	国际理解
鱼	陶艺课堂：泥土巧做海底鱼 科学课堂：鱼的结构 人文课堂：了解安徽巢湖三鲜，年画剪纸中鱼的特别寓意 音乐课堂：欣赏《丰收渔歌》《渔舟唱晚》，比较西洋乐器与民乐的艺术魅力	科学探究
花	陶艺课堂：花的表现方法 科学课堂：花的结构 人文课堂：花的故事，吟诵花的诗句 音乐课堂：聆听乐曲，模仿律动	科学探究

续表

主题	内容与要求	其他课程
面具	陶艺课堂:夸张的面具 科学课堂:人的面部 人文课堂:读一读《面具:人类的自我伪装与救赎》,说一说更多有关面具的知识 音乐课堂:听歌曲《唱脸谱》,寻找最具特色的脸	科学探究
农家小院	陶艺课堂:巧用泥土表现农家小院 科学课堂:房屋结构 人文课堂:学习徽派建筑,了解徽州文化 音乐课堂:聆听歌曲,看图配乐	科学探究 文化寻根
皖北农夫	陶艺课堂:泥土人物表现方法 科学课堂:皖北的地理特征 人文课堂:皖北家乡的故事分享 音乐课堂:唱一唱五河民歌《摘石榴》	科学探究
实践篇	设计、制作、拍卖作品	财商课堂

表 2-5　高年级陶艺 STEAM 课程内容一览表

(三)课程实施

1. 建立陶艺 STEAM 各主题下的学科链接,形成融合课程内容

教师们开发出陶艺 STEAM 课程指导手册《陶冶成器》,根据学生的年龄特点、认知特点、兴趣特点、能力特点来确定相应的主题,利用学生的生活资源作为教学内容,开展教学活动,将人文、科学、工程、音乐、戏剧等学科整合在一起,体现出课程内容的综合性。教材具体分为材质篇、器皿篇(上、下)、动植物篇(上、下)、风土人情篇(上、中、下)。在陶艺篇教学活动中,通过引导学生按操作方法自由地改变陶坯的形体,从而激发其探索陶土塑造新方法的浓厚兴趣,促进眼、脑、手等诸方面的协调,促进创造思维、实践能力和谐发展,培养健康的审美情趣和良好的品德情操。在人文篇教学活动中,使学生形成历史感和人文感,让他们了解陶艺的文化积淀,更好地汲取不同时代美术作品中所蕴含的丰富的人文精神。在科学篇教学活动中,通过引导学生进行资料采集与整理,问

题的探讨与分析等合作与独创相结合的学习,促使学生在艺术创作活动中萌发科学的精神。在艺术篇的教学活动中,通过与陶艺主题相应的音乐、戏剧欣赏及进行学唱,让学生获得音乐、戏曲的熏陶,培养学生健康的审美情趣和良好的修养及情操。

2. 围绕陶艺 STEAM 主题,进行课程链的实践

教师一方面将《陶冶成器》中的内容融入其他课程中教学(见表 2-5),同时其他特色课程也可走进陶艺 STEAM 课程。如,学生在完成一项陶艺作品后,请墨飘香课程学生为陶艺作品取个名字,挥毫写出作品名称。茗茶轩课程的学生在《茶》单元也可走进陶艺室,为已制作好的茶杯匹配相应的茶叶,并为陶艺课程的同学讲解有关茶的文化。小摄影师课程的学生在陶艺作品出炉后,也走进陶艺室为大家拍摄作品。

3. 与文学经典名著、戏曲传统文化建立链接,开展主题实践学习

在文学经典主题下,通过讲故事的方式,师生共同分享《西游记》影视作品中印象最深刻的故事片段以及故事背后的人物特征,分析代表人物的性格特点和外貌特征等。学生利用陶艺的表现手法塑造出人物典型特征、典型装扮等,进行系列主题学习。教师们还带着学生通过戏剧片段的欣赏,分析经典戏剧代表作中的人物,运用陶艺的各种卷、贴、压、塑新手法和不同工具进行实践。根据不同的角色需要,设计不同的动态场景,激发学生的探索欲和兴趣,尊重每个学生的创作思维,探索中国传统戏剧文化背后的艺术魅力。

陶艺 STEAM 课程实现同一项目主题下多项课程融合,融入科学、人文和艺术学科内容,形成《小茶壶》《农家小院》《皖北农夫》等典型案例。在教学中融合科学探究、美味厨房、小摄影师等课程,形成多学科渗透、多位教师执教、学生多种体验与实践的课堂形式,构建出了综合课程链的教学形式。

【案例 2-5 《小茶壶》教学设计】

一、教学目标

(一)了解茶壶的历史、文化及制作技巧

（二）从科学的角度分析茶壶的设计、制作原理

（三）抓住茶壶的结构特点，运用手捏成型法制作造型各异的茶壶

二、教学重难点

重点：了解茶壶的文化历史，制作造型各异的茶壶。

难点：制作造型各异的茶壶，并尝试制作一套茶具。

三、教学过程

（一）情境导入

老师用茶壶沏茶，并请几个同学来品茶。

师：今天老师请你们喝茶、品茶、观壶，来体检一下文人雅士的高雅爱好。

生品茶、喝茶、观壶，感受茶艺氛围。

（设计意图：让学生观茶色、品茶味、赏壶形，激发学生的兴趣，感受茶文化和壶文化。）

（二）讲授新课

1. 了解茶壶的历史

师：同学们，你们见过茶壶吗？你都见过什么样的茶壶？它们都是哪些材料制作的呢？

（设计意图：通过提问，让学生主动参与课堂内容，引导学生了解壶在我们生活中的普遍性。）

2. 展示中国古今有代表性的茶壶，学生观壶，欣赏茶壶之美

师：老师今天带了很多不同时期的茶壶，让我们从茶壶造型、工艺、材质上，来感受茶壶之美。

（设计意图：通过展示中国古今有代表性的茶壶，通过对壶的欣赏，了解中国灿烂的陶文化。）

3. 了解茶壶的工艺技巧

老师播放三张有瑕疵的设计图图片，提出问题。

师：茶壶的工艺有没有要求。请你说一说这三个壶设计得好吗？

师：什么样的壶嘴科学呢？

生：壶嘴的高度不能低于壶口。

师：壶盖上为什么有一个小孔？它有什么作用？（出示壶盖小孔的图片）

生：小孔堵住就不出水啦！

老师肯定学生的观察结果，帮助学生从科学的角度了解到茶壶工艺制作的严谨性。

4.观察分析

（1）了解茶壶的结构

师：今天让我们来制作一个精美的小茶壶，首先让我们来看看茶壶的结构。

（2）老师展示茶壶的各个细节的奇特造型（强调实用、造型）。

师：可以在什么地方做造型呢？

生：可以从壶身、壶嘴、壶盖、把手上做造型。

师：一个完美的茶壶，它的要求应该是多方面的，既要外形美观且要实用。

（设计意图：本环节的设计是从茶壶的造型创意出发，进一步打开学生的思路，为下一步创作做准备。）

5.观看微课制作

师：制作茶壶要注意哪些问题？

生：讨论得出解决方法。

（设计意图：解决本课重点和难点。）

（三）实践操作

小组合作制作茶壶并配上茶杯，教师播放《采茶山歌》。

（设计意图：本环节采用学生合作探究的方式，让学生感受动手制作的快乐。）

四、作业展评

学生上台展示自己的作品,阐述自己的创作灵感。

(设计意图:创设"壶艺制作展",激励学生制作的兴趣和热情。)

图 2-10　学生作品

五、课后拓展

教师补充中国茶文化与壶文化的相关知识,让学生再次感受祖国传统文化的魅力。

(案例撰写人:朱晓娟)

三、文化寻根课程链

(一)课程目标

传承地方传统文化是对学生文化修养培养的重要方面。学校的文化寻根课程是基于安徽地方文化开展的实践性课程。通过该课程的学习,学生不仅增加了对家乡的了解,也提升了学生对家乡的自豪感。本课程结合地方特色各方面,通过探究、实践、感悟的方式,学生在课程中进行多方位的学习,并通过与不同课程融合,构成本土文化综合性的实践学习方式。

1.立足"文化寻根",重构多学科融合的结构化学习内容

教师通过整合教学内容、丰富素材资源、链接成熟的课程资源等形式,结构化开发文化寻根课程内容。

2. 探究实践学习途径，发展学生主动探究能力

综合各项课程内容，采用多种途径，融合贴近学生生活实际的主题，让学生在自主、开放的学习过程中提高分析问题、解决问题的能力，发展主动探究的能力。

（二）课程内容

学段	主题板块	主要内容
五年级	游山水	锦绣家园 走进安徽名山 认识安徽大川 安徽名胜古迹
	品美食	合肥"四大名点" 徽菜代表 徽茶代表 特色小吃
	寻名人	文明曙光中的先祖 智慧星空中的先知 变革中探索的先导
	赏艺技	安徽戏剧 文房四宝 新安画派 徽派建筑

表 2-6　五年级课程内容一览表

教师们将教材中的内容融入其他拓展课程中，形成课程链（见表 2-7），达到综合育人的目标。

学段	主题板块	主要内容	其他课程
五年级	游山水	1. 锦绣家园 2. 走进安徽名山 3. 认识安徽大川 4. 安徽名胜古迹	世界真奇妙
	品美食	1. 合肥"四大名点" 2. 徽菜代表 3. 徽茶代表 4. 特色小吃	茗茶轩 美味厨房 陶艺 STEAM
	寻名人	1. 文明曙光中的先祖 2. 智慧星空中的先知 3. 变革中探索的先导	场馆课程
	赏艺技	1. 安徽戏剧 2. 文房四宝 3. 新安画派 4. 徽派建筑	黄梅戏 墨飘香 科学探究 陶艺 STEAM

表 2-7　文化寻根课程链一览表

(三)课程实施

1. 追寻文化特色,进行主题实践活动

教师针对文化寻根的四大主题,建立与生活实践的链接,在课上进行分工,鼓励学生通过查阅资料、探究、实践、制作、体验等方式,从个体生活、社会生活以及与大自然的接触中,来获得丰富的实践性经验,形成并且逐步提升对本土文化的认识,从而提高学生的综合素养。

2. 围绕日常主题,进行主题课程链的实施

四五年级学生在学习徽州建筑时,走近科学课程,听听科学老师讲解有关建筑结构的原理,了解徽州建筑背后的知识;走进陶艺教室,去做一做徽派建筑与自己眼中的徽州景象。其他课程的学生也可走进文化寻根课程中,如美味厨房课程的学生在文化寻根中,认识徽菜(徽菜的发展、徽菜的特色、徽菜的制作)以及徽州的名小吃等,了解美食背后的文化。

【案例2-6　游山水】

一、教材内容

本课围绕安徽山水中的极具代表性的巢湖展开，让学生在学习探究过程中走入巢湖，了解巢湖，爱上巢湖。

二、教学目标

（一）认识安徽独具特色的巢湖

（二）从多样的课程容中了解巢湖的自然风光与风土人情

（三）培养学生自主合作探究的学习能力和热爱大自然、热爱家乡的情感

二、教学过程

（一）视频导入，激发兴趣

师：滚滚浪涛一千仞，气吞吴楚，茫茫水天八百里，怀抱巢庐。巢湖，是中国五大淡水湖之一，时至今日，早已成为安徽的一张闪亮名片，这节课让我们走进巢湖。

（设计意图：视频是非常直观有效的教学资源，通过视频，可以让同学们在短时间之内纵观巢湖全貌，领略巢湖风景，激发孩子们的学习兴趣。）

（二）图文助力，了解巢湖

1. 找位置

师：同学们，你们知道巢湖在哪儿吗？赶紧在地图上找一找。

生：巢湖位于安徽省中部，就在合肥市和芜湖市之间。

师：找准了位置，就让我们开启今天的美妙之旅吧！

2. 赏风景

（1）播放中庙、文峰塔、巢湖闸的视频、图片等，带领孩子了解巢湖景观。

师：巢湖沿岸，风景优美，不仅有许多鬼斧神工的自然景观，还有悠悠古香的名胜古迹，让我们走进巢湖，一览风光。

3. 品物产

(1)请同学们品尝"巢湖三珍酱"(结合《美味厨房》课程内容)。

师:巢湖除了风景美,还有好吃的呢!谁来描述描述这"巢湖三珍酱"的味道。

生:鲜美可口。

生:不仅味道好,还香气扑鼻。

生:味道实在是太棒了!

师:是啊,这就是由著名的"巢湖三珍"熬成的酱,巢湖水域辽阔,物产丰富,湖蟹、银鱼、虾米便是这"巢湖三珍",赶紧让我们来一一了解吧!

(2)结合图片、视频等介绍湖蟹、银鱼和虾米。

师:巢湖真是到处是宝,有机会同学们可以去巢湖,一品三珍!

(设计意图:虽然巢湖离合肥市较近,但很多同学都没有对巢湖的相关情况进行细致了解,学生通过找一找,对巢湖的位置更能牢记在心,图片、视频直观可感,品尝"巢湖三珍"真实自然,同学们在无形之中便将巢湖刻在心间。)

(三)小组合作,共同治水

1. 明确巢湖出现蓝藻的原因并发布小组任务

师:美轮美奂的巢湖也有着自己的困扰,瞧,一到晴朗的夏季,巢湖水域就会暴发蓝藻,随之而来的就是难闻熏人的气味。据了解,蓝藻暴发的成因为富营养化,过量的养分主要来自以下这些源头:化肥流失、生活污水、畜禽养殖、工业污染、燃烧矿物燃料等。蓝藻使水体缺氧,动物死亡,分解时又消耗氧气,造成恶性循环。面对这样的难题,请你们担任小小河长,提出你的治水锦囊。

2. 小组合作,学生组内交流

3. 全班范围内交流,从科学的角度谈谈如何解决蓝藻问题

师:你们有什么锦囊妙计呢?

生:我们要关注巢湖周围的工厂,从源头查起,不能让工厂的废水直接

排入巢湖，影响巢湖水质。

生：巢湖作为五大淡水湖之一，意义重大，我们要做好生活污水的处理，断不可将污水直接排入巢湖。

生：也要对巢湖周围的农户、养殖户进行规范化管理。

师：大家的意见切实可行，希望巢湖越来越美！

（设计意图：巢湖蓝藻是影响巢湖水质的重大问题，学生通过对这一问题的探讨，结合生活实际给予切实可行的改善策略，深化保护环境、保护水质的环保意识。）

（四）布置作业，总结所学

师：这节课我们走进了美丽的巢湖，领略了它的傲人风光与丰富物产，也为巢湖蓝藻问题建言献策，为了方便并吸引更多的人来到巢湖看一看、玩一玩，请你为"环巢湖旅游"设计一张手绘地图。

图 2-11　学生作品

（案例撰写人：陈菲）

第三节　项目式拓展课程

学习的目的是什么？学习是为了将所学的知识转化为生活的能力。因此，近年来，学校在保证国家课程落实落地的同时，一直在思考和探索如何将学生的学习和生活实践结合起来，让习得的知识为生活所用，用生活的实践来加深对知识的理解，真正做到知行合一，使课堂上习得的知识在学生的生活中得到延续和拓展。2016 年 3 月 30 日，《教育部关于全面深化课程改革 落实立德树人根本任务的意见》正式印发，首次提出了"核心素养体系"这个概念。核心素养共分为文化基础、自主发展、社会参与三个方面，综合表现为人文底蕴、科学精神、学会学习、健康生活、责任担当、实践创新六大素养，十八个基本要点，突出强调个人修养、社会关爱、家国情怀，更加注重自主发展、合作参与、创新实践。这样一种全新的以学生全面发展为主导的理念，更加明确了学校拓展课程的研发方向：学校的拓展课程作为国家课程的补充和延伸，应该以提升学生的综合素养为目标，培养人格健全、德智体美劳全面发展、能为社会所用的人才。

早在 20 世纪初，现代教育家杜威就提出了"新三中心"的教育理论，即儿童中心、经验中心、活动中心，倡导儿童通过活动去掌握经验，学习要从学生的生活实际出发，学习在不断探索中学到直接经验的学习方法。他认为教育的目的在于教会儿童进入社会生活的技能和技巧，从而帮助儿童更好地适应目前的生活状态。他把这样的方法称为"做中学"，杜威还详细地总结出"五步教学法"：创设疑难情境、确定疑难所在、提出解决问题的假设、推断假设、验证假设。

美国哈佛大学著名心理学教授加德纳在 20 世纪 80 年代提出多元智能理论，正和学校倡导的教育相吻合，多元智能理论强调在可能的范围内，采取多种教学方式，使得具有不同智力类型的人都能受到全面的教育。

一、学校项目式拓展课程研发"七步骤"

学校的项目式课程的研发是以杜威、加德纳的理论为基础，以核心素养为指导。它不是把各学科生拉硬凑在一起，也不是知识的大拼盘，根据达林-哈德蒙（2010）和克拉克等人（2010）的界定，项目化学习主要包含如下要素：真实的驱动性问题；学生在真实情境中对这个驱动性问题展开研究；学生经常用项目化小组的方式学习；学生运用各种工具和资源促进问题解决；学生最终产生可以公开发表的成果①。

　　学校经过多年的探索，总结出了项目式拓展课程设计的"七步骤"：任务驱动→制订方案→信息采集→小组合作→检查控制→评价反馈→分享展示。

　　步骤一：任务驱动。学习任务的确定也就是项目主题的设计，这是项目式学习实施的核心与关键，应凝练、具有探究的价值，并符合科学课程标准。学习任务的选择要能够激发学生自主探索和解决问题的兴趣，可以来自书本中，也可以来自生活中。好的问题一方面能引发高阶思维，一方面能提供问题化的组织结构。

　　步骤二：定方案。方案是帮助学生达成目标的桥梁。方案可以由师生商量共同制订，高年级的学生可以以小组为单位制订各自的方案。在方案里要有任务分解安排，组员的分工，学习的内容等方面。

　　步骤三：信息采集。根据方案去收集完成任务所需要的相关信息。信息收集的面要广，既可以来自课本，也可以来自已有的知识储备，还可以通过网络、图书馆进行精准查询。对收集到的信息要进行筛选，保留客观真实、有实效的、对寻找答案有帮助的信息。

　　步骤四：小组合作。项目的实施需要小组成员合作完成，其中涉及教师的教学任务，家校的配合，各种信息技术的运用等，都要求学生对现实社会的问题进行思考。学生开展项目式学习的时候可以通过调查、多媒体技术、访谈、参观博物馆、实验、合作交流等方式进行，多样化的学习可以让学生多角度地思考、查找资料、处理问题，让他们在今后思考问题的时候更加灵活，思维更加发散。

　　步骤五：检查控制。在方案实施的过程中，有时候会不知不觉走偏方向，或

---

① 张悦颖，夏雪梅. 跨学科的项目化学习："4+1"课程实践手册[G].北京:教育科学出版社,2018.

者出现疏漏、错误,学生在合作过程中也有可能遇到困难、掉队,完不成任务,所以在实施过程中老师要经常对照任务调整方案,纠正偏差,帮助学生攻克难关,让实施过程按照既定的计划进行。

步骤六:评价反馈。这一环节是主题课程学习的创新之处,它不同于传统教学中的评价。它不仅要对学习结果做出评价,同时强调对整个学习过程进行评价。在评价的形式上,不仅需要表现性的评价,还需要纸笔测评类的评价,还包括对学习实践的评价,对学习成果的评价。

步骤七:分享展示。在学习的过程中,会产生很多大大小小的成果,这些成果也会有很多种表现形式。在进行分享和展示之前,要进行筛选,保证成果的真实性,体现对驱动任务的深度理解,要让学生学会辨析什么样的成果是有价值的。分享展示的形式是多种多样的,图片、视频、作品、小论文、调查报告、小舞台剧等都是可以的,根据展示的需求来确定。分享和展示自己的研究成果也会让学生产生成就感满足感,从而增强自信心。

二、以校园文化为主题的项目式课程

项目式课程以培养"全人"为目标,"无边界课程"将课内和课外的知识融合,让最新的信息进入课堂,避免"断裂"的教学时间和封闭的教学空间阻隔知识的更新。课程内容包罗万象,当我们留心观察周围的事物时,会惊奇地发现课程资源无处不在,可以覆盖学校的全部生活。近十年里,学校通过课题研究、实践探索,逐步形成了具有附小特色的项目化拓展课程。

美丽的校园是学生成长的摇篮,伴随着他们度过六年的小学时光。花园式的学校春有花,夏有树,秋有果,冬有绿,学校里的一草一木、一砖一瓦都成了学生眼中熟悉的风景。经过全校师生的投票,银杏和石榴花分别当选校树和校花。每年的夏天,校花石榴绽花放出橙色的笑脸,像一把把火炬在枝头燃烧;每年的秋天,校树银杏撒下一地金黄,引得大家流连忘返,这样的美景深深印在师生的脑海里。同时一个个问题也浮现了出来:为什么迟迟不长叶子的石榴花会成为学校的校花呢?银杏树叶为什么会变黄,银杏果为什么不能多吃……以校园文化为主题的项目式课程应运而生，以学生的问题为驱动，以校园文化为依托，解决问题的同时让学校文化深入学生心间，学生因此更加热爱自己的学校。在保证学科教学的大背景下，将项目式学习融入课堂，以充分发挥两者教学的优势，调动学生学习的积极性和主动性，带领学生进行深度学习。

【案例2-7　亲近美妙的大自然，校树银杏伴我成长（节选）】

一、知识的铺垫——项目式学习的前延

银杏树作为合肥师范附小的校树，见证着附小学子的成长。本校四年级的学生第一次接触校树银杏的课是综合实践活动课，课堂上围绕"银杏，知多少"展开讨论，学生能多角度多方面地了解银杏吗？一节课的思维碰撞，学生产生了一系列有意义的问题。

全班同学讨论出一张"问题网"，老师和同学们的探讨，先从容易解答的疑问开始，寻找挑战任务。这一节综合实践活动课一半时间探讨"银杏，知多少"，另一半时间带着这一群四年级的孩子奔向金色的世界，挑选一片片落叶，捡拾一颗颗白果，带着满心的喜悦开始了一段以校树银杏为主题的课程学习经历。

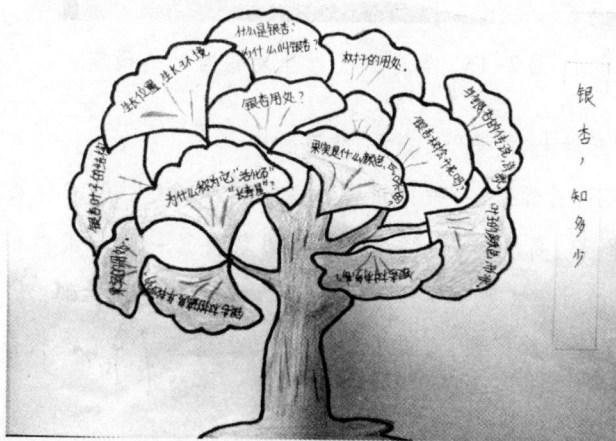

图2-12　学生围绕"银杏"产生的"问题网"

二、探究式学习——项目式学习的具体实践

项目活动之一：科学探究"活化石"的一生

从科学的角度去观察银杏叶子的颜色、形状、光滑度，可以用肉眼观察叶子，也可以拿起放大镜观察叶子；可以绘制银杏叶子的脉络，也可以给银杏树皮拓印"外衣"。一节课探究"活化石"的一生，时间远远不够，却让孩子们以新的角度打开观察植物的视野，获得了一些观察植物的方法。在科学课堂上研究了银杏的叶子和树皮，还运用了美术的绘画技巧，绘制出银杏叶子的颜色、形状，拓印出银杏树皮密集的纹理。

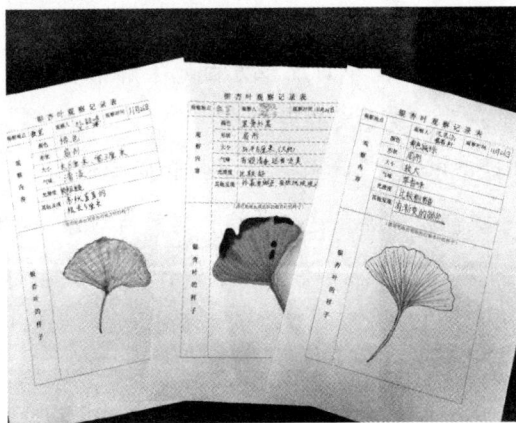

图 2-13　科学课上学生对银杏叶的研究

项目活动之二：为"长寿星"作画

树荫下，长廊边，一排排银杏和孩子朝夕相处。能求证或者估测校树的年龄、周长、高度等等，经过一番努力获得了一些与银杏相关的数字资料。孩子们对银杏被称为"公孙树""鸭掌树"，植物界的"大熊猫""活化石"等有了深入的了解，懂得中华银杏，国之瑰宝。你看和银杏树比身高的孩子，竟然想到了用自己的身高估测银杏的高度。

图 2-14　学生展示银杏四季图

项目活动之三：我为银杏写诗

此时，我们走进教室，一起读诗中银杏，寻找自古以来，银杏在人们的生活中有着怎样的分量。历代文人墨客以银杏为题材，咏物状志，感悟人生，留下了许多佳作精品，诗词歌赋不胜枚举。搜集和查找有关银杏的故事、古诗、诗歌等。我们来看看，同学们查找到了哪些诗歌，耳濡目染中，他们也情不自禁为校树写诗一首。

项目活动之四：校树带来的惊喜

以问题驱动方式探究主题，多方面探究校树银杏，增进对校园文化的了解。随着"银杏——校树伴我成长"主题学习的深入，有些学生能结合所提出的问题，以小组合作的方式进行深入探究，以思维导图的方式展现银杏百科，研究如何食用白果既安全又美味。在学校开展的特色课程中，与草木染老师一起印染银杏叶画，美味厨房里烘焙白果，女生课堂上创意银杏叶插花，陶艺课程上捏制银杏吊坠，在众多的特色课程中构造校树绚丽多彩的艺术创作。

（案例撰写人：朱海）

项目式拓展课程学习是学生运用多学科进行自主学习的一种综合性、活动性的教育实践形态,是学校教育不可或缺的组成部分,是解读学科课程教学的重要手段,是学科教学携手共同培养有责任感、有担当的未来社会实践主人的教育活动。抓住学校的特色文化,以校树银杏为研究对象,通过知识的前延学习、探究式的实践、校本课程的拓展三个层面,进行了学科融合的深度实践,让学生在进行项目学习的过程中,综合运用各学科知识,从而让学生增强学习的主动性和积极性,成为学习的主人。

在学校的西南角有一个神奇的地方,里面种满了四季的瓜果蔬菜,是学生们最爱玩耍的去处。灿烂的 6 月,校树银杏生机蓬勃,校花石榴花花开似火。学生们从春季到夏季,跟着二十四节气的脚步,结识了众多植物朋友。从惊蛰至立夏,盼望乐学园里石榴花开;小满到夏至,在开心农场寻觅瓜果飘香。围绕着校花和开心农场有着太多的学问值得去探究和分享。

【案例 2-8　我和我的植物朋友(节选)】

一、惊蛰至清明,石榴嫩芽出

惊蛰前后,四年级的学生来到学校的乐学园观赏石榴,发现枝干光秃秃,还有零星的几个干枯的石榴挂在高高的枝头。这个时刻能观察石榴什么呢?为什么迟迟不长叶子的石榴会成为学校的校花呢?听着孩子们观察石榴时的种种感叹。此刻,校树银杏已经探出几片拥簇在一起的浅绿色嫩叶,侧耳倾听。

在等待中,我们把视线放在绿色的大自然中。"绿"是大自然的色彩,更是诗人的感受。综合实践活动课上,给学生充足的时间在校园里寻找"绿色",记录观察到的绿色植物。语文课上,我们学习艾青笔下的诗歌《绿》:"到哪儿去找那么多的绿:墨绿、浅绿、嫩绿、翠绿、淡绿、粉绿……绿得发黑、绿得出奇。"诗歌给我们留下了很多想象的空间,文字中蕴含生机和活力。

诗歌创作源于自然界带来的灵感,感受在前,创作后行。学习冰心的诗歌《繁星》,一行行简短的文字呈现形式,正是孩子们学习诗歌创作最佳的样式。来看看吧，四年级的学生创编了一首首充满童真、童趣的小诗。有的班级把诗歌分类装订成册；有的班级把诗歌张贴在班级；有的班级在朗诵会上，让孩子们朗诵自己的诗歌……

二、立夏石榴花开，唯有花枝俏

3月期盼萌发，4月感怀现蕾，5月惊喜花开。立夏之后，与四周碧绿的绿叶茵茵相称，格外显得5月石榴红似火，灿若烟霞，绚烂之极。

终于等到校花石榴的绽放啦！美术课先写生，再进行国画创作。据说，石榴原产波斯，汉朝时张骞自西域带回，因其花明果丰，被赋予了花开吉祥、多子多福的寓意。石榴受到历代国人厚爱，自然就有很多有关石榴的国画。欣赏完国画，同学们准备好笔墨，点染出一幅幅5月石榴花开的画卷。

持续了两个月的时间走进"校花"石榴的世界。最后在科学课上，记录和汇总了石榴生长过程：石榴在每年的4月份左右萌发新芽，到了6月份左右进入盛花期，7—8月份进入果实发育期，9月中下旬果实成熟，11月上旬叶片发黄、脱落，11月下旬到次年的3月中旬进入休眠期。

（案例撰写人：朱海）

三、以文化研学旅行为主题的项目式课程

20世纪80年代，学校就开始在各年级开展丰富多彩的春游活动，这是学生们最盼望的日子。随着学校明慧课程的不断发展，春游活动也被赋予了新的意义。它不再是单纯地出去走一趟，而是带着问题去，带着收获回。渐渐地，春季研学和文化的结合越来越紧密，从而演变成了学校的文化研学旅行活动。

文化研学活动与学校课程相结合，利用各学科特点，整合课程资源，使研学内容综合化、立体化，并不断向前延续，向上提升，真正让孩子们在立足课堂学习的同时走出课堂，亲近自然，融入社会，在探究中增长见识，在实践中培养能力，在行走中传承文明。

文化研学旅行赋予了春游活动新的时代内涵。通过这一全新的学习方式，为孩子们开启一扇认识世界的新窗口。学校根据学段特点，就地取材，低段的主题是：艺术 + 科学（Arts + Science），进行"赏花护绿 踏春吟诗"自然探索主题日活动；中高段的主题是：科学 + 工程（Science + Engineering），进行"探秘地球 寻访古迹"文化传承主题日活动。每项活动均在研学前实地勘察线路，商议制订研学方案，召开校级、年级、班级的三级主题会议，加强安全教育，还组织学生提前预习研学项目，明确研学作业，确保研学活动高质量开展。合肥师范附小项目式主题春季文化研学内容安排详见下表：

2021 年合肥师范附小项目式主题春季文化研学内容安排表

年　级	地　点	研学主题	时　间
一年级	蓝山湾	玩转户外 乐享童趣	4.19 周一
二年级	植物园	赏花护绿 亲近自然	4.25 周日
三年级	长丰县马郢	体味劳作，溯源农耕	4.25 周日
四年级	肥东欢乐森林	我当一天兵	4.25 周日
五年级	渡江战役纪念馆、名人馆	集体徒步 红色体验	4.29 周四
六年级	祥源花世界	拥抱未来 向心而行	4.26 周一

表 2-8　2021 年项目式主题春季文化研学安排表

2021 年合肥师范附小项目式主题春季文化研学具体安排（一年级）

活动内容	"玩转户外 乐享童趣"——爱家乡教育实践活动
活动年级	一年级
参加班级	21 个班级
年级组长	王维凤　孔令郑
分管领导	吕松　洪洁　傅洁
活动地点	蓝山湾

续表

活动内容	"玩转户外 乐享童趣"——爱家乡教育实践活动
活动时间	4 月 19 日
出发返回	学生 8:20 到校,8:30—9:00 陆续从北门出发，14:30 从北门回。正常从西门放路队。
活动目的	通过参加户外绿色课程,结合诗词、歌曲寻找家乡的春天美景,感悟万物的生机勃勃,加深对生活的热爱。
活动优势	环境较好,方便游玩。
安全备注	部分道路比较狭窄,靠近水域,加强安全和文明礼仪教育。
前期活动	做好安全主题教育。
课程重点	实地游玩,感受春天的生机勃勃。
仪式重点	分班开展草地小游戏、轮胎滚起来等团队小游戏。
后续任务	完成研学任务卡。

表 2-9　2021 年项目式主题春季文化研学具体安排(一年级)

合肥师范附小 2021 年项目式主题春季文化研学推进表

星　期	时　间	工　作　内　容
周一	3.15	制订项目式主题研学总方案。
周二	3.16	召开中层会,推进细节。
周三至周日	3.17—3.21	1.各年级分管领导、教师代表与家委主任考察项目式主题研学地点,确定路线,拍照留存资料。 2.筹备集体班会。
周一	3.29	校长会扩大会议,反馈路线勘察及洽谈情况。
周二	3.30	发布研学招投标公告。
周五	4.2	举行春季文化研学招投标仪式。
周三	4.7	和旅行社签订合同,提供车辆资质。

续表

星　期	时　间	工　作　内　容
周四	4.8	到教体局提交研学报告。
周三	4.14	全体教师会进行项目式主题研学动员大会,通报整体方案以及配班安排。
周一	4.19	1.一年级举行春季文化研学。南教学区课后三点半停课。 2.各班利用班会课,按照全校整体方案,做好前期部署,进行班级分组,强调安全、环保教育,并将春游的后期实践作业布置给学生。
周二	4.20	发布一年级研学新闻。
周二至周五	4.20—4.23	二至六年级依次印发一封信,家委主任收费,召开研学主题集体班会和班队会,强调安全、环保教育。
周三	4.21	各年级组召开教师会。
周日	4.25	二三四年级开展研学活动,课后三点半停课,六年级补缺补差不影响。特色课程由班主任代课。
周一	4.26	二三四年级发布研学新闻。
周四	4.29	五年级开展研学活动,当天北区课后三点半停课。特色课程由班主任代课。
周五	4.30	各年级精选10张项目式主题研学照片。 各班总结研学活动。

表2-10　2021年项目式主题春季文化研学推进表

在确定了各年级的研学具体内容后,年级组内的老师会将研学主题和自己的学科内容进行整合,寻找之间的联系,建立起学科和生活实践之间的桥梁。在学科教师设计研学项目的基础上,年级内进行汇总,形成形式活泼,内容丰富、有趣、简洁、指导性强的研学手册。

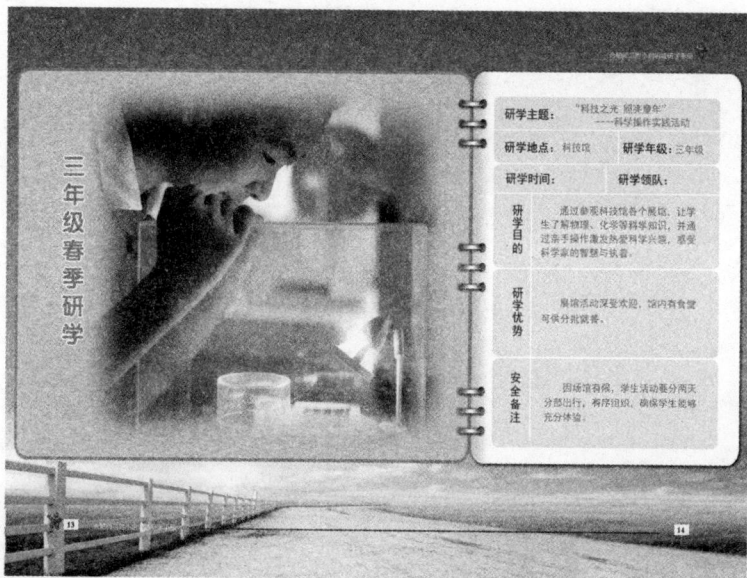

图 2-15 三年级研学手册 1

图 2-16 三年级研学手册 2

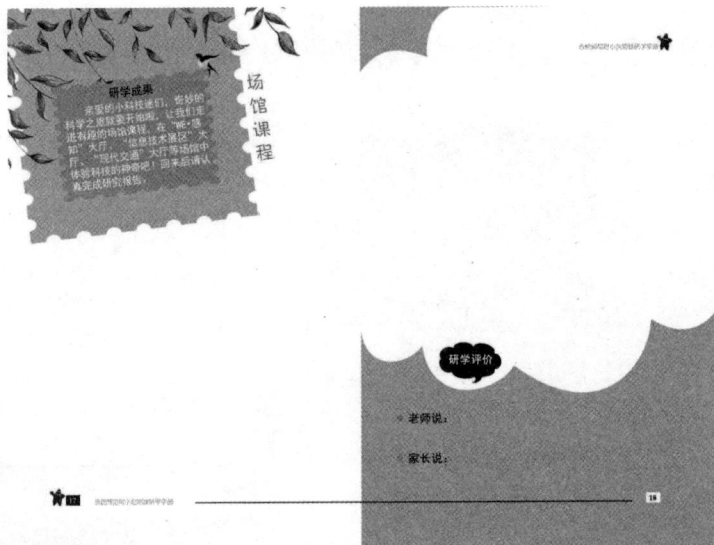

图 2-17 三年级研学手册 3

带着研学手册踏上旅程,让学生们的研学有了方向的指引。大家围绕任务,成立合作小组,在学科老师的指导下,每个小组制订个性化方案,分工合作,组内分享,共同展示小组研学成果。

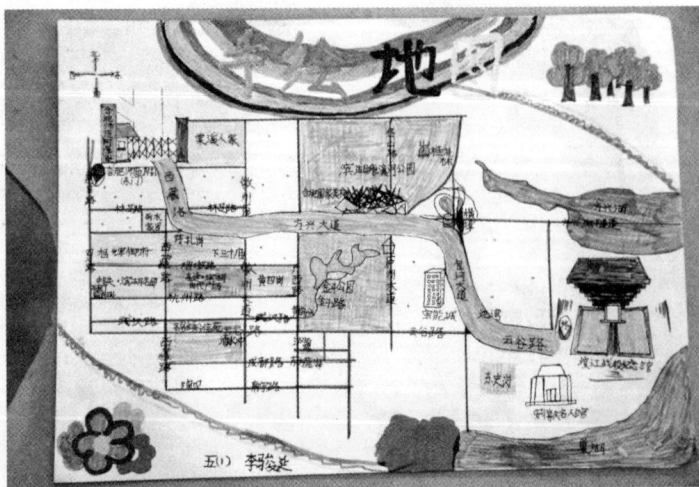

图 2-18 五年级研学成果——手绘地图

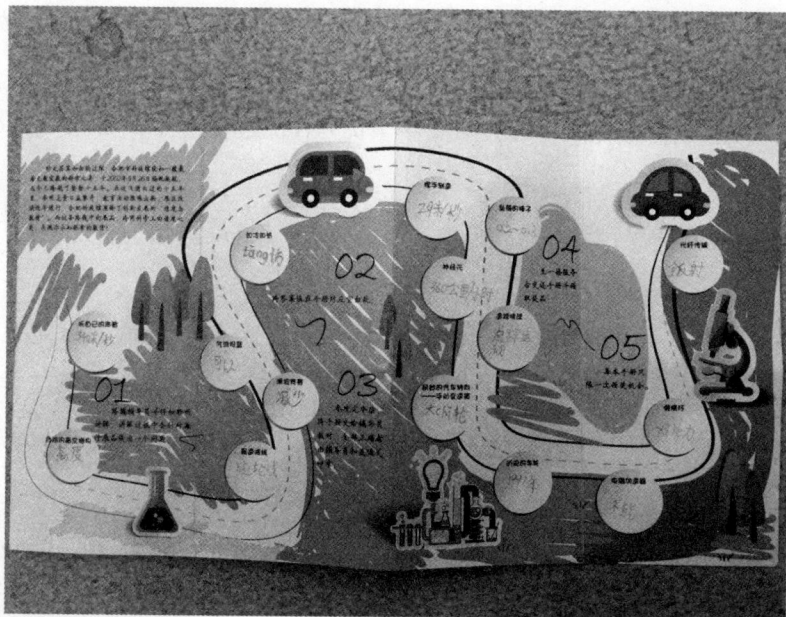

图 2-19　三年级研学成果——探索打卡记录单

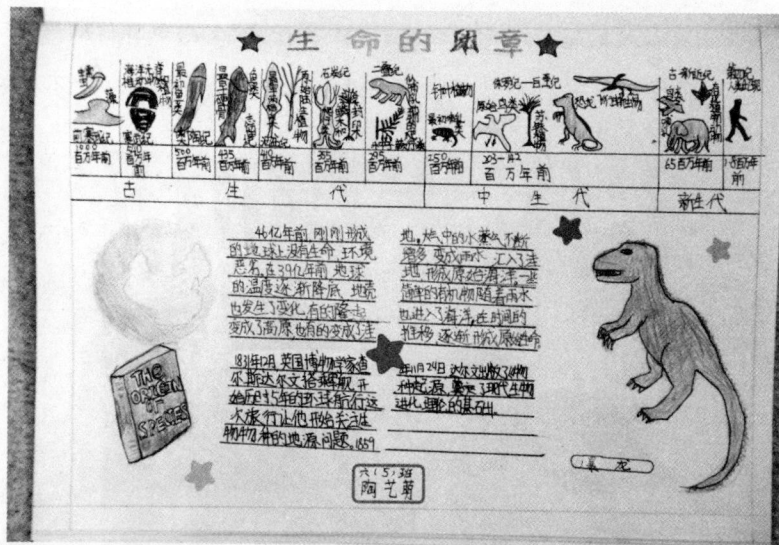

图 2-20　六年级的研学成果——恐龙研究报告

学生形成的各种精彩的研学成果会在校内进行充分的展示和分享,如:五年级的学生回来后,在学校内进行"致敬百年"的红色宣讲和美术作品展。学校还会通过网络、纸媒、电视等媒介对各年级优秀作品进行宣传。

【案例2-9 追寻红色足迹 传承红色基因(节选)】

一、红色徒步忆初心

合肥师范附小五年级的18个中队开展集体徒步活动,从师范附小步行至渡江战役纪念馆和安徽名人馆,锻炼学生的体能与意志,真正学习和传承红色基因。在徒步过程中每公里处设置一个打卡点,放置长征的重要节点相关知识。"于都集结——血战湘江——遵义会议——四渡赤水河——飞夺泸定桥——巧渡金沙江——腊子口战役——会宁会师",队员们每前进一程便到达一处"长征打卡点",聆听长征历史,手绘徒步路线图,用脚步丈量长征足迹,用汗水铭记长征历史。

两万五千里长征与十三里徒步,每一代人有每一代人的长征路,附小的队员们在徒步的坚持中走好了自己的"长征路"。心中有信仰,脚下有力量,队员们将继续用行动传承长征精神,必将众志成城、百折不挠、勇往直前!

图2-21 带着梦想出发——五年级徒步旅行

二、红色场馆润童心

八百里巢湖之滨，坐落着渡江战役纪念馆和安徽名人馆两座红色场馆。队员们走进渡江战役纪念馆，凝望着那一件件珍贵的历史文物，聆听那段可歌可泣的革命历史，感受当年"百万雄师过大江"的壮阔气魄，感悟渡江精神的时代内涵。在安徽名人馆里，队员们了解安徽历史上的红色人物及其事迹，红军将领许继慎，一门两英烈的陈延年、陈乔年，红色特工李克农……一个个耳熟能详的名字带领队员们跨越时空，感受红色革命中的安徽力量。走出场馆，队员们在渡江战役馆烈士雕像前举行了庄严的缅怀仪式，全体师生向革命先烈们献花、默哀，致敬伟大先烈，表达内心的崇敬。参观过程中，队员们实时记录，收集资料，参观结束后以真实情境中生成的问题为探究课题，以渡江战役或安徽红色人物为主题，制作了研学手册。

三、童心颂党筑雄心

书香诗韵歌盛世，童心颂党迎百年。"童心颂党"千人诗词诵读大会是红色研学中的重要环节，活动还进行了现场直播。"忍看山河破，愿将赤血流""为一大事来，做一大事去"……师范附小九百多名少先队员在安徽名人馆前列队齐声诵读安徽红色名人名篇，慷慨激昂的诗句振聋发聩、响彻云霄。在诗词中品悟，在诵读中传承。欣逢百年建党之际，队员们以最嘹亮的声音，最饱满的激情，为党庆生、向祖国表白！

研学归来，五年级队员们在完成项目式研学任务的同时，还自主开展了以长征精神为主题的美术作品展，以渡江精神和致敬红色先锋为主题的红色宣讲会。

（案例撰写人：张文霞）

图 2-22　研学归来的宣讲

五年级的红色研学活动创设长征情境集体徒步，依托场馆打造"党史课堂"，诵读红色经典赓续精神力量，同时融合新媒体直播技术，让党史知识鲜活起来。在研学评价中，注重评价的过程性、开放性和自主性，唤醒和激活青少年持续参与党史学习的内驱力，激发孩子们的创造潜能。党史学习教育与研学实践的结合，更是点燃了队员们党史学习的热情。红色研学让队员们亲身体会革命先辈的荣耀与艰辛，更坚定了不忘初心听党话、砥砺奋进跟党走的信心和决心。追寻红色足迹，让红色基因真正成为学生成长的内生力量，让爱党、爱国、爱社会主义的情感根植于每一位少先队员的心中！

每年的文化研学活动从前期的策划、筹备，到行动，再到后续的成果收集、展示、宣传，活动效果反馈等，都要近一个月的时间。文化研学活动建立起了学科之间的联系，带着学生去场馆里学习，去生活中学习，去大自然中学习，让学生感受到学习可以随时发生，学习无处不在。

第四节　立体式成长课程

立体式成长课程，是指结合学生自身的发展特点，为学生提供螺旋式上升的课程内容的成长课程，其旨在启迪学生心灵，促进学生成长。学生是不断发展的人，也是独立的生命个体，"尊重学生完整成长的需求，会为学生一生的幸福奠定基础"①。2016 年，《中国学生发展核心素养》中指出，教育的主旨应当以培养"全面发展的人"为核心，关注学生的自主性、社会性，培养学生责任担当意识和实践创新能力。学校在关注学生阶段性成长的同时，以六年为周期，依据学生不同阶段的身心特点，以礼仪教导、劳动引导、场馆教育为框架，促进学生的全面发展。

一、礼仪课程

自 19 世纪以来，仪式作为人类学专门术语，同时被心理学、社会学广泛研究。学者们认为仪式是"文化类互动"，在学校教育中具有特殊的意义。② 与此同时，仪式也作为教育的一种形式，逐步走入校园，受到国家与社会的日益重视。作为一所具有百年文化底蕴的学校，合肥师范附小素来重视学生的仪式教育，在一个个极具纪念意义的日子里，在赋予学生美好生命体验的同时，培养学生公民意识、责任意识和感恩意识。

（一）入学礼——童蒙养正从孩子抓起

中小学生处于拔节孕穗的重要时期，扣好人生第一粒扣子对于他们来说尤为重要。可以说，扣好人生第一粒扣子，要从他们迈入校园的第一天开始。

一年级开学的第一天，老师和家长们必定以一场特殊的入学礼，欢迎一年级学生的到来。年幼的学生在父母的陪伴下，走入成长门，也走向人生的新阶段。在入学礼上，学校以"温良恭俭让"五字为核心，引导学生开启自己的求学之路。

1. 榜样先行——常规教育立典范

隆重典礼背后是细化的"前移后续"。而入学礼的特殊之处在于，它所面对的学生，是刚入学的孩子，是一张干干净净的白纸。面对懵懂的学生，如何让文化中的传统美德、校园中的优秀理念，生动直观地为孩子所理解，这是考验教育者的一道难题。老师们坚信，榜样的力量就是最生动的课程。为此，学校学生

①　边玉芳. 尊重学生成长规律 探索有效育人策略［J］. 中国教师, 2014 .
②　宋苃. 学校升旗仪式的人种志研究［D］. 上海:华东师范大学出版社, 2004.

部先从高年级中队入手,将榜样力量与学生自身成长相结合,从身边的小事入手,引导学生继承先辈们勤俭节约的优良传统。接着,在学生集思益广的基础上,学校制订《文明餐饮养成教育方案》,学生部利用网络建立家校餐饮文明引导联盟,健全评价机制,辅导员、家长志愿者共同携手,关注习惯落实;同时,学校提供"红领巾雏鹰小岗位",让孩子们学会自我督促。学校以入学礼为契机,扎实落实常规教育,以良好校风、学风,为入学新生树立榜样。

2. 内涵解读——仪式契机成合力

入学的第一天,对于学生和家长而言,都是人生中意义非凡的一天,也是印象深刻的一天。而开学礼的意义,恰是以仪式为契机,根植学校理念,形成优质的家校社教育合力。在我校,解读"温良恭俭让"五字理念,是学校送给学生的第一份人生大礼:"温"关注培养学生稳定的情绪,注重学生性格养成;"良"倡导学生心有榜样,向身边榜样学习,日行一善,积极参加社会志愿服务活动;"恭"要求家长关注良好家风营造,坚持以身作则,为孩子的成长提供良好家庭氛围;"俭"倡导学生传承勤俭节约的传统美德,学校以"3+3"午餐行动为抓手,培养孩子爱惜粮食、绿色环保的品质;"让"则强调谦让品质,引导学生在课间游戏、公交车站等场合要礼貌谦让。把理念变成礼物,仪式的教育让优质传统文化、优秀校园习惯,无声地走入学生心灵,也为他们扣好人生第一粒扣子。

3. 知行合———薪火传承重落实

开学礼是一把钥匙,开启学生求学大门。但只有仪式没有后续,仪式教育就只成为一种空洞的形式。开学礼是一场学生认知的启蒙,而启蒙的目的,在于低段学生行为习惯的养成。因此,开学礼后,学校重视后续理念的落实:学校学生部全面策划,认真培训、遴选,在学生队伍中培养少先队小老师,在学校活动中向低年级学生宣讲革命先辈勤俭节约的故事,传承艰苦朴素的优良传统;结合学生中午在校就餐的习惯,小讲师们还走入各班级,讲述附小"光盘行动"的要求,宣传学生队伍中的勤俭节约小标兵。典礼之后,学校用榜样传承的形式,将学生培养与少先队活动课相结合,将养成勤俭好习惯,作为学生光荣加入少先队的重要标准,在同学中扬起品质传承的"小旋风"。

从学习榜样，到成为榜样，一代代学生就是在这样的接力棒传递中，聚焦主责主业，传承红色基因。入学礼引导学生从传承中懂得做人道理。

（二）十岁礼——责任担当寓教于礼

"仪式"从表面来看就是各种典礼的秩序形式，然而深入其中，特别是真正参加过正式又隆重的仪式后，老师们深刻感受到：仪式是一种精神力量，促人深省，也给人前进动力。《礼记》曰，"人生十年曰幼，学"。而十岁的学生，是雏鹰起飞，也是旭日东升。此时的学生处在责任意识、民主意识发展的关键期。多年来，学校坚持以党建促团建，以团旗引领队旗，通过十岁礼仪式，培养学生民主意识，坚定理想信念，促进自我发展，从小立志为社会做出自己的贡献。

图 2-23 十岁礼习"仁义礼智信"

1. 奏响号角——职业体验，红领巾预览未来

学生们根据自身的个性化发展需求，依托多元学习的理念，自主策划职业体验活动，走进新闻主播、超市理货员、社区工作者等近百个工作岗位。职业体验活动联动了家校社教育，让学生走向社会实践的大舞台，感受社会百态，用身临其境的方式，增强实践能力，获得真正的成长。

2. 拉开帷幕——十岁典礼，集体温暖心向党

职业体验结束，学校以"仁义礼智信"为精神内核，为学生们举行隆重的十岁礼，将体验与实践相结合，学生们有感而发，围绕主题共话收获。从不同职业的工作要求，到不同职业的价值和意义，同学们感受到不同职业背后的辛苦付出，感受到不同工作的辛劳和快乐，也坚定了自己的理想信念，以优秀共产党员、共青团员为榜样，努力学习，砥砺前行。

3. 后续活动——提案发布，培养民主小当家

实践与仪式的主旨都是全方位促进学生成长，而在四年级，学校也尤为关注学生思想的表达，独立之精神、健全之人格的树立。因此，在后续活动中，各班举办职业体验交流会，交流实践心得；积极撰写红领巾小提案，如：多关心少年儿童心理健康问题、传承非遗文化之我见、隔代养娃的利与弊……一份份红领巾小提案，体现了同学们的思考，表达了学生们的愿望与心声。而在每年的少先队代表大会上，老师们也会针对提案给予详细的回复，以此培养和强化学生小主人意识，提高其科学参与学校管理、社会管理的意识与能力。

(三)毕业礼——展翅翱翔寄予希望

六年级，意味着别离，也代表着新的启航。每年的 6 月，学校都会用一场隆重的毕业礼，为毕业班践行，也送上小学阶段最后一份叮咛。这份叮咛里，有对过去的感念，对当下的勉励，更是学校对学子成长的一份期冀。

1. 群策群力——丰富生命体验

与幼年的分开不同，六年级的学生已经具备自己的世界观、价值观，而正确地对待别离，记录自己的成长，是学生的一场心理"大考"，是师生最后共同完成的思政课程。与入学礼的参与不同，此时的孩子已经成长为具备独立认知、自我意识的个体，而师生群策群力的过程，是学生内化生命体验、外化独立担当的过程。在典礼前，学生们往往以自己独有的方式来迎接毕业季。如，小种子班开展"红领巾小创客"活动，巧手 DIY 制作各种手工制品；小脚丫班开展"红领巾小健将"活动，举办足球联赛增进友谊；小帆船班开展"红领巾小主人"活动，鼓励学生做社区小帮手……在附小生活学习了六年的孩子们，集思广益，让特色活动为毕业季添彩，也在别离情中寄寓希望。六年的培养，学校希望学生能成为快乐充实的自己，更希望学生可以于他人、社会有益，具备学会生活、担当责任的基本素养。

2. 固本培元——唤醒家国情怀

学校的毕业典礼，分为"天、地、国、亲、师"五个篇章。天之高远，地之厚德，国家培养，老师教导，还有双亲的哺育，诸多情感元素融入临行告别的一刻，希

望学生志存高远,担负使命。在丰富多彩的仪式庆典中,学生们回首看自己入学礼的照片,接受优秀校友的问候祝福,聆听校长妈妈的临别寄语……仪式上,学生向社会各界关注、帮助自己成长的叔叔阿姨们表示感激,和含辛茹苦的父母深情拥抱,与朝夕相伴的师长握手含泪道珍重,依依不舍地告别清雅怡人的校园。从班到校,从家到国,小小的仪式串联起学生朴素的家国情怀,也让学生在更广阔的视野中,感受成长的力量。

3. 以学修身——培养少年担当

雏鹰高飞栖高树以凌云,骏马奋蹄踏飞燕以致远。附小学生在母校停留的最后一刻,蓄积力量,精彩绽放。与传统典礼的收获不同,毕业典礼上,学生们往往会以一颗乌桕树苗反哺学校,纪念成长。乌桕寓意生机勃勃,更寓意深深思念。以乌桕反哺校园,而学生展翅高飞,把思念留下,带着希望翱翔,这如入校时,师长的期盼,校训的传承,放出光芒,把希望点亮。

(四)课程成效——让平凡的日子闪闪发光

1. 成长仪式活动让附小师生、家长备受震撼和鼓舞

成长仪式活动增强了学生的凝聚力和责任感。全体师生感谢党和国家,感恩学校和父母的同时,更在一份殷切期待中,获取成长的信心与力量。仪式的隆重、正式,典礼的热烈、典雅,给所有人触及心灵的震撼,成为终生的记忆。

2. 成长仪式,成为社会典范

学校仪式文化是校园文化的重要载体,而仪式本身的形式也是校园文化的显性表现,是校园文化的精髓所在。学校多年来坚持以"三大典礼"课程贯穿学生的小学生活,既记录了学生阶梯式的成长过程,促进学生成长,也润物于无声,实现仪式育人的美好初衷。《合肥日报》、安徽广播电视台等多家媒体对仪式活动做了大幅宣传和报道,在社会上赢得很好的反响。

3. 多个校区践行成长仪式,推动城乡均衡教育

教育集团其他校区以此为基础开展多个成长仪式。长丰、肥东等集团内分校,师生以"温、良、恭、俭、让"五个板块结合校园常规内容,深入浅出地让"养成教育"初润心灵,为农村地区的留守儿童送上精神文明的营养大餐。许多在外地打工的村民闻讯,纷纷表示要将孩子送回家乡接受优质教育。

二、劳动课程

著名教育家约翰·杜威曾说,"教育即生活""教育即生长""教育即经验的改造",强调动手体验的重要性,我国教育学者陶行知也强调"知行合一"。近年来,教育部多次发文呼吁,"劳动永远不会过时",不能以"智育"取代劳动教育。在此基础上,学校严格执行国家课程标准,实现德智体美劳"五育并举",更加关注劳动教育,重视劳动基础知识和基本技能的学习,增强课程综合性和实践活动环节,让"劳动的教育"和"教育的劳动"都为立德树人服务。[①]

图2-24 学生在开心农场收获果实

(一)活动课程开展

学校高度重视劳动课程的推行,促进全员覆盖式的技能学习和服务意识培养,推进"三走进""一设立"改革模式,使劳动走入课程,联动家庭、社会,共分三个阶段进行。

第一阶段:群策群力,拟订课程方案

学校成立劳动课程创新实验领导小组,确定实验目标、实验任务,成立教材编写团队、成立微课拍摄小组,提高教师劳动教育的研究和实施能力。同时,学校成立劳动课程讲师团,以专家引领的方式,提高教师对劳动课程的重视,优化劳动课程落实的时效性。

---

① 余文森,殷世东.新时代中小学劳动教育的内涵、类型与实施策略[J].全球教育展望,2020(10):92—101.

第二阶段：稳扎稳打，推进课程实施

学校建立劳动教育课程创新实验工作规范，推进实验工作制度化、规范化，编写劳动教育系列教材、录制微课视频并试用，收集反馈信息，形成修改意见，从本校年级推广逐步扩展至多校区实行。

第三阶段：同心同德，总结课程收获

多校区全面推广劳动教育系列教材、系列微视频，进一步完善推进劳动教育创新实验的工作制度和保障机制。对学校开展的劳动教育课程实验工作进行全面总结、提炼成果、撰写总结报告。劳动课程常规推动策略如下：

图2-25　学生在"美味厨房"课程中学习包饺子

1. 学会劳动——劳动走进课程：掌握必备劳动技能

如何让每位学生都能真正上好劳动教育这门"必修课"，从而深入推进、全面开展劳动教育，将劳动教育作为德育、智育的重要内容，真正提升学生的责任感，培育学生的劳动情怀呢？这是学校很多老师思考的重要问题。

学校依据国家课程校本化的要求，围绕学校育人目标的五个方面，开设多彩课程，从小培养基本的劳动意识和生存能力。与此同时，学校成立教研团队，老师们精心编写班级劳动教育系列教材，并在班级中试行；班主任利用班队课，带领学生学习扫地、拖地、擦黑板、摆桌椅等劳动基本知识和技能。当下的学生，家长关注程度高，物质生活优裕，反而在真实的生活体验方面有所缺憾。从简单的整理书桌、书包，到扫帚、拖把等劳动工具的使用和摆放，老师们事无巨细，教技能、讲方法，让学生爱劳动，会劳动。

2. 勤于劳动——劳动走进家庭：养成自理好习惯

学校充分统筹、挖掘、利用校内外各级各类劳动教育优质资源,优化育人环境。学校是育人的主阵地,父母则是学生成长的第一任老师。以学校指导为主,家长在家庭中创设适宜的劳动岗位,学生从整理自己的房间,到主动承担家务劳动,成为家庭中有担当的一分子。劳动走入家庭,唤醒学生生命意识、责任意识,培养学生独立人格。

家校联动,协同发展。每年的寒暑假期间,学校都会以各种形式倡议学生在家庭、社区内,开展劳动实践活动:家务劳动微课、朋友圈打卡劳动好习惯、我给家里换新颜……形式多样的实践活动,培养学生的劳动能力,促进学生养成自理好习惯。

劳动教育是学生成长的必要环节,具有立德、增智、强体、育美的综合育人价值。以劳树德,从小培养学生热爱劳动;以劳增智,一草一木皆文章;以劳强体,酣畅淋漓的田间劳作,成了孩子们锻炼身体、磨炼意志的好机会。要让孩子们"知稼穑之艰难,察民生之疾苦"。"开心农场"作为学校最大的劳动教育实施基地,发挥着无可替代的育人功效。学校以项目式学习为驱动,为不同年级设计了不同层级的课程体系,有计划地安排种植实践,链接劳动认知、劳动习惯、劳动技能、劳动创意素养,让学生在不同学段的学习中收获知识和技能。[①]

【案例 2-10 "开心农场"课程"百变薄荷,清凉一夏"】

夏季已悄然而至,薄荷是天然的驱蚊植物,其芳香的气味不仅可以驱除蚊虫而且有提神醒脑的作用。"开心农场"里的薄荷已经在师生的共同呵护下形成绿茵一片。一次以薄荷为主题的项目式学习活动由此拉开序幕……

爱迪生说过,"思考是行为的种子"。在动手种植之前,科学老师精心制作了关于薄荷种植的课件,带领孩子们系统地学习了有关薄荷及其种植

---

① 许治初,冯璐.构建校园生活新样态——以"开心农场"物型课程为例[J].教育文汇,2021(6):13—16.

的相关知识。同学们在课堂上认真听讲，积极思考。

接下来的实践活动更让孩子们期待。在"开心农场"的薄荷地里，同学们认识了种植薄荷需要的材料和工具，老师示范、教授了薄荷的种植方法。选盆、装营养土、移植薄荷、设计造型、浇水……不一会儿，薄荷就移栽好了。

一年级的小朋友收到高年级哥哥、姐姐亲手种植的薄荷盆栽后，立刻开展了有趣的薄荷主题项目式学习。他们观察测量薄荷的成长，编写薄荷观察日记；查找资料了解薄荷功效，做驱蚊实验；勾勒出一幅幅美丽的薄荷画，或用彩泥制作薄荷盆栽；用薄荷制成了"驱蚊膏"；拓印出好看的薄荷叶脉；做出了美味的薄荷饮品和佳肴。

（案例撰写人：邓义景）

3. 善于劳动——劳动走进班级：培养责任担当意识

幸福是靠劳动创造得来的。为此，学校每年组织一年级学生参加"美好生活 自理达人"生活技艺比赛，一年级学生全员参与，分别从家务整理、学习用具收纳和穿衣叠衣几个方面，培养初始年级学生的自理能力和生活技艺，鼓励学生争做生活小主人。

在三年级，学校倡议人人争做红领巾小主人。在"人人有岗位，人人有事做"的理念下，很多班级都设置具有个性化特色的学生小岗位，如节电员、收发作业小组长、路队长、安全管理员，讲台美容师……舞台不分大小，角色没有高低，班级的各个小岗位成为学生们责任意识初体验的舞台。在班主任老师的倡议下，每个学生都主动承担起一个红领巾小岗位的责任，为班级的发展贡献力量，实现自我价值。

除了在班级中为学生设置劳动岗位，为了帮助同学们树立"劳动光荣·榜样先行"的意识，学校还先后邀请全国劳模、大国工匠等劳动模范走进附小校园，为附小的学生们带来了生动的劳动教育队课。这些讲座中，叔叔、阿姨用通俗平实的语言，与同学们分享了他们的成长历程和工作体会，让孩子们近距离感受到"大国工匠"背后的辛勤劳动,传承他们脚踏实地、精益求精的工匠精神,用劳动来成就幸福生活。

4.体验劳动——设立劳动周:职业体验创未来

为更好地链接社会资源,让学生更直观地与劳动岗位亲密接触,劳动周成为打开通往劳动大门的那把金钥匙,让孩子们了解父母职业的同时,能遇见未来的自己,一颗颗"小童心"在职业体验中树立职业理想,规划成长路线,绘制属于自己的人生蓝图。

亲身体验批发售卖水果,走进南站发放"扫黑除恶"宣传册,感受图书管理员、幼儿园老师、医护工作人员的辛劳……四年级的全体学生走出校园,走进社会,开展了为期一周的社会职业角色体验。每年的劳动周期间,全体同学在亲身参与、全身投入、真实环境中提高劳动意识和劳动能力,培养社会责任和担当意识。活动受到了社会的广泛关注。

(二)劳动课程成效——让朴素的行动熠熠生辉

1.教师引导,推动教育多元

劳动教育是"五育并举"理念下,学校课程的重要组成部分。通过全员参与、全员覆盖的劳动周,培养学生的劳动服务意识,劳动担当能力。劳动课程讲师团的成立,提升了教师的综合素质,提高了教师对劳动教育的重视程度以及研究劳动教育创新工作的能力。

2.传播理念,传承民族品质

新时代需要劳动去建设,从积贫积弱到大国崛起,国家和社会的发展,其实是一代代劳动者薪火相传的结果。师生共同致敬劳动,学校期待全社会共同努力,为青少年补上劳动教育这一课。让劳动光荣的观念,播种在幼儿期,发芽于儿童期,拔节孕穗于青少年阶段,开花结果于大学生活和工作过程中。营造学校、家庭、社会共同参与和横向协同的劳动教育氛围,积极构建纵向衔接、循序渐进、互相支撑的劳动教育课程。

3.砥砺意志,促进全面发展

学校教育是为党育人,为国育才,培育的是堪当民族复兴大任的建设者和接班人。劳动的过程，正是磨炼学生意志品质、提高学生综合素养的重要过程，不论是学校内的劳作，还是自己家庭环境的整理、社会舞台的实践，都为学生提供表达自己，锻炼自己的机会，塑造学生积极劳动的品质和扎实的劳动技能，也为其未来的综合发展、职业选择，打下坚实基础。

三、场馆课程

在终身学习的理念下，场馆教育已经越来越多地引起人们的重视，国家、社会、校园也日益重视场馆课程在学生成长中的作用。学校坐落在城南，巢湖之滨。学校协同于长三角区域一体化发展，成长于"科里科气"的创新城市合肥，更植根于"三国旧地，包公故里"皖江文明。在此背景下，依托于丰富厚重的场馆资源，学校每年都坚持开展丰富的场馆教育，依托不同阶段的场馆课程，促进学生"德智体美劳"的全面发展。

（一）双线推进，厚植红色基因

近年来，互联网技术发展，学校先后与渡江战役纪念馆、安徽名人馆等场馆携手，为学生学习提供线上教育资源，开展红领巾小讲解员活动，通过视频录制、线上讲解、资源共享的方式，达到以实践育人的目的，成为学校打造红色大队，构建红色课堂，传承红色基因的重要举措。

图 2-26　学生们走进渡江战役纪念馆学习红色知识

提前培训，未雨绸缪。为了让学生在讲解中能有更大的收获，在录制前，学生们进行了前期准备：讲解前，学生先自行查找有关讲解员、渡江战役故事、安徽名人等方面的知识，观看相关的视频、图像资料，收看安徽名人馆开设的讲解员社交课程……在录制前,学生就有了自己的了解和感悟,为后面的录制活动做了充分的思考,如"线上讲解如何让学生们在听的时候更有代入感?""讲解时只对着镜头,如何让表情、动作更自然?"……对于学生们的疑惑,渡江战役纪念馆、安徽名人馆的工作人员在录制前专门对小讲解员们进行了有针对性、手把手的培训,包括气息练习、口腔动程、礼仪知识、讲解词解析、语音语貌等方面的指导。学生们根据指导,利用课余时间投入认真的练习中。

视频录制,小讲解员上线。有了前期的精心准备,红领巾们信心满满地开始了线上讲解的录制。讲解内容涵盖渡江战役中的红色故事、安徽历史上出现的各类名家名人等。"她,14 岁参加渡江战役,冒着枪林弹雨送军过江;她,16岁奔赴北京,受到毛主席的亲切接见并亲自为她取名;她,如今已 85 岁高龄,却仍在义务为孩子们做校外辅导,她便是渡江巾帼英雄——马毛姐!"

"线上+线下"的联动,让学生的讲解和历史素材相结合,也让一个个故事更加鲜活。在讲和听的过程中,学生们对红色历史和新中国成立以来的伟大成就有了进一步体悟,有些学生眼眶里噙着泪水,烈士们的革命精神薪火相传,红色的基因在少年们的血脉中流淌着。而学校也积极利用公众号平台,先后推出红领巾小讲解员线上讲解微信十三篇,让学生的"红色之声"广泛传播。

(二)内外结合,促进综合发展

"请进来"是附小场馆课程的一个特色。近年来,依托临近的渡江资源,学校尝试将 PBL(问题式学习)综合性学习项目引入少先队活动课,让渡江精神的学习课程化。在校外辅导员柏晓雨老师的带领下,学生确立解读"渡江精神"这一内核问题,围绕"如何成为优秀的'小喇叭'讲解员"这一驱动问题,开展学习。通过一系列入项活动,学生们更加深入地了解了渡江精神,也内化了习爷爷在渡江战役纪念馆里的叮嘱:"不能忘了人民这个根"。而在每年的科技节,学校也积极开展"请进来"科普系列课程,省地质博物馆的科普大篷车开进附小校园,足不出校,为同学们介绍馆藏的矿物岩石和化石标本。附小邀请老红军战士在毕业典礼、少先队活动课上给学生们讲述革命故事,对比今夕发展变化,从老一辈革命先烈的一字一句中了解当年战斗的辛苦,感受当下生活的幸福。

目前,学校已先后与安徽省地质博物馆、安徽名人馆等场馆,签订官方合作协议,定期举办讲座等主题式、项目式学习,科普场馆知识,大大丰富了课本知识。

图 2-27 学生走入地质博物馆感受科技魅力

"走出去",是附小场馆课程的一份坚守。"您带孩子去过科技馆吗?""您的孩子知道渡江战役吗? 参观过渡江战役纪念馆吗?"这是很多老师在新生第一次家长会上,询问家长的问题。也许很多人会不解,孩子们是否去过这些场馆,跟小学生活有什么关系呢? 在六年的生活中,孩子们在科技馆中探科学奥秘,在地质馆里寻国家宝藏,在质检院内测安全质量,通过集体徒步悟革命艰辛,用深情朗诵赞渡江精神,听红军战士述家国情怀,馆校同庆颂伟大时代……

图 2-28 学生担任小讲解员,讲述红色历史

当然,"走出去"不仅仅是学生步伐的"走出去",更是学生"声音"的"走出去"。学校已经与渡江战役纪念馆携手,一起走过十个年头。期间,连续八届的小讲解员培训活动,不仅使学生学会用快板、戏曲等传统文化形式,讲述红色故事,更培养出多名安徽省红领巾"小喇叭"讲解员大赛特等奖获得者。在安徽名人馆前,学生参加千人诗词诵读大会,宣讲中国精神。不仅如此,名人馆还与学校联合打造《小名人故事会》系列特别栏目,学生用舞台剧演绎、视频呈现的方式向公众讲述安徽历史名人故事,视频录制过程也被安徽电视台等媒体广泛关

注,也在学生中掀起一阵"国潮热"。培养儿童主体性,就是要增强儿童的主体意识,提高儿童的个人价值感①。"走出去"的场馆课程,促进了学生的个性化表达,也为学生的实践成长提供广阔的舞台。

(三)场馆课程成效——让平淡的日子催人奋进

1.整合教育资源,厚植爱国品质

"文化兴,国运兴",中华优秀传统文化是中华民族的突出优势,是最深厚的文化软实力。"治世之能臣"的曹操,铁面无私的包拯……场馆课程的意义,正是让这些被历史镌刻的名字,不仅仅出现在孩子的语文课本中,更出现在他们的实践中,让学生感受人文的温度。从"知"到"情"到"意"再到"行",正是在附小这种以学校学科教学为基础,以场馆教育为补充,两者深度融合,促进学生爱国情知行合一的教育理念、教育方式的指引下,学校在一百多年的办学历程中,培养出了一大批心系祖国、胸怀天下的莘莘学子。从联合国到中南海,从科学家到文艺明星,从世界冠军到儿童作家……他们在附小所受爱国情的培养草蛇灰线,伏脉千里,无论身处何方,身居何位,附小学子都将永远怀揣一颗拳拳"中国心"。

2.提高探究能力,培养创新精神

场馆课程在一定程度上是一种情境式的、非正式学习,与严谨的课堂学习不同,场馆教育往往以一种更开放、更活泼的形式出现,是一场地发现,很多同学在场馆探究的过程中,更加自信独立,思考问题的视角多元、大胆,多名学生更是在各级科幻画比赛、红领巾讲解员比赛、科学小创客比赛中,喜获佳绩。

3.更新教育理念,促进学生终身发展

科学技术的发展,让人们获取知识的渠道日益丰富,除了传统的纸媒、互联网渠道之外,各大场馆,是最经典的"一眼千年"的知识课堂。在场馆课程中,学生不断经历传统与现代、人文与科技的碰撞,经历酣畅淋漓的思想洗礼,这是自我觉醒的仪式,也是终身学习理念的萌芽。让学习不仅仅在校园高墙之内,也存在于图书馆、科技馆,让学习的身影随处可见,而这,正是学校、社会、家庭送

---

① 涂艳国. 中国儿童教育 30 年[M]. 长沙:湖南师范大学出版社,2008.

给学生最宝贵的能力——终身学习的能力。

四、阳光课程

阳光是孕育生命的能量源泉,学生的心灵充满阳光才能更好成长。阳光心态是一种坚强、乐观、变通、善良、宽容、知足、感恩的心理模式,是一种充满活力与动力、意志坚定的力量,是一种情绪行为、人际关系运作协调的和谐之美。阳光心态需要去学习,更需要去实践。学校牢固树立"健康第一"的教育理念,打造阳光课程,培养学生积极向上、自信开朗的个性品质,充分开发他们的心理潜能,帮助学生身心和谐可持续发展,为学生健康成长和幸福生活奠定基础。

(一)心理学堂——塑造阳光心态

学校开辟了心理课堂、心理班会两个主阵地,扎实开展心理健康教育。

心理课程纳入课表,系统开展自我认识、人际交往、情绪管理、学习能力等方面的教育。心理组教师每学期制订教研计划和实施方案,精心备课,认真准备教具,撰写教学反思,不断调整教案,力争将每节课都上成精品课,形成校本资源。课程以体验式活动为主要形式。学生通过团队合作和心理行为训练掌握心理健康知识,学习心理调节方法,修复心理防御系统。在认识自我中学会悦纳、在合作中学会团结、在实操中学会管理情绪。"创建团队之树""做只快乐鸟""你好,愤怒""我要为你点赞"等心理课内容都深受学生欢迎。

图 2-29　心理课堂

每两周开展一次心理班会课,是心理健康教育的有效补充。班会课紧密连接生活热点和各班实际,由班主任老师组织实施,更加具有时效性和针对性。开学初,各班召开新学期心理调适班会,帮助学生缓解焦虑情绪,适应新环境,走向健康阳光之路。在日常相处时,学生之间会发生矛盾,个别同学人际关系紧张,通过开展"换个角度看问题""我会沟通交往"为主题的心理教育活动,帮助学生学习交往的技巧;面对期末考试,学生会有压力,通过班级微讲座,辅导学生正确看待考试,缓解焦虑。疫情期间开展生命教育,指导学生做好心理防护,摆脱心理困境。心理课程做到月月有主题,学生积极踊跃地参与其中,树立正确的健康观念,拥有阳光的心态。

图 2-30   心理班会课

(二)团辅+个辅——滋养学生心灵

1.分层推广,人人得以体验

学校每年在各个年级组织开展团辅活动,使之成为学校的品牌活动。各级有活动,班班能参与,人人得体验,提高学生的幸福指数。

六年级组织开展"拥抱未来,向心而行"心理研学活动。根据六年级学生的身心发展特点,以"体验+团队"的形式,学生通过游戏体验舒展身心、绽放童真童趣;在团队建设中提升集体荣誉感,增强团队凝聚力,建立一个更加具有向心力的集体,释放孩子的内心力量,以更加良好的状态面对六年级的学习与生活,助力未来成长。

四年级生涯教育主题活动,开启职业探索之旅。学生了解古今职业的变迁,运用"三叶草"理论规划自己的人生。学校将团辅活动延伸到校外,组织学生走进社区、工厂、消防队、幼儿园等机构,在各种工作岗位上实习体验。让学生了解职业,唤醒生涯意识,开启对未来的向往和憧憬,也提升了学习的内驱力。

三年级在"5·25"心理健康日这一天开展心力拓展活动。"时空隧道""同舟共济""无敌风火轮""紧急救援"这些项目既趣味十足,又充满挑战性。以比赛的形式培养了学生良好的团队组织性,增强团队荣誉感。把顽强拼搏、积极进取等良好的心理因素种植在学生心中。

图 2-31 三年级心理拓展游戏

此外,一、二年级开展为期两天的生生合作、师生协作、亲子配合的大型心理拓展比赛,父子同台、师生同乐。学校组织五年级学生每年暑期参加包河区心理拓展夏令营活动,增强亲子互动沟通理解,建立良好的家庭教育生态。

2. 针对有特殊需求的学生进行团体辅导

学校乒乓社团、信息社团、啦啦操社团等经常参加比赛,赛前队员和教练难免会产生焦虑紧张等情绪,学校会有针对性地开展团辅。学校中存在"七类儿童"特殊群体,学校同样根据实际需求,组织这部分学生开展团辅活动。

3. 培训+研讨,让心灵辅导更加专业

2009 年,学校就设立了"知心姐姐信箱",让每一个学生都拥有情感倾诉的通道。建立温馨的"知心小屋",开展面对面的咨询辅导。为规范和更好地利用学校的"知心小屋",学校请专家首先对值班教师进行了培训,让服务更加专业。其次教研组制定了详细的个体辅导教师的职责以及"知心小屋"的使用制度。"知心小屋"每天中午对学生开放,青年教师和心理组老师共同担任辅导老师,严守值班制度,积极接待学生咨询。学生来到这里,可以敞开心扉,诉说困境,寻求帮助;也可以玩沙盘游戏,在摆放中或释怀,或倾诉,或感悟,有效地缓解了精神压力,释放了烦恼。

4."融合教育"，给特殊儿童更多关爱

特殊儿童是未成年人中一个特殊的组成部分，他们需要特别的关爱。学校有随班就读的自闭症儿童、抽动症儿童、智力障碍儿童，学校为这些特殊儿童建立档案，一方面督促家长积极地去治疗，另一方面心理组提供特殊支持，制订帮扶工作计划，排好课表，对这些孩子进行个辅。在融合教育中，针对特殊儿童的不同特质与表现，引导其做形体的锻炼、摆放沙盘，促使这些学生在动手、认知、语言、思维、想象等多个领域获得进步。通过个辅，这些学生发生了可喜的变化，逐渐愿意与身边的同学建立联系和交往。

（三）家校共育——助力学生心理健康发展

家庭是人生最初的学校，父母教育理念和言行对子女心理健康发展发挥着重要影响。学校通过家长学校、家长委员会等阵地，微信公众号、QQ群等平台，家长会、家长开放日等活动时机，让家长了解心理健康教育知识，提高家长预防和识别孩子心理行为问题的能力。在幼小衔接、小升初、青春期等重要阶段，给予家长具体做法指导；在每学期的各班家长会中，分享良好学习习惯培养的妙招。

合肥师范附小家校共育"云课堂"围绕心理健康、生活指导、学习能力、亲子关系、焦点指导（主要针对"七类儿童"）等话题，解决家长们的困惑。为了确保宣讲内容的完整性和科学性，宣讲老师与家庭教育专家反复沟通，多次打磨，推出二十六节"家校共育"精品课程，点击量达到33.1万次，家长均反应良好。

开展阳光课程以来，教育成效明显，学生心中有阳光，脚下有力量，身上有朝气。班主任的工作也轻松了许多，学校得到了一致好评。

阳光课程教学内容符合学生实际需求，有效地促进了学生健康、全面、协调地发展，深受学生欢迎。学生的心理健康水平明显提升。阳光是一颗最有生命力的种子，在附小学生的精神世界里扎根滋长。课程也得到班主任的肯定，为班主任教育学生提供支持和帮助，为班主任日常管理工作助力，减轻了负担。当学生的身上出现了转变，班主任心里也感到由衷的喜悦。

第五节 联动式传统文化课程

学校在百年的办学发展中,始终注重承旧维新、汇中融外,沁入传承文脉的教育责任。在传统文化传承方面,坚持"以生为本,立心培元",整合环境、资源、课程等多方面元素,建构联动式传统文化课程。

中国传统文化,又称中华文化,是指居住在中国地域内的中华民族及其祖先所创造的,为中华民族世世代代所继承发展的,具有鲜明民族特色的、历史悠久的文化。[①]

一、联动式传统文化课程

中共中央办公厅、国务院办公厅和教育部相继印发《关于实施中华优秀传统文化传承发展工程的意见》《中华优秀传统文化进中小学课程教材指南》等重要文件,强调充分发挥中小学课程教材承载的中华优秀传统文化教育功能,中华优秀传统文化的传承与发展上升到了国家战略层面。

在世界文化不断碰撞、科技力量不断增强的互联网时代,优秀的传统文化是哺育学生成长,坚定理想信念的重要精神养分。因此,须在小学教育的"五育并举"中帮助学生树立正确的价值导向。立根固本,需补足精神之"钙",筑基垒台,要找准教育之"钥"。璀璨光辉的中华传统文化作为华夏文明的衣钵传承,正是"五育并举"的基石,学生全面发展的精神补给。

(一)以环境为载体,打造校园里的"传统味"

校园环境是"五育并举"的直接载体,是校园文化的直观表达。学校在推进传统文化教育的过程中,重视校园环境里的文化因素,以优质的传统文化,启迪学生审美,促进学生全面发展。

除却窗明几净的校舍楼之外,校园内的"百家姓"浮雕、"千字文"镂刻、"草木染"空间,"让每一面墙壁都会说话""让每一道连廊都在表达"。

---

① 黄兴灿. 中国传统文化对校园文化的提升[J]. 闽江学院学报,2009(3):90.

图 2-32　校园环境

学校正是通过校园环境的建设,对学生进行传统与历史的无声浸润:学生们走过连廊,在房宇嬉戏,无声的《诗经》《离骚》就是他们仰望的星空,静默的《楚辞》《尚书》正是埋下的种子。这些美轮美奂的建筑是中国传统文化的无声表达,更是对学生智育和美育的无形启蒙。

其次,在教学场馆的建设中,学校重视以传统文化的现代承传为底蕴,促进学生全面发展。学校打造剪纸、书法、戏曲等课程专用教室,将传统艺术装饰直观呈现在学习环境中。在智慧校园推进的当下,学校尝试将传统教学与信息技术相碰撞。剪纸教室内,配有双师课堂教学设备,可远程互联其他集团学校,书法教室的临摹桌是可触显示屏,老师范写的作品可以同时投屏到学生的临摹台,这种教学方式打破空间壁垒,实现实时教学。硬件与软件的结合,赋予古色古香的教室二次生命。

(二)以资源为平台,凝结教育里的"民族魂"

在传统文化教育的推进过程中,需要以学校为主体,以家长和社会资源为两翼,构建出"五育并举"的中国力量。

通过"校内+校外""线上+线下""引进来+走出去"的多方联动,学校携家长、社会一同,让学生在文化浸润中成长,在成长中立志,也让团结奋进、积极进取的民族魂,融入学生血液,铸入学生灵魂。

在"五育"教育资源平台的搭建中,除了学校之外,广阔的社会资源,也成为落实传统文化教育的"加油站"。

图2-33　学生在安徽名人馆开展"千人诵春"活动

(三)以课程为依托,聚力启明娃的"中国心"

"中国心"里蕴含了浓厚的民族认同意识、历史认同意识、文化认同意识、国家至上意识和道路自信意识,它是新时代教育的出发点和落脚点。课程不仅指某一门具体的学科,也包括学生学习的主体性体验,它是学生所学习的内容的总和,是实现学校教育目标的主要载体和依托。因此,课程是凝聚传统文化教育里"中国心"的重要平台。

首先,学校重视在学科教学中,培养学生自强不息的"中国心"。每日,学生听着经典入校,吟诵着经典离开。低年级的学生借助学校自主研发的"音频识字法"平台,借助配套阅读材料、电子音频素材库,徜徉经典的海洋,以"玩中学"的方式,丰富文化积累。中高年级的老师,组织早读课、午间阅读课、经典诵读课、成语课本剧等不同形式的经典阅读,尊重儿童特点、尊重课程特色,提高学习传统文化的效率。

图 2-34　学校经典诵读社团

其次,在社团活动中,学校关注培养学生承前启后的"中国心"。从传统茶艺到田园耕作,学生与自然为友,以万物为师;从竹笛、象棋到陶器,学生小疑必问,大事必闻;从民乐到中国舞,让学生从个性出发,向兴趣进军。而这其中,黄梅戏社团和京剧社团更是明星社团,作为"合肥市学校戏曲传承基地",学校一直坚持以社团学习为形式,组织学生习经典、唱经典。

二、节日文化课程

学校的明慧课程将中国传统节日融入学生的课堂中,在小学课堂上,创造机会让学生不断了解和接触中华传统文化。学生从小就有意识地继承与传扬中华传统文化,深切体会到传统节日的形成是一个民族或国家的历史文化长期积淀凝聚的过程。

中华节日文化有着自身的独特价值,中国重大的传统节日有春节、元宵节、清明节、端午节、中秋节等等。另外,二十四节气中,如清明、冬至等,既是自然节气,也是传统节日。学校将这些具有独特价值的优秀传统文化开发运用于小学传统文化教育的教学实践,开展了一系列有关中国节日文化的活动课程。一年级学生在中秋节,用饼干做月相,体验月亮日;二年级学生在春分节气,播散种子,体验花仙子日;三年级学生在端午节,佩戴香囊体验香囊日……

【案例2-11 新年绽春意，上元花颜开】

"弦管千家沸此宵，花灯十里正迢迢"，元宵节是一年的第一个月圆之夜，也是大地回春的夜晚。元宵佳节，蕴藉着两千多年的历史传统文化，内涵丰富。每年，当开学季与正月十五浓情相遇，学校的联动式元宵节主题课程，总能让学生感受别样的元宵节。

图2-35 元宵节主题活动

师生一起研究花灯的寓意、造型、材料等，同学们大胆创新，制作出款式新颖、充满童真童趣的花灯，有压岁包灯笼、折纸灯笼、手绘灯笼，形式各异，校园处处悬挂各式花灯。

语文课上，同学们诵读着各自找寻的与元宵节主题有关的古诗，从古诗文中感受上元佳节热闹场景。数学老师则教小朋友们合作制作花灯，与美术课上不同的是，数学老师带领学生首先测量制作灯笼所需彩纸、竹片等原材料的长度，再给制作好的花灯外框贴上轴对称图形剪纸，数学谜语也提前准备好，藏在花灯的首尾。体育课上"运元宵—捞元宵—吃元宵—戏元宵"，学生在体育游戏中感受节日的喜庆。"美味厨房"课堂上，学校特地邀请了学校食堂的大厨，现场教学生们感知包汤圆和摇元宵的区别。

在元宵节主题活动中，学生们赏花灯、猜灯谜、做元宵、品汤圆……近距离地感受元宵节的民风民俗，品味团圆、吉祥、幸福的滋味！

【案例2-12 "花仙子日"相伴春分时节】

学校在每年的春分节气开展"花仙子日"主题活动。春分这天,所有老师和学生,需要把自己装扮成花仙子的样子,可以全身隆重装扮,也可以体现某种与花相关的创意元素。

1. 盈盈花诗会

"花仙子日"当天,一年级所有的学生出席开场舞《花仙子之歌》,在绿茵茵的操场上,载歌载舞,女孩子们戴着花环,有的穿着公主裙,有的穿着精心设计的花仙子服。所有"花仙子"选择自己最喜欢或者最了解的花进行研究,并进行创意分享。为自己代言的花准备一个花仙子咒语,唤醒自己代言的花,接着朗诵一首关于花或春天的诗,或者唱一首关于春天或花的歌,也可以是创意表演。

图2-36 "花仙子日"主题活动

2. 读春分,讲故事

春分时节,杨柳依依、草长莺飞、小麦孕穗、油菜花香。春分这天人们会画春牛,互相赠送"春牛图",希望收到礼物的人能勤劳耕作,庄稼大丰收。美术老师带领学生学习过春分的习俗后,开始绘制"春牛图",分享"春牛图"里蕴含的故事。

3. 探秘奇异花朵

"花仙子日"课程中,师生一同走入大自然中,了解各类花卉,体会自然的神奇和人类的智慧。"花仙子"们选择一朵喜欢的花,可以是真的花,也可以是花的图片,研究花的名称、花的颜色、花瓣形状、内部结构等,先研究再完成科学任务单,最后分享研究成果,体验科学研究的过程。

4. 播撒春天的种子

春分时节,是播种的好时节,学生要趁这个好时节把希望的种子播种下去。各班准备好向日葵、萝卜、圣女果等种子,老师带着学生们去自己班的种植区播种种子。师生们选择春分当天进行播种,亲身体会播种要靠天时地利人和!

5. 春天的愿望

"花仙子日"主题活动中,学生还会收集花瓣,将花瓣装进心愿瓶,写下一个春天的愿望放进瓶子里,等秋天的时候再打开,看看自己的愿望有没有实现。"花仙子日"这一天"花诗会+奇异花朵探秘+了解春分+播撒种子+春天的愿望",也正是"语文+音乐+故事+科学+绘画"的学科融合,指向的是校园里的儿童生活。

【案例 2-13 端午粽香飘,仲夏一深情】

端午时节,学校组织开展传统文化课程——"香囊日"。在"香囊日"课程设计中,学生在语文课本上学习《中国记忆——端午节》,朗诵中华民谣《传统节日》:"过端午,赛龙舟,粽香艾香满堂飘。"听着绘本故事《端午粽米香》,在绘本故事中了解端午节的习俗,挂艾草和菖蒲、佩香囊、挂五色丝线、赛龙舟、吃粽子等等。在数学课上,学生回顾《克的认识》,小组合作,动手操作,用电子秤称出物件的克数。知道称比较轻的物品,用克做单位。

劳动技术课《五彩香囊襟前戴》融合了数学、美术、中国历史、中医药知识等各方面的知识。课前,学校邀请了中药专业的家长,制作了微课《香囊的中药成分和功效》,让学生知道即将制作的香囊中有冰片、白芷、石菖蒲、

图 2-37　"香囊日"主题活动

焦苍术、白豆蔻、艾叶等十味中草药。学生在课堂上，猜一猜药名，闻一闻味道，说一说功效，近距离感受中药材的神奇魅力。每个小组的学生根据分发的香囊手工材料包、中药粉末、电子秤等学习用品，亲自体验手工制作香囊，感受端午节佩香囊的意趣。

在动手制作的过程中，学生在小组合作中解决关于克的计算与验证的数学问题，学习打绳结、装药粉等劳动技能。

（案例撰写人：朱诲）

三、戏曲文化跨界课程

戏曲是最具民族文化特色的艺术形式之一，当传统的戏曲教学限制了课程的多样性，当题材内容无法契合学生学习戏曲的兴趣点，就要将之与党史故事、热点话题、地域文化等元素跨界相融，为传统的教育注入新的血液。

《关于实施中华优秀传统文化传承发展工程的意见》强调，"戏曲文化是优秀传统文化的一部分，对中华优秀传统文化传承发展体系的构建将起到至关重要的基础支撑作用"。黄梅戏本起源于湖北黄梅一带，发展壮大于安徽安庆，它源自民间清新的采茶曲，淳朴流畅，明快抒情。作为广受海内外欢迎的戏曲剧种,黄梅戏与安徽结下不解之缘,也成为烙印在安徽人血液中的"家乡戏曲"。黄梅戏走进小学课程,可以使学生从小就感受戏曲音乐的魅力,理解戏曲音乐的丰富内涵,使他们心底里真正热爱民族音乐、戏曲艺术。通过小学生来传播戏曲文化,可以让学生从小打下良好的基础,从源头上解决戏曲艺术的传承问题。[1]

图 2-38　黄梅戏表演

2006 年,黄梅戏经国务院批准列入第一批国家级非物质文化遗产名录。学校自 2013 年起,成立黄梅戏社团,夯实黄梅戏课程教学,基于理论常识和艺术实践,为黄梅戏课程学习设定了目标:

目标一:让学生近距离接触戏曲艺术并尽量参与其中亲身感受。

目标二:使学生认知到中华戏曲艺术的奥秘与神奇,感受到民族优秀传统文化的独特内涵与无穷魅力。

目标三:培养学生树立正确的世界观、人生观与价值观,不断提升道德修养和文化素质。

经过数十年的培种育苗,正如《对花》中所唱:"丢下一粒籽,发了一棵芽……"黄梅戏俨如一颗种子,在校园内生根发芽,蓬勃发展。

---

[1]　李秧秧.浅谈小学戏曲进校园的途径与方法[J].北方音乐,2018(13):196.

(一)走进花戏楼,把耳朵叫醒

自"戏曲进校园"活动开展以来,黄梅戏也落根于学校,成为学生热爱家乡,传承文化的纽带。为此,学校专门开辟了活动场地,做好保障,既有展示墙、授课教室、活动准备室,还有"启明星"展演舞台,可以同时容纳四百名学生观看。

依据国家课程要求,围绕学校育人目标,学校开设了戏曲课程,并编写戏曲校本教材,学校每学期均举办"黄梅大讲堂",邀请安徽省黄梅戏剧院的老师们介绍黄梅戏发展史,在学生心中播下对黄梅戏向往的种子,真正实现优质资源六个年级共享。

图 2-39 学校"黄梅大讲堂"活动

学校与剧院携手育苗,邀请学生和家长前往安徽大剧院、黄梅戏剧院、天仙配舞台观看演出。声声入耳的黄梅戏,带着学校戏迷走进花戏楼,让戏曲的魅力向家庭渗透!

(二)金声玉振鸣,"唱念做打"力

黄梅戏好听,唱起来却并非易事,它承袭古徽州方言,语音语调的学习对于成年人而言都相当困难,更何况懵懂的学子。

每周一下午的黄梅戏课程活动,是学生们的曲艺时光。黄梅戏作为花腔小调,歌词较多,且口语化强,这要求学生既要做到清晰连贯的发音,也要有较强的节奏感,把握唱腔的句读和节奏。学校从儿童的心智水平出发,以"破"带"立",尝试在故事中融入戏曲唱腔,从而发挥黄梅戏的育人功能。

　　为了帮助学生熟悉黄梅戏唱腔,老师们从吐字发音到句读教学,一段段,一点点,指导学生。渐渐地,识文断句中,多了黄梅乡音的味道,也增加了师徒间特殊的凝聚力。

(三)旧曲赋新调,红色基因传

　　传统的黄梅戏曲,注重历史的沿袭,在新时代,如何让传统文化成为落实美育教育的阵地? 学校尝试在表演中融入戏曲唱腔,传唱红色故事,从而发挥黄梅戏的育人功能。

　　中华人民共和国成立七十周年之际,学校排演黄梅新曲《绣红旗》,将红色基因注入血脉,让黄梅曲调成为红色阵地的生力军。2020 年初,全国人民居家抗疫。虽然宅在家中,但小戏迷的学戏热情没有受到阻挡,黄梅戏指导老师开通直播间,指导学生云端学戏。

图 2-40　黄梅戏表演《绣红旗》

　　2021 年,时值中国共产党建党百年,为追寻红色精神,传承红色基因,学校黄梅戏社团的小演员们经过近一个月的辛苦训练,完成了创编剧目《渡江小英雄》,以特别的形式为家乡的红色经典献礼。小演员们大都是四五年级的学生,最大的也才 11 岁,要用安庆方言来演唱黄梅戏,困难可想而知。老师们一字一句地教,小朋友们一字一句地学,别看都还是稚嫩的学生,但他们对用黄梅戏演绎红色经典充满了兴趣和热情,练唱腔、对台词,大家用心揣摩着人物的性格特点,努力演好自己的角色。演出现场,只见小演员们表演认真投入,一招一式有板有眼,唱念更是韵味十足,将马毛姐和渡江战士们不怕牺牲、冲锋在前的精神深深印刻在观众的心中。

在"百万雄师过大江"气魄壮阔的戏曲声中,学生都深刻缅怀牺牲的革命先烈,铭记革命先辈前赴后继、英勇奋战的大无畏精神。

图 2-41　黄梅戏表演《渡江小英雄》

(四)江淮春色里,笑闻黄梅香

演员的才华在舞台上尽情绽放,为此,学校也提供多元化的展示平台,鼓励学生在实践中发展自己。全国戏曲嘉年华、全省"戏曲进校园"文艺会演、校园

图 2-42　学校戏曲教室

社团文化展示,凡是与学生有关的戏曲活动,学校倾力鼓励学生参加,努力做好组织保障、经费保障、制度保障和资料保障。黄梅课程指导老师也积极参与戏曲专项培训,提高专业素养。

一起来听听参加学校黄梅戏课程的学生怎么说:

> 第一次参加区戏曲比赛时,我被台上众多演员漂亮的戏服深深吸引,戏服颜色鲜艳、造型独特,京剧、豫剧、地方小调,尤其是黄梅戏"七仙女"所穿服装的彩色长袖,让我过目不忘,那时的我,刚刚 7 岁。我树立自信,当我在台上演出时,我会将对黄梅戏的喜爱之情化作动情的歌唱和忘我的舞姿。
>
> 从第一次表演到登上全国戏曲比赛的大舞台;从畏畏缩缩到站在台上代表学校领取"戏曲进校园教学基地"奖牌;从动不动就哭鼻子到自信满满……是黄梅戏让我得到了锻炼,是黄梅戏让我成长!
>
> ——黄梅戏社团学生张博苒《黄梅初体验》

> "蓝脸的窦尔敦盗御马,红脸的关公战长沙……"这字正腔圆的唱腔、这一招一式的范儿,深深地吸引着我。
>
> 这首广为流传的京歌,把中国戏曲的博大精深传唱到了祖国的千家万户。虽然年少不经事的我,并不能深刻感受到它的内涵,但那隐隐约约的大气磅礴、柔情万种、朗朗上口的旋律让我逐渐对中国的戏曲充满了浓厚的兴趣。我的戏曲之路悄然开启了。
>
> 学习的日子里,我接触到许多戏剧,例如京剧、越剧、黄梅戏和豫剧等等。记得 3 岁的时候,我就对豫剧十二分痴迷了,《花木兰》《穆桂英挂帅》等一些经典曲目我一学就会。当其他孩子穿梭于各种兴趣课程时,我却早已对极具艺术魅力的戏曲一见钟情,并且把这种快乐学习的热情展示在最美的舞台上,挥洒着别样的童趣时光。
>
> 合肥师范附小一直致力于戏曲文化的传承和教学,我从二年级起很荣

幸加入了黄梅戏社团。学校特聘黄梅戏剧院的王霞老师执教我们的戏曲课程,长期醉心于黄梅戏表演和教学的她,不但教我们"唱、念、做、打、手、眼、身、法、步"这"四功五法"来规范学习,还介绍了起源于湖北黄梅,壮大于安庆地区,流行于大江南北的黄梅文化。这些历史背景和渊源也让我们谨记于心,学其道,知其事,敬于心,我觉得我更尊敬和热爱这门艺术了。

附小诸多戏曲新剧在各级各类文化艺术节展演中好评如潮,硕果累累。音乐声中,我们小戏迷个个粉墨登场,演绎着或是家喻户晓的经典,或是创作的新剧,无不时刻传播着一代代戏曲人的梦想,接力扑面而来的社会新风气。参加励志小戏《铁杵磨针》的排演,更加让我受益匪浅,戏中我扮演的是坚持不懈、毅力惊人的老婆婆。每一次参演期间,与小李白的对唱中,我都深深领悟到做任何事情都要有恒心,坚信铁杵磨成针——功到自然成。

戏曲是中华传统文化的瑰宝,她丰富了我们的校园文化生活,更让我在现代教育的百花齐放中,找到了自己的审美方向、明确了自己的人生目标。

——黄梅戏社团学生吕羿凡《我是小小戏伢子》

2019 年,学校黄梅戏节目《黄梅飘香》受邀进京拍摄,参与中国教育电视台节目录制,荣登"学习强国"平台,还参加了"皖藏一家亲 舞动高原情"皖藏基层文化交流演出,优美婉转的黄梅腔,清新脱俗的动作,赢得了现场观众阵阵掌声。学校黄梅戏社团的身影在各级各类的舞台上大放异彩,曾多次在全国"戏曲嘉年华"中包揽三项大奖。2018 年,学校还被国家教育部认定为"全国中小学优秀文化艺术传承校",合肥市"非物质文化遗产教育传习基地"。

学校多次接待来自澳大利亚、英国、德国、韩国等国家的教育访问团,黄梅戏社团的学生作为传统文化的传播者,更远赴维也纳演出,积极促进中外文化交流。在英语老师的协助下,黄梅戏课程以空中课堂的形式,教澳洲的小朋友学习黄梅曲调,对优美曲调的赏析和向往跨越了语言和空间的障碍。

(五)异"曲"同工处,余音绕梁里

国粹京剧,是中华传统文化的瑰宝,凝聚了中华传统美德、民族智慧和艺术

精华。但"不入园林，怎知春色如许"，为了让学生们走进京剧，了解京剧，2019年在黄梅戏社团已经香飘满园、硕果累累之际，学校又与徽京剧院携手，京剧社团以昂扬之姿在学校扎根，月余后登上 2020 年的新春音乐会舞台，以戏曲联唱《红灯记·穆桂英挂帅》获得了学校师生的一致赞扬，待到卯兔探新时，静候梨园百花开！

图 2-43　学校京剧社团

舞台上的光彩，来自舞台下的汗水，而戏剧的魅力，正是在这一次次的唱词学戏中，绵延发展，传统文化的熏陶，也正是在这戏曲演绎中，振兴提升。无论是黄梅戏还是京剧，洋洋盈耳的妙音在学生的耳旁萦绕。正是因为戏曲课程进校园，把我国传统艺术的瑰宝——戏曲，再次融入学生的成长中，为戏曲文化的传承，注入新鲜的血液。筚路蓝缕，薪火相传，承载希望！

第六节　浸润式阅读课程

浸润式阅读课程，是指以国家语文课程为基础，以学校图书馆资源为补充，通过实践学习提升学生阅读综合素养的课程。2020 年 10 月，中宣部发布《关于促进全民阅读工作的意见》指出，"阅读是获取知识、增长智慧的重要方式，也是传承文明、提高国民素质的重要途径，深入推进全面阅读，对加强社会主义精神文明建设、促进社会进步具有重要意义"。

为此,学校在书香校园的建设中,打造基于语文课程的浸润式阅读课程,以"221策略"保障阅读阶梯课程实施,推动主题阅读活动课程实现"知行合一",设立"1+N项目"创新阅读课程激发师生阅读新动力,让阅读润泽于学科教学之中、沉浸于师生课外活动之中,营造具有学校特色的书香校园阅读氛围,培养符合学校育人目标的学生①。

一、阅读阶梯课程的实施

长期以来,学校一直关注对学生阅读素养的培养。近些年来,国内外一系列大型测评项目,如:国际学生评估项目(PISA)、国际阅读素养研究进展(PIRLS)、中国教育质量评估项目(NAEQ)等,都将阅读素养作为主要测评范围之一。虽然各项目在内涵、框架、工具上各不相同,但都提到了对阅读文本的理解、解释、应用能力,并且强调了阅读者主动参与阅读和参与社会活动的能力②。

2019年,全国开始统一启用部编版小学语文教材,教材中新增了"和大人一起读""快乐读书吧""我爱阅读"等板块,引导师生将语文课往课外阅读延伸,更加重视对学生阅读能力的培养,关注学生阅读兴趣的持久度,鼓励学生去读课文以外的书。同时,随着国家对阅读的重视逐步升级,全学科阅读的概念,逐渐进入教育视野,改变了只有语文课才重视阅读的观念,倡导各学科都需要重视阅读,以帮助学生拓宽学科视野,加深学科认知,进而提高学生综合素养水平③。

基于以上,学校开发了以部编版小学语文教材、学校图书馆资源为主要载体的"阅读阶梯课程",将语文课程进行了延展,鼓励师生通过实践性学习提升核心素养。该课程以指导学生学习阅读方法的"图书馆课程"为起点,将部编版语文教材"快乐读书吧""和大人一起读""我爱阅读"中的书目作为必读书目,开展"整书共读课程",指导学生将图书馆课程中习得的阅读方法进行运用、加

---

① 张红等. 启迪心灵 明亮人生[M]. 合肥:安徽文艺出版社,2013.
② 胡玥. 国际阅读素养测评的比较与启示[J]. 中国考试,2019(3):60—64.
③ 朱传世. 全学科遇到为何与何为[J]. 中国教师,2021(4):23—24.

以巩固；依托学校开设的国家课程、地方课程、校本课程，推动各学科教师在教学过程开展"学科阅读课程"，引导学生应用已掌握的阅读技能展开学科学习，将停留在浅阅读层面的信息提取、知识了解等能力延展至理解学科知识、拓展学科视野等更深广的领域。

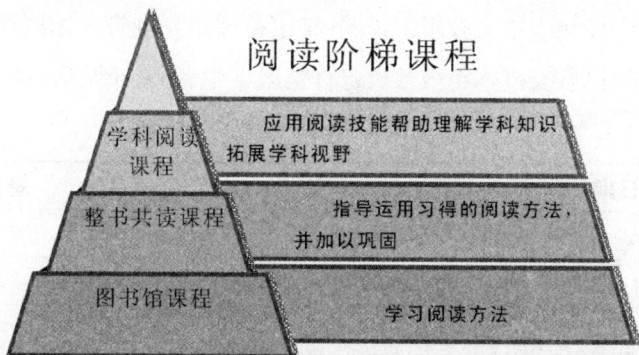

图 2-44 "阅读阶梯课程"图示

（一）"221 策略"保障课程实施

"221 策略"是保证图书馆阶梯课程在学校能有效实施的策略。其中，"两专""两库""一研讨"分别是指学校阅读阶梯课程由专人在专用教室进行授课，教师依托"图书馆课程备课资源库"和"整书共读课程学习单资源库"进行课程的备课与教学，以及为服务学科阅读课程而开展的跨学科研讨活动。

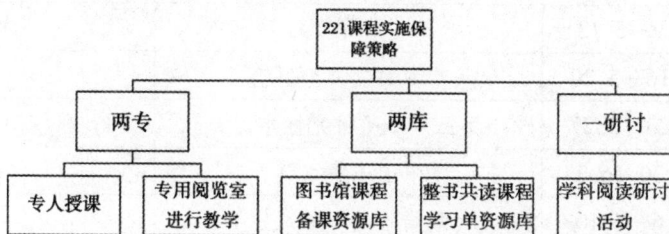

图 2-45 "221 课程实施保障策略"图示

1."专人""专室"保障课程实施

为保证阅读课程的顺利实施，学校充分发挥学校图书馆的功能。首先对学校图书馆各馆室进行划分,保证每个年级拥有专用的阅读空间,供教师开展每周一次的阅读课程教学,以此作为对国家语文课程教学的补充与延展。

学校图书馆对课标所附必读书目,均以至少一个班的学生数为复本量进行采购,满足师生进行整班共读课程使用。

每学期,学校组织语文教研组长、各年级备课组长制订入馆授课课程表、图书馆课程教学计划,安排本年级各班进行整班学生借阅,开展整书共读课程。

五年级图书馆课程授课计划

周次	日期	内容	备注
1	2.16—2.18	调整各年级课表,安排专用阅览室	
2	2.21—2.25	第一章 3.《制作一本电子杂志》	
3	2.28—3.4	《上下五千年》	
4	3.7—3.11	《三国演义》	必读
5	3.21—3.25	《红楼梦》	必读
6	3.28—4.1	第二章 3.《扫读和跳读》	
7	4.4—4.8	《图说中国历史》	
8	4.11—4.15	《西游记》	必读
9	4.18—4.22	《假如给我三天光明》	
10	4.25—4.29	第二章 4.《做笔记》	
11	5.2—5.6	《可怕的科学》系列图书	
12	5.9—5.13	《水浒传》	必读
13	5.16—5.20	整本共读书分享会	
14	5.23—5.27	第三章 2.《探究性学习》	
15	5.30—6.3	《中国未解之谜》	
16	6.6—6.10	《爱德华的奇妙之旅》	
17	6.13—6.17	期末评价	
18	6.20—6.24		

表2-11　图书馆课程计划表(例)

2."备课资源库""学习单资源库"保障课程实施

学校组织各年级骨干教师整理"图书馆课程备课资源库""整书共读课程学习单资源库"，为教师备好图书馆课程提供指引与便利。同时，学校要求教师在新一轮备课、授课及课后反思中，结合教育方针、政策的调整，以及图书资源的更新，对原有资源库素材进行同步修订与完善，以确定授课方向、降低备课难度、丰富备课资源，保证资料库的新鲜度。

3."学科阅读研讨活动"保障课程实施

学校依托图书馆资源，打破学科壁垒，在每学期开学的教研组工作会议中，布置教研组长、备课组长与组员教师展开研讨，制订本学期的学科阅读研讨计划，落实课程安排。

学科阅读课是以学科知识为原点的课程，因此需要本学科教研组确定授课主题、准备相应推荐书单供教学使用。授课教师在第一次独立备课、确定推荐书目之后，说课、磨课的过程中，要和同年级不同学科教师一起研讨。授课教师则根据各学科教师意见，调整教学设计，融合跨学科教学内容，最终确定教学设计，执教跨学科阅读研讨交流课。

通过跨学科阅读课程的开展，学生提升了阅读素养，拓展了自己的认知领域。作为授课教师，在通过多次的研讨、打磨，听取多学科教师共同研讨之后，更是在精准分析教材、提高自身阅读教学指导水平、自主发掘学科阅读资源等方面有所进益。

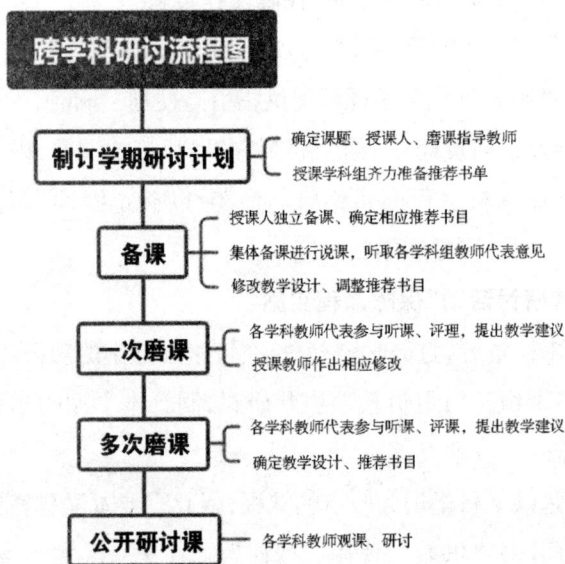

图 2-46　跨学科研讨流程图

(二)阅读阶梯课程案例

1.图书馆课程

学校图书馆课程围绕"图书馆素养""阅读素养""资讯素养"三个范畴,以部编版语文教材"语文园地""口语交际"等相关板块内容展开教学,利用学校图书馆场馆资源,了解、认识学校及公共图书馆的功能,初步掌握如何利用图书馆信息资源为自己的学习提供帮助、开展研究。图书馆课程作为学校图书馆阶梯课程的起始课程,以实现从教学生"读什么"到"怎么读"的转变,培养学生的阅读素养,为后阶阅读课程中需要运用的阅读能力提供保证。

【案例2-14 五年级《阅读科普书》教学设计(节选)】

	教 学 过 程		
教学 环节	教学内容、教师活动	预设学生 活动	二次 备课
新 课 教 学	······ 三、学一学,科普书和科幻书的区别 1.师:各大影院热播的《流浪地球》是根据刘慈欣作家的同名科幻小说改编的。同学们,你们觉得科普书和科幻书有区别吗? 区别在哪些地方呢?科普书普及的是已知的、现实的科学知识,如《小牛顿科普馆》、DK 系列图书等。科幻书是在尊重科学结论的基础上进合理想象而创作出的文学作品,如《三体》系列小说和"凡尔纳经典三部曲"等。 2.预设《小牛顿科普馆》《昆虫记》《海洋》等 师:同学们,好看的科普书有很多呢! 比如《可怕的科学》《世界上最脏最脏的科学书》等。找一找,学校的图书馆还有哪些科普书。 出示分享表,指导学生先自行填写,再与同桌交流。 师:你们最喜欢的一本科普书是什么? 有什么发现? 书 名: 内容分享: 教学设计案例图表 四、练一练 阅读科普书,可以使用 KWL 表格来帮助我们思考。 师:请同学们选一本科普书,向书中悦悦(注:教材设置的卡通人物形象,用于穿插、讲解教材内容)一样,先试着自己提出一个问题,再查阅相关书籍,完成下列空白的"KWL"表。 K我知道 W我想知道 L我读到了 "KWL"表	······ 三、学一学 1.学生根据已有经验谈自己的理解。 2.学生在图书馆内查找,其间会对书籍的归类产生犹豫。 3.交流自己最喜欢的科普书,并说一说有什么发现。 四、练一练 完成"KWL"表	

续表

教 学 过 程			预设学生 活动	二次 备课
教学 环节	教学内容、教师活动			
	五、评一评 同学们,通过这节课的学习,你是不是更加了解科普书,更喜欢阅读他们了?根据自己的表现,自我点评一下吧! 怎样找到感兴趣或者需要的科普书? 我是否向同学推荐了好看的科普书? 是( ) 否( ) 怎样找到感兴趣或者需要的科普书?		五、评一评 学生自评	
……	……			

表 2-12　《阅读科普书》教学设计(节选)

2.整书共读课程

"整本书阅读"教育思想肇始于叶圣陶,《义务教育语文课程标准(2011年版)》(下文简称《课标》)中也提出,"要重视培养学生广泛的阅读兴趣,扩大阅读面,增加阅读量,提高阅读品位;提倡少做题,多读书,好读书,读好书,读整本的书"。各班级根据学校安排,利用每周一节的阅读课入校图书馆进行图书借阅、开展整书共读课程。教师依据"读前引导——读中交流——读后分享"的指导步骤和"整书共读课程学习单资源库"资源,结合本班学生阅读能力进行课程指导。学生通过图书的外借,也可以拥有更充裕的课外时间完成整本书的阅读,实现"语文课往课外阅读延伸"、学生阅读习惯培养、阅读能力锻炼的目标。

【案例 2-15　共读《三国演义》课程学习单】

1.我阅读的目的:( )

　　A.放松愉悦心情　　B.获取感兴趣的知识　　C.查找收集信息

2.我的阅读方式:( )

　　A.快速浏览　　　B.跳读　　　　C.精读

3. 整体阅读计划：

《三国演义》这本书共(　　)页,(　　)个章节,我计划用(　　　)天看这本书。

4. 家长评定：

我制订的计划是否合理？　　是/否

家长建议：_____

|阅读打卡单|　　　　　读者签名：_____

日期	阅读章节	阅读时长

表 2-13　阅读打卡单

三国中的计谋

在《三国演义》的故事中,除了诸葛亮施展的"空城计"之外,还有不少聪慧的人也利用计谋取得了胜利,比如在政治方面有挟天子以令诸侯、瓮中捉鳖计;军事方面有调虎离山计、以逸待劳计……你还记得这些计谋是由谁提出的,在什么情况下提出的吗？这样的计谋最终又取得了什么效果呢？请你试着写下来。

类别	计谋	提出人	提出的原因	取得的效果
政治类	瓮中捉鳖计	荀攸	在赤壁之战结束后,曹操想消灭孙、刘,但又怕马腾乘机偷袭许都。	用汉献帝名义加封马腾为征南将军,使其讨伐孙权,诱其入京师,然后除掉他。
	攻心计			
	美人计			

续表

类别	计谋	提出人	提出的原因	取得的效果
军事类	调虎离山计			
	以逸待劳计			

表2-14 "计谋"单

三国成语知多少

同学们,你们知道吗?《三国演义》除了是我国古典文学的"四大名著"之外,还是一个成语资源库呢!我们现在用到的许多成语,都源于此。像"乐不思蜀""暗度陈仓""步步为营"……你在这本书里还发现了哪些成语?先写一写,再小组讨论,分享收获。

成语	人物	成语的意思
乐不思蜀	刘禅	
暗度陈仓		
步步为营		
……		

表2-15 成语单

三国英雄争霸赛

三国中的英雄数不胜数,你心中的最强者又是谁?如果让你选故事中武力值最高、最有大将风度、最强指挥能力和最有智慧的人,你会分别选谁?写下他们的名字,再和周围的小伙伴说说你的理由!

武力值最高者   最有大将风度者

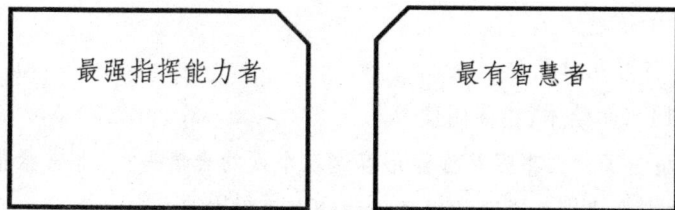

表 2-16　英雄争霸单

（案例撰写人:朱海）

3.学科阅读课程

每学期,学校召集各学科教研组长、备课组长对学期内开设的国家课程、地方课程、学校课程教学内容进行梳理,制订学科阅读课程计划,以学校图书馆图书资源为依托,打破学科壁垒,确定学科阅读的拓展点与阅读资源进行整合,实现学科间知识点的理解与迁移,推动学科素养的进阶。学校将学生阅读素养的培养融于多学科体系之中,以学科知识为原点,以特定学段学科知识框架为半径拓展阅读内容,这既提高了学生学科学习的自主性,促进其核心素养的形成,又将培养学生阅读习惯、阅读能力为切入点,培养学生成为终身阅读者必须具备的阅读素养①。

【案例 2-16　数学"认识钟表"复习教学设计(节选)】

图 2-47　《我的一天》数学绘本封面

---

① 韩淑萍.教师要做全学科阅读的领路人[D].中国教育报.2020-12-15(2).

......

2. 复习几时几分

(1) 出示绘本,指导阅读

师:出了什么事呢?你能形容这三个人的表情吗?(非常紧张)

学生尝试说一说课件中呈现的绘本画面内容。

(2) 判断时间

师:现在是什么时间?怎么看出来的,请你说一说。

生:时针走过"9",分针从"12"开始走了"10"小格,读作9时10分,写作9:10。

(3) 拨一拨,说一说

师:请你从9时拨到9时10分。想一想,时针怎么动,分针怎么动?

组织学生展开交流,说说自己的想法。

师:在这个时间段里,你会在做什么事情呢?

请同学们各自说一说。

3. 体会时间长短的相对性

出示绘本内容:玻璃清洁工歪吊在半空中等待救助。

(1) 我是消防员

教师讲述绘本内容,带学生进入故事情境。

(2) 我是等待被救助的清洁工

师:假如你是被救助的清洁工,请同学们抬起一只脚,两只手向上紧紧抓住一根绳子,想象自己下面就是高楼,抬起的脚碰到地面,就说明掉下去了,坚持一分钟。

让学生说一说,刚才时间过得怎么样,感受时间就是生命,一分一秒都很珍贵。

(3) 观看动画片:看一分钟精彩的动画片,请同学们说一说时间的长短

(4) 总结对比:这两个一分钟,你发现了什么,谁能来谈谈自己的感受?

......

(案例撰写人:邓义景)

二、主题阅读活动课程

2021年7月，国家发布《关于进一步减轻义务教育阶段学生作业负担和校外培训负担的意见》，要求学校组织开展丰富的学生阅读活动。课程作为实现学生阅读教育目的的重要途径，学校在浸润式阅读课程中加入了以"红色爱国主义经典图书展""节令主题阅读实践活动""阅读嘉年华""阅读嗨翻天"为主题的活动课程，分别从"红色经典"指引学生成长、主题实践感受中华文化、假期阅读鼓励"知行合一"、一年一汇展示阅读成果这四个角度，将提升学生阅读素养的途径从课内拓展至课外，通过在课内学到的学科知识与个人的社会生活经验进行整合，建立起属于自身的现实世界直接经验和真切体验。

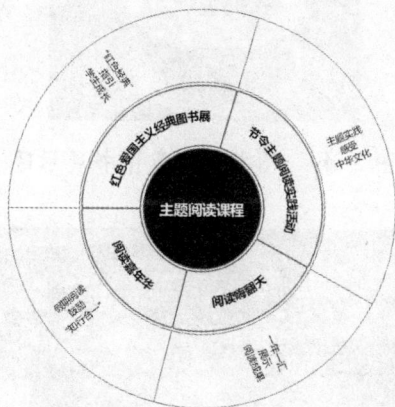

图2-48 主题阅读课程图谱

1."红色经典"指引学生成长："红色爱国主义经典图书展"

学校图书馆作为宣传爱国主义思想的阵地，每年从图书采购专项经费中拨出专款，由图书馆老师、思政课老师、中队辅导员等根据不同学段学生的阅读需求进行选书采买。学校图书馆在醒目位置布置专柜，用于陈列红色图书，组织进行"红色爱国主义经典图书展"。

活动期间，学校图书馆通过海报和学校公众号平台，推荐爱国主义图书，引导学生前往图书馆、主题书吧等阅读空间进行自由阅读；招募学生参与午休时段的"红色"主题实践作品制作,并进行展出;邀请作家为学生进行"共读爱国主义图书分享会",让创作灵感与阅读感悟在交流中得到升华……学生们在图书馆老师的组织下通过制作爱国主义实践作品、参加红色经典朗诵展演等活动读"红书"、习思想、明事理。

图 2-49　图书馆红色图书展示区

图 2-50　组织学生参加中共合肥市委组织的红色朗诵作品展演

图 2-51　儿童文学作家、我校杰出校友许诺晨回母校参加"作家进校园"活动

2. 主题实践感受中华文化：节令主题阅读实践活动

我国拥有灿烂的历史、文化，带领学生通过阅读实践了解自己祖国的传统文化也是每一所学校图书馆的教育使命。图书馆老师以阅读为线，活动为结，根据每月传统节令习俗设计活动方案，组织学生利用图书馆资源开展节令主题阅读实践活动。

每年初，学校图书馆老师都会根据当年所采购的新书，制订新一年的年度阅读活动计划。考虑到学生数量与图书馆场馆空间有限，学校图书馆利用校公众号平台以线下参与、线上体验两种方式，尽量满足有需要的学生参与。

活动前期，学校图书馆通过招募组织学生以视频的形式进行书籍分享环节，通过学校公众号平台提前进行宣传。活动中，老师们除了向学生们分享各种主题绘本，还会根据节令变化、书中知识将图书馆活动与各学科课堂教学相链接，再组织学生通过制作各种有意思的手工作品，激发学生"从阅读获取知识"的兴趣，感受阅读带来的快乐。活动结束后，参与场馆活动的学生会带着自己的作品回到班级，作为"图书馆大使"向班级同学进行宣传、分享。

图2-52　学生参与"大雪"节令活动合影

3. 假期阅读鼓励"知行合一"："阅读嘉年华"

学校根据教育部办公厅发布的《关于认真做好寒假期间"双减"工作的通知》文件精神，通过开展假期"阅读嘉年华"系列阅读活动课程，鼓励学生利用寒暑假时间开展持续阅读，将在通过阅读习得的知识运用于生活，以体验在阅读中"旅行"的乐趣，享受"知行合一"的成就感。

"阅读嘉年华"系列阅读活动课程分别在寒假、暑假两个不同时段进行。课程活动内容依据学生所处的不同学段，以不同主题的阅读活动而展开。放假前，学校通过《假期一封信》的形式将阅读实践作业单以纸质的形式发放给每一位学生，并由教师将内容进行解读，同时也会通过学校公众号平台进行发布宣传。假期中，学校要求各班教师利用班级 QQ 群对学生假期完成时间作业的情况进行陪伴指导，对有需求的学生提供帮助，并鼓励班级学生在线上、线下展开互助，分享实践过程中的喜怒哀乐，一同感受"知行合一"的奇妙体验。新学期开学后，学校组织各班级开展"阅读实践作品展"，经过师生共评，推选各班优秀作品代表班级在学校图书馆进行展出。

年级 时段	寒假	暑假	
一年级	与童书有约，亲子共读 21 天	生字泡泡瓶 阅读日日行	暑假读一本好书
二年级	新年里的书香，灯笼里的年俗	成语百宝箱 美文串串签	
三年级	畅游诗海	生动形象靠你再现	
四年级	畅游书海	阅读空间请你推荐	
五年级	启明娃看中国	文化遗产请你推荐	
六年级	启明娃看世界	——	

表 2-17　"阅读嘉年华"系列活动主题安排表

图 2-53　"阅读嘉年华"系列活动作品

4. 一年一汇展示阅读成果:"阅读嗨翻天"

每年的 4 月有两个和阅读相关的重要节日,一个是 4 月 2 日"国际儿童图书日",另一个就是 4 月 23 日"世界图书与版权日"。因此,在每年的 4 月,学校通过"阅读嗨翻天"活动课程,根据课标要求,设计年段活动课程目标,让学生多样态、有创意地展示自己一年来的阅读成果。在这种不单一追求阅读量的理念下,老师更关注学生的阅读领域、阅读品位。学校还鼓励各班级、学生家庭参与展示,为学生的阅读生活营造良好的书香氛围,通过阅读受到真善美的情感熏陶、有意义的思想启迪,领悟语言文字的魅力。

图 2-54　合肥市师范附属小学第七届"阅读嗨翻天"活动思维导图

图 2-55　"阅读嗨翻天"活动剪影

三、"1+N 项目"创新阅读课程

阅读是学生的个性化行为，教师应尊重学生的阅读实践体验，让学生在主动积极的思维状态和情感体验去理解文本。因此，在培养学生阅读能力的过程中，应倡导以创新阅读的形式，拓展学生的思维范畴，提高阅读质量。这就对学生阅读的领航人——教师提出了更高的要求。

为了鼓励教师积极创建更新、更有趣味性的阅读课程吸引学生参与，学校从 2011 年起，以"创新"界定课程实施的范畴，鼓励教师敢想敢为，不受所谓"制度""规则"的制约，更多关注阅读本身，以带动学生在项目实施过程中，拓展思维广度与深度。学校为成功完成项目课程的教师举行经验分享会，让一线老师在更高的舞台上展示自己的课程成果。

学校以"1+N 项目"定义此类活动课程，强调项目课程围绕"阅读"这一主题融入学校开设的"N 种"教育教学活动之中，实现阅读习惯的培养、阅读能力的锻炼、阅读素养的提升。

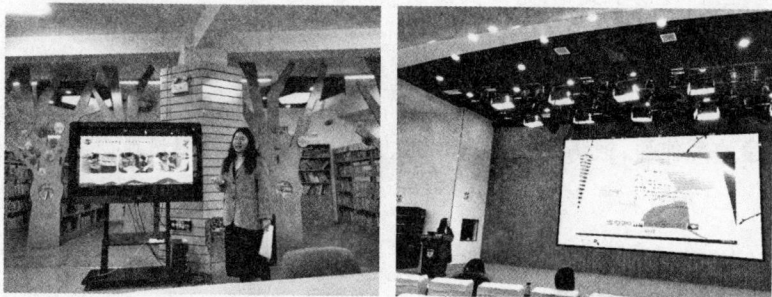

图 2-56　老师参加包河区阅读专题活动现场分享

创新阅读项目的活动周期通常以一年为限，作为服务对象的学生可以班级、自建小组为单位，也可以跨班级、跨年级以社团、校队等群体为单位开展活动。教师项目实施前期需确定项目课程的主题、目标、实施步骤、项目创新点等信息，以保证课程的有效实施。

【案例2-17　"于四季之'节',探时间之秘"实施步骤(节选)】

一、项目创新点

(一)激发学习兴趣

本项目以绘本阅读为基础,拓展传统数学教学中关于时间的知识,引导学生探寻时间的奥秘。

(二)链接生活实践

在项目的实施过程中,教师将通过阅读嫁接课堂与生活,将课堂学习融入日常生活,实现学生在生活中学习、在学习中生活。

(三)理解"人生价值"

项目设计中,在师生互动活动环节中融入了生命教育,教师希望借助引导学生理解"时间的价值""生命的意义",建立"人生价值"的萌芽意识。

(四)传承学科文化

在项目活动中,教师计划设计阅读、制作、实物操作等方式带领学生了解我国古代数学文化,感受其博大精深。

(五)培养综合素养

教师希望伴随项目的逐步开展,加强数学与各学科的交叉事例,扩大阅读的延伸面,锻炼学生运用知识、应用知识的发现创造能力。

二、项目实施步骤

(一)与春为伴——初探"时间"

时间:3—6月

1.感知"时间"

亲子共读绘本:《二十四节气·春》;师生共读绘本:《清明节》《雨纷纷的清明节》。

(1)我是春的代言人

诵读相关古诗《立春》《春夜喜雨》《春分》等,感受二十四节气中春天节气之美。在学生们动人的吟诵中,我们拉开春天课程的序幕。邀请家长利用踏春的时机拍摄学生在春季的自然中吟诵的小视频,班级分享。

（2）亲子共制"追思卡"

在清明节感受时间长河流淌，不忘先辈故人，传承民族悠久历史文化。

（3）学习《二十四节气歌》、认识"时间轴"

2. 初探"时间"亲子共读

组织学生校内分享：绘本《时间的书》。

（1）认识基本的时间单位"时、分、秒"

利用身边的小物品制作创意沙漏，感受基本的时间单位。通过活动，感受时间的流逝，增强珍惜时间的意识。

（2）制作班级二十四节气时间轴·春

二十四节气时间轴以鱼骨图形式呈现，根据学生已有的生活经验和对季节的认知，选定主题颜色并制作小插画或相关古诗丰富内容。完成后遴选优秀学生作品并塑封，按节气顺序依次贴于班级北边瓷砖墙进行展示。（后期完成剩下部分后，同样以此形式展览。）

（二）与夏为友——感悟"时间"

时间：6—8月

1. 悟"时间"之贵

师生共读绘本《时间之书》《揭秘时间》等。

（1）阅读《时间之书》，理解时间的含义，了解数字时钟和指针时钟。

（2）制作日历

六月为本学期的最后一个月，书本学习已接近尾声，仿照书中月历制作一张6月份的月历，制订学期末复习计划。提高学生合理安排时间的能力感受时间的珍贵。

（3）设计周计划表

阅读绘本《揭秘时间》，认识整点、整点过一刻。暑假初，以图表的形式绘制自己的一周计划表，在安排规划时间与具体实际实施中，感受时间的多少，提高时间概念，与"拖拉"说再见。

（4）制作日历时钟板

运用《揭秘时间》书中的时针、分针以及所学习的基本图形制作一个日历时钟板。（其中包含月份、季节、星期几、时和分。）

2.感节气之美（从七月下旬开始）

亲子共读绘本，组织学生校内分享《二十四节气·夏》《和我的影子找二十四节气·夏》

（1）阅读《二十四节气·夏》，诵读相关古诗歌，感受夏的节气美

（2）记录"影子"

发放影子记录表，记录垂直放置的20厘米直尺在大暑和立秋这两天8:00、10:00、12:00、14:00、16:00五个时间段影子的长度。比较两日相同时间段影子长短的不同，在动手实践中感受影子形成的原理和影子长短与太阳位置，也就是和时间的关系，体会时间的奥秘。

（3）继续制作二十四节气时间轴·夏，制作与季节相关小插图加以点缀。

……

（案例撰写人:姚嘉）

在项目的实施过程中，教师会根据实施步骤，引导学生开展阅读实践，令人惊喜的是，教师的创新课程激发了学生的创意，教师也会因此而收到学生创作的"计划外"作品。这些迸发了思维火花的闪光点，除了展示出学生们通过学习活动的课程成果，也印证了创新阅读课程的实施价值。

【案例2-18 "草木染'纸上书'——创意美工阅读活动"的实践与创新】

一、教师领航，追寻历史

想要了解草木染，那么我们先要了解草木染的发展历史，在查阅了校内的馆藏书籍后，为了能够更加深入地了解草木染，我走进了安徽省图书

馆,办理借阅卡,借阅查找更加专业的书籍资料。做了充分的准备后,我带着同学们走进了学校的三期阅览室,和同学们围坐在一起,交流探讨,学习草木染的发展历史,孩子们将学到的知识通过鱼骨图的形式呈现了出来,脉络清晰,总结完整。

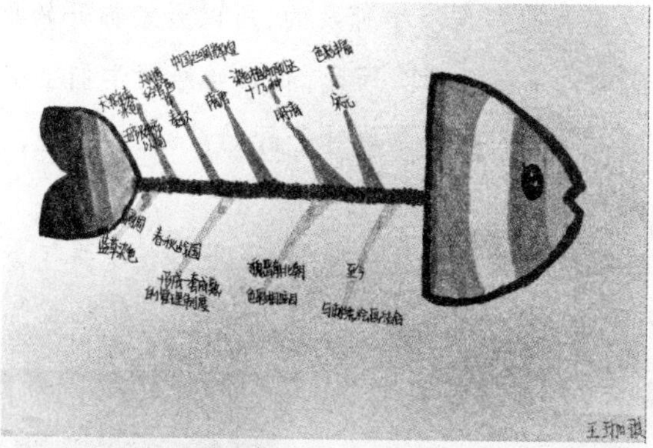

图 2-57 创意美工阅读项目活动成果 1

二、策略分享,探索种类

对草木染有了初步的了解后,我走进课堂,带领同学们学习了解草木染的种类,这一次,同学们选择了使用思维导图的形式展示自己的学习成果。

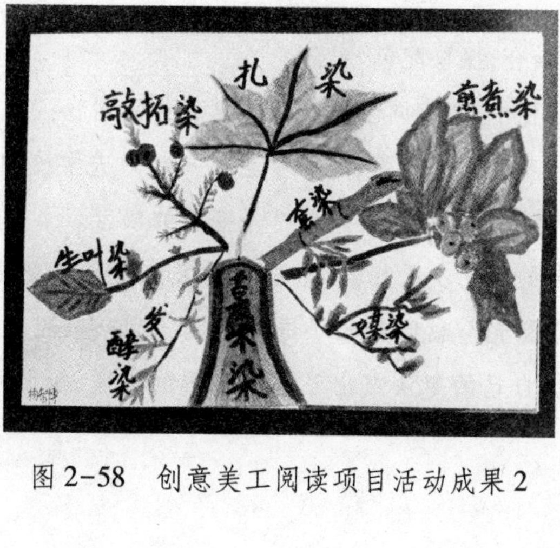

图 2-58 创意美工阅读项目活动成果 2

三、赏读绘本,敲染实践

了解了这些知识,同学们已有了非常大的兴趣,想去校内的图书馆阅读,所以我给同学们准备了我们学校馆内的书籍,并列了书单,同学们可以根据书单中的索书号去图书馆自主借阅。通过阅读,同学们发现书里面的这些植物在我们身边都是触手可及的,所以大家都开始收集树叶,想在草木染的课程中进行实践活动。因此,我开始给同学们上实践课,讲授敲拓染的制作方法。同学们先从单片叶子开始敲起,慢慢地,将单片树叶进行排列组合成新的纹样,成为又一件作品。

同学们在收获了知识并体验实践后,也给我送来了意外的惊喜,有诗歌朗诵《山行》,有手工制作《落叶时钟》。

图2-59　创意美工阅读项目活动成果3

四、学科融合,探秘配色

在敲的过程中,会有同学很好奇地拿着作品问我:"为什么叶子敲出来后变色了呢?"带着这个问题,我和学生们一起走进学校的图书馆电子资源室,指导学生通过网络查询了解到叶子变色的秘密。

叶子本身的颜色各不相同,敲出来后又有色彩的变化,那么如何将这些色彩巧妙搭配呢?我们开始了进一步的学习——配色的秘密。同学们在学习后根据自己的想法敲出了翅膀多彩的蝴蝶、茂密的花丛等等,好看极了。

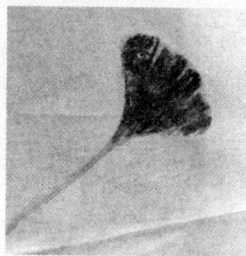

图 2-60　创意美工阅读项目活动成果4

五、草木笔记,创编成册

　　通过阅读与实践,我们掌握了敲拓染的方法、配色的秘密,既然从阅读中来,我们也要回到阅读中去,因此,同学们将自己对植物的了解以及感受一一记录了下来,语言生动有趣,惟妙惟肖。最后同学们将所有的记录装订成书,封面有书名、有作者名、有图案、有出版社名,内容有目录、有页码,丰富多彩的植物书就这样诞生了。

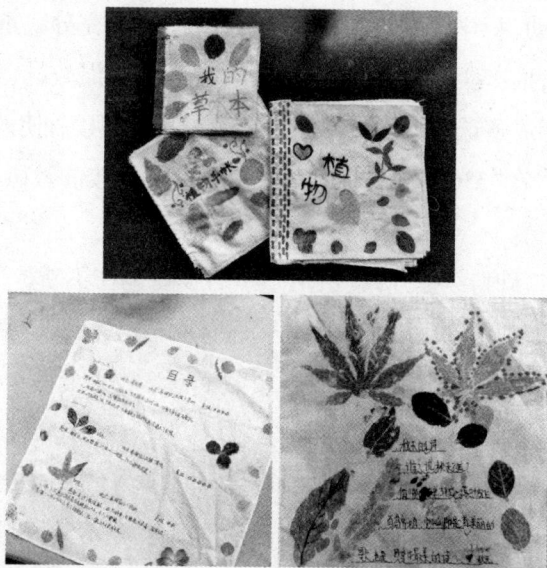

图 2-61　创意美工阅读项目活动成果5

（案例撰写人:李子敏）

第三章 教师如何教？
基于实践学习打造教师成长共同体

我们的策略：创新研修模式，寻求课堂突破

第一节 实践学习研修联盟新模式

推进课程改革、指导教学实践、促进教师发展、服务教育决策等，都需要教研工作的保障和支撑。教研，即"教学研究"，是在理论指导下对教学现象、问题和过程的研究活动。[①] 学校一直高度重视教研工作，在充分尊重教师的个性化独立备课的同时，推广实施"336 有效备课策略"，将通识教材、独立备课、集体网研有机结合，形成备课体系，为教师营造宽松的备课氛围，使教师的创造潜能得到充分发挥。[②] 在"336 有效备课策略"的指导下，学校的教研工作扎实开展，教学质量稳步提高。

学校的办学口碑持续提升，集团化办学的版图也在不断扩大。2015 年，以学校为核心的合肥师范附小教育集团正式成立。集团先后以"紧密型"与"松散型"相结合的形式引领九所学校。目前，集团下辖学校南北两个教学区，合肥师范附小第二小学、合肥师范附小第四小学、万慈小学、长丰分校、肥东分校五所独立法人学校。多校区大规模办学、跨地区办学，因为生育政策的变化，学生数量急剧增长，教师需求也在逐年变化。新进教师来源不同，水平参差不齐，其

---

① 胡小勇. 在线教研实用指南［M］. 广州：广东教育出版社，2020.
② 张红等. 启迪心灵 明亮人生［M］. 合肥：安徽文艺出版社. 2013.

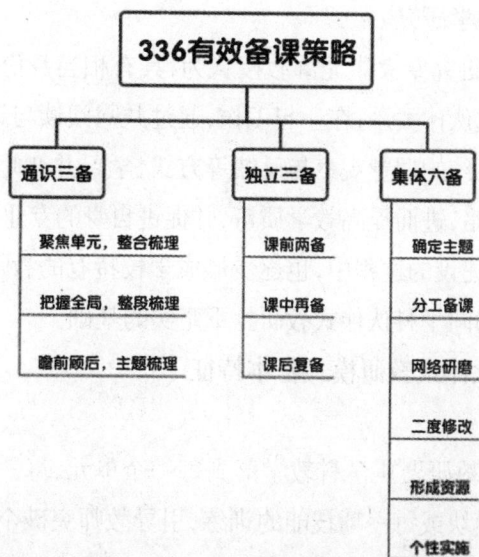

图 3-1 "336"有效备课策略图

中,年轻教师所占比例较大,培养任务艰巨,教研实效性有待提高,教研面临新的问题和挑战。

《教育部关于加强和改进新时代基础教育教研工作的意见》(教基〔2019〕14 号)指出,"教研的主要任务是服务学校教育教学,引领课程教学改革,提高教育教学质量;服务教师专业成长,指导教师改进教学方式,提高教书育人能力;服务学生全面发展,深入研究学生学习和成长规律,提高学生综合素质;服务教育管理决策,加强基础教育理论、政策和实践研究,提高教育决策的科学化水平"。按照国家对教研工作的全面规划和整体部署,依据"制度细化、流程再造、责任到人"的"启明教育"精细化管理策略,学校在现有教研工作的基础上,逐步探索更加适应"启明教育"课程与评价一体化改革需求的教研新模式。

一、同学科伙伴式教研模式

同学科伙伴式教研,指的是依据学科划分成不同研课组,同学科老师为了实现自我提高的意愿,满足学科教学的需求,建立共同的项目目标,优化合作的环境,推进学科的教学研究。

基础教育课程研究专家崔允漷教授认为,具有相当身份,如职称、教龄、学科、地位的教师结成伙伴关系,在一起工作,通过共同阅读与讨论、示范教学、课例研究,特别是有系统的课堂观察与反馈等方式,学习并彼此分享新的知识,能够有效改革教学策略,进而提高教学质量,并促进自身的专业发展[①]。

学校推进文化建设的过程中,也逐步形成学校特有的教师文化,拥有信任、合作等关键要素,为同学科伙伴式教研打下坚实的基础。

(一)同学科伙伴式教研模式基本特征

1.针对性

同学科伙伴式教研聚焦学科教学落到每一个单元、每一篇课例、每一个课时的设计、每一个模块或每一项技能的训练,引导教师突破个体教研的瓶颈,具有很强的针对性,有效促进同年级组同学科各班级之间教学质量的均衡发展。

2.稳定性

结合学校实际情况,学校在同年级同学科成立备课组,不同年级同学科成立教研组。

学校的教研制度明确提出"三定、三有、四备、五统一"的要求,"三定"为定时间、定内容、定主讲人;"三有"为有发言稿、有讨论、有记录;"四备"为备课标、备教材、备教法、备学生。同年级备课组备课要求做到相对"五统一":教学内容统一、进度统一、重点统一、要求统一、作业统一。

学校对成员构成、教研要求等做出有效的行政安排、统筹管理,确保同学科伙伴式教研的稳定开展。

3.体系性

备课组将同学科教学内容及教学规律作为研究对象,多为横向归纳,而教研组的研课,有利于对同学科、不同年级的内容进行纵向梳理和分析。同学科伙伴式教研能充分凸显体系性,引导教师围绕教学水平的适宜性与教学方法的多样化,开展高质量的教学研究。

---

① 崔允漷.指向专业发展的教师同伴互导[J].当代教育科学,2005(20).

（二）同学科伙伴式教研模式运行板块

学校抓好备课组、教研组的特色运行，落实从上到下的互动，扩大教研协作伙伴阵容。

1．"启育"备课

"启育"备课指的是学校组织各备课组围绕育人目标，在学期初制订切实可行的集体备课活动计划，包括每次集体备课内容和主讲人。围绕"单元过关精简备，教学内容超前备，学生学法分析备，作业设计针对备，课后反思仔细备，问题出现及时备"的备课策略，每周进行一次不少于一小时的备课研讨。

图 3-2　二年级语文"启育"备课开展新学期教材研讨"教学内容超前备"

时间	2021 年 9 月 6 日	地点	三楼会议室	备课组	二年级语文
主题	"我爱阅读"教学策略探究			主持人	崔琴琴
研讨内容	一、分析文本 二、策略研讨 姚振华老师： 语文课标中要求低段学生"阅读浅近的童话、寓言、故事，向往美好的情境，关心自然和生命，对感兴趣的人物和事件有自己的感受和想法，并乐于与人交流""诵读儿歌、儿童诗和浅近的古诗，展开想象，获得初步的情感体验，感受语言的优美"。在教学中，依然抓住"感悟""交流"两大目标来实施策略，鼓励学生敢于表达自己的观点和想法。				

续表

时间	2021 年 9 月 6 日	地点	三楼会议室	备课组	二年级语文
主题	"我爱阅读"教学策略探究			主持人	崔琴琴

王维凤老师：

"我爱阅读"的教学,不能像精读课文那般详细讲解,我们可以在每篇课文中,结合单元主题和文本特点,每篇课文选定不同的阅读能力训练点,让孩子的阅读能力呈阶梯式递进提高。

李莉老师：

教学中可以利用插图帮助学生理解文本。疏通文义时,对于文中学生难懂的字义、词义,指导学生结合上下文或生活经验理解字词义。

......

三、总结

今天的集体备课,我们明确本学期"我爱阅读"的教学目标是培养学生自主阅读、与他人分享交流的能力。各位老师提出的教学建议,大家可以在实际的教学中运用和实践。

表 3-1   二年级语文集体备课会议纪要(节选)

2."启思"教研

苏霍姆林斯基说过:"教育,首先是活生生的、寻根问底的、探究性的思考。"①学校设立各学科的"启思"教研日,引导教师在自我反思中开展教学研究,实现专业发展。开学编排课表时就适当调整,为每个教研组"空出"半天时间,确保教研组教研的全程参与、正常开展。

根据美国学者波斯纳 1989 年提出的教师成长公式"经验+反思=成长",学校除了在"启思"教研日里组织理论研讨,还根据教师培养、学生学情的实际情况,开展小备课组领衔教研、滚动教研、细胞式课堂诊断等研课活动,激发教师在实践情境中主动探索,产生反思,积累经验。

滚动教研中,同学科教师围绕同一主题或同一课题,按照"说课中提炼策略、授课时运用策略、议课时优化策略"的流程开展多轮授课和研讨。授课面积不断扩大,教学策略逐步叠加,教学结构灵活重组,产成滚雪球式积极效应,教

---

① 苏霍姆林斯基.给教师的建议[M].杜殿坤,译.北京:教育科学出版社,1984.

学更有"教研味"。如上述二年级语文"启育"备课开展新学期教材研讨中，聚焦"我爱阅读"主题提出思考：二年级教材中"我爱阅读"板块是一年级"和大人一起读"板块的延续，也是向中高段"阅读链接"和"快乐读书吧"过渡的阶段。由一年级时的师生读、亲子读的习惯、能力培养向学生自主阅读能力的过渡，这样一个承前启后的内容，教师教什么？怎么教？二年级语文备课组申请在整个语文教研组开展滚动教研，汇集全教研组的力量攻克教学新命题，形成有益做法和成熟经验。

首先，选出三个班级为滚动教研的教学实验班级，围绕实现学生自主阅读习惯的养成和自主阅读能力提升的教学目标，展开三轮滚动式教学。每一轮教学目标明确，策略得当，三轮教学中对学生自主阅读习惯与能力的培养层层递进，教学效果明显，最终将成功的教学经验在整个二年级组，甚至结合学情在全校加以推广。

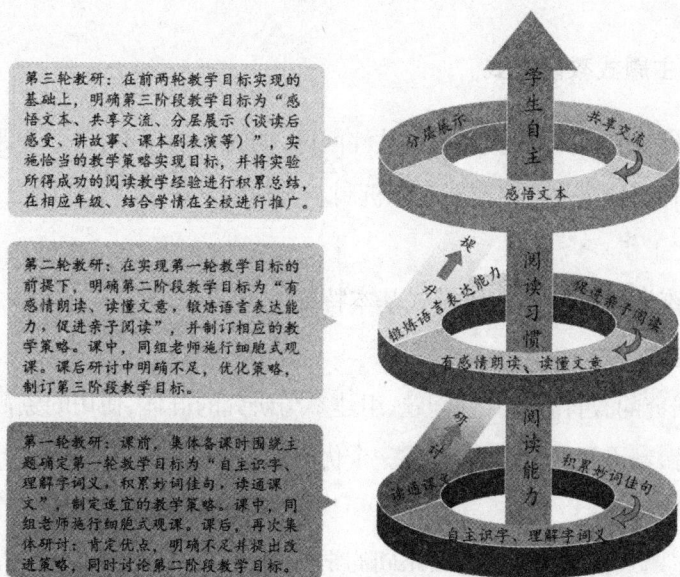

第三轮教研： 在前两轮教学目标实现的基础上，明确第三阶段教学目标为"感悟文本、共享交流、分层展示（读读后感受、讲故事、课本剧表演等）"，实施恰当的教学策略实现目标，并将实验所得成功的阅读教学经验进行积累总结，在相应年级、结合学情在全校进行推广。

第二轮教研： 在实现第一轮教学目标的前提下，明确第二阶段教学目标为"有感情朗读、读懂文意，锻炼语言表达能力，促进亲子阅读"，并制订相应的教学策略。课中，同组老师施行细胞式观课。课后研讨中明确不足，优化策略，制订第三阶段教学目标。

第一轮教研： 课前，集体备课时围绕主题确定第一轮教学目标为"自主识字、理解学词义，积累妙词佳句，读通课文"，制定适宜的教学策略。课中，同组老师施行细胞式观课。课后，再次集体研讨：肯定优点，明确不足并提出改进策略，同时讨论第二阶段教学目标。

图3-3　二年级语文组"'我爱阅读'教学策略探究"主题滚动教学解析图

通过问卷调查的方式，跟踪了解三个实验班级共一百三十三名学生在三轮滚动教学中自主阅读能力的成长变化，借助科学直观的数据分析教学效果。

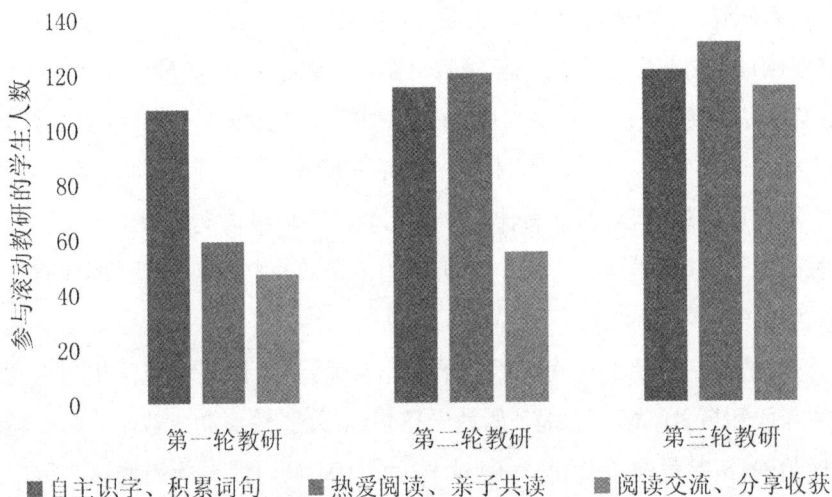

图 3-4   一百三十三名学生自主阅读能力成长变化数据图

二、跨学科主题式教研模式

不同学科的教师围绕教育教学共性问题,如同一项任务、同一个课题等,定期开展教研活动,建立协同创新工作机制。这种跨学科主题式教研已经成为学校的常态化工作。

(一)跨学科主题式教研模式基本特征

1.整合性

共同研究的教育教学共性问题、组建参与研究的群体、使用的资源、采用的研究策略等,都需要通过组合,形成一个优化的整体。

2.嵌套性

参与主题式教研的教师来自不同的学科,他们在主题式教研群体中发挥原有经验的优势,并主动担任新的角色。嵌套性的关系跨越学科、职务的界限,激发教师的潜能,为跨学科主题式研究实现动机唤醒并提供能力支撑。

3.开放性

跨学科主题式研究,扩大了教师交流的范围,增强教师自主协作的开放性。

根据个体参与教研的兴趣,可以申请参加或退出。

(二)跨学科主题式教研模式运行板块

1. 世界咖啡馆

学校号召教师基于发展实际需求,选择相应的书籍深入阅读,并组织开展分享式、探究式、辩论式等多种形式的交流。

2018 年是《合肥市师范附属小学三年发展规划(2015—2018 年)》实施的最后一年,为全面总结规划目标任务进展情况、发展成绩和问题挑战,学校开展了"世界咖啡馆之'办有品质的学校'"系列讨论活动。

【案例 3-1　世界咖啡馆之"办有品质的学校"系列讨论活动流程】

一、时间:2018 年 9 月 14 日(周五)下午 1:30—3:20

二、地点:一小科艺馆三楼未来教室

三、参加人员:全体中层管理人员

四、活动流程

(一)开场白　主持人:许治初

(二)介绍世界咖啡馆流程

(三)碰撞篇

分三个小组讨论,分别围绕"办有品质的学校"这个中心议题展开讨论,共分三轮,每一轮讨论时间为二十分钟,自由组合,每组 7—8 人,每人三个组均要参与一次。每轮讨论组长、副组长不换,组员自由换组。每个小组以鱼骨图或信息树、思维导图等形式呈现小组讨论的结果。每个组推选一名代表发言,汇报本组讨论结果,汇报时间 8—10 分钟。组长组织讨论;副组长记录本组组员的精华发言,梳理提纲和小组汇报思路。

第一组　组长:冯璐　副组长:傅洁

讨论提纲:

1.合肥师范附小是一所有品质的学校吗？为什么？(关键词)

2.作为一所有品质的学校,在不断输出和壮大过程中,遇到了哪些问题?

第二组　组长:王玲玲　副组长:邓帆

讨论提纲:怎么克服困难,提升品质的? 靠的是什么? (案例)

第三组　组长:赵俊　副组长:卞崇振

讨论提纲:你对未来发展路径的思考与建议是什么?

(四)分享篇

小组派代表上台汇报小组讨论成果,展示鱼骨图或信息树、思维导图等。(各小组汇报时每组 8—10 分钟)

(五)展望篇(张校长发言)

(六)总结

(案例撰写人:许治初)

图 3-5　老师们沉浸在"世界咖啡馆"浓厚的研讨氛围中

2.工作坊

创设集体共同参与的场域,设置科学合理的流程,引导参与者在参与的过程中对话沟通、共同思考,进行调查与分析,并提出方案,一起讨论和开展研究。

学校作为合肥市小学语文教师培训基地学校,致力于以团队协作、专家指导等方式,遵循教师成长规律,实现培养新时代教师的目标。在教师培训过程中多次以工作坊的形式开展活动,达到人人参与、学有所得的实践效果。

【案例3-2　创意绘本创作工作坊活动设计方案】

一、培训目的

(一)知识与技能

让教师了解绘本创作及手绘书制作设计的相关知识,学习手绘书设计的基本原理与方法,提高对书籍设计的鉴赏能力和审美情趣,激发创新意识。

(二)过程与方法

学习手绘书的设计要素、书的构成原理和制作方法,能用有创意的形式来表达特定的信息和意义,以自主或合作的方法进行手绘书设计和制作。

(三)情感、态度和价值观

让教师形成以创意为中心的设计意识,书是创意的大本营,创意是未来的竞争力,提高审美能力,激发热爱生活、热爱绘本阅读的情感。

二、培训内容

(一)手绘书创作技巧赏析

(二)创作绘本的步骤和方法

(三)创意绘本创作工作坊

三、具体培训流程

(一)手绘书创作技巧赏析

将生命故事借由图画书形式典藏,该怎么做?我们从故事韵味、设计技巧、结构布局等角度,逐一解析经典图画书,了解图画书创作轨迹,以作为创作生命典藏手绘书的参考。

1.收集故事素材

2.图画书是综合艺术

3.图画书的架构

4. 图画书创作案例及赏析

主题一:生命的开始——《肚脐的洞洞》

主题二:人生四季——《我等待》《礼物》

主题三:家人与我——《天国的爸爸》《团圆》《爷爷的幸福口令》

主题四:冬季之美——《艾玛画画》

主题五:灵的满足——《地球的祈祷》

主题六:典藏记忆——《威威找记忆》《花园都记得》

(二)创作绘本的步骤和方法

步骤一:构思故事

步骤二:分配段落

步骤三:角色造型

步骤四:分镜图

步骤五:草图

步骤六:画线稿

步骤七:上色

(三)创意绘本创作工作坊:(分组制作不同造型的创意绘本)

1. 简单实用的手提袋书

2. 有趣的铜锣烧卡通书

3. 超级可爱的果冻书

4. 美丽的心形书

5. 好看的圣诞书

6. 可长可短的拉拉书

7. 豪华的摩天轮书

8. 人见人爱的毛毛虫书

9. 爬呀爬的鳄鱼书

10. 五彩斑斓的蝴蝶书

11. 轻巧的桌上书

12. 神奇的魔法书

(四)分享及展示

分组上台展示制作的创意手绘书作品,并分享心得体会。

(案例撰写人:许治初)

图 3-6 教研工作坊提升团队学习效能

3. 课题研究

来自不同学科、不同年级的教师基于课题研究的共同兴趣而自愿申请参加课题研究,不断提升科研能力和教育实践能力。

在学校的组织下,课题承担者开展"八个一"活动:

(1)每学期制订一份个人课题研究阶段性计划。

(2)课题组成员每学期围绕研究专题开展一次实验课,完成至少一篇典型课例;双周参加一次专题教研活动。

(3)每月按时参加 1—2 次的课题研究例会,每学期担任一次课题例会主讲人。

(4)每月能坚持听实验课 1—2 节,并参与评课。

(5)坚持终身学习,每月坚持阅读与课题相关书籍资料并做专题摘抄。

(6)每学年积极撰写与本课题相关的调查报告或研究报告。

（7）每学期撰写一篇与课题相关的教科研论文,并积极向报刊投稿。

（8）及时收集与整理课题相关的研究成果,学期末每人写一篇阶段性总结。

三、多区域共享式教研模式

多区域共享式教研,是在不同国家、不同地区、不同区域的学校之间寻找教研工作的最大公约数,形成既相互独立又彼此协作的共享关系,开创大教研工作新格局。

为服务时代发展,践行教育使命,面对社会各界的殷切期许,学校逐步探索多区域共享式教研模式,充分发挥在集团化办学、城乡结对工作中的优质资源辐射引领作用,推动形成长三角、国际化等交流的优势互补格局。

（一）多区域共享式教研模式基本特征

1.异质性

参与教研的群体处于不同的地理位置,让多区域共享式教研存在异质性,包括因学校所处的国家、区域不同而产生的教育政策、文化背景的差异,参与教研的教师在年龄、学历、学科、认知等方面的差异。

2.指向性

这种共享式教研的开展,基本上由政府安排到学校或者学校之间对接并签订契约,对参与的学校需完成的项目或任务、参与的群体等都做出要求。

3.包容性

消除多区域学校之间因空间距离带来的陌生感甚至是隔阂,激励每一个主体学校盘活教研内生动力,提升发展聚合效应。

（二）多区域共享式教研模式运行板块

1."浸润"研磨

"双师课堂"研磨,走进学校现场观摩集团大课堂优秀课例,聆听专家讲座和点评,参观学校文化建设,跟随导师进班听课,开展座谈、磨课……"浸润"教研灵活机动地满足分校的需求,深受长丰、肥东等地分校教师的欢迎。

图 3-7　分校教师"浸润"跟岗向总校名师请教

【案例 3-3　教师随笔《浸润·成长》】

2021 年 8 月,我进入合肥师范附小教育集团长丰分校工作。

这所新建的学校,位于合肥市长丰县水家湖镇,委托合肥市师范附属小学跨区域管理。学校仅有一个年级一百九十六名学生和十四位教师。家长们大多从事草莓种植行业,教育理念较为落后,只知道看分数,不重视孩子素养的发展。学生喜欢涂涂画画,但都是习惯性地临摹。比如"画汽车"这一课,尽管我已经带着学生欣赏多幅优秀作品,一再鼓励他们可以自由想象、任意发挥,但学生画出来的还是传统车辆:半圆的车身,圆圆的轮子,圆圆的车灯,车身上毫无创意的装饰。这种情况在美术课上越来越普遍。

我翻阅了很多教育书籍,也尝试着运用对比作品等举措,但效果不明显。全校就我一个美术老师,学科之间的差异,让我想探讨都找不到合适的伙伴。我的教学和学生的创作一样陷入困境之中。

总校的"浸润"教研就像一场及时雨,给我带来了学习的福音。还记得那个星期五,我握着满满的教研安排表走进总校——合肥市师范附属小学。上午,我在报告厅和总校二十多位美术学科教师一起观摩主题课例,聆听专家点评和讲座。中午,总校美术组组长曹霞等老师热情地陪我们在校园内参观文化建设。不同的美术教室里,最醒目的地方都陈列着学生不同种类的作品。曹老师语重心长地告诉我:"我们不仅要在课堂上进行美术专业知识和技能的培养,也要在校园里营造里一种艺术氛围。"我恍然大悟。下午进班跟岗听课、参加总校美术组集体备课,我也是受益匪浅。

带着"浸润"教研的收获,我回到了学校。在学校的支持下,绘画、拓印、剪纸等各种形式的展评活动,红红火火地开展起来。具有天马行空想象力、充满童趣的作品布满了校园,让各个角落都渗透着对学生艺术修养的熏陶。课上,学生创作思路越发开阔,在小组活动中个个踊跃参与,我和学生都陶醉在色彩和线条交织的世界里。

每一次"浸润"教研,了解到分校美术教学格局的突破,总校美术组同事都为我感到高兴,继续帮我出谋划策。有了总校教研团队的力量支撑,我的工作更有方向、更有开拓性,在长丰县教学、美术作品等评比中均获得优异的成绩,辅导学生参加各种比赛成绩喜人。我将继续跟随集团教研的引领,浸润其中,获得专业上的成长。

（案例撰写人:合肥师范附小教育集团长丰分校　刘研研）

2. UGS 联动协作

"U"即高校,"G"即地方政府,"S"即中小学校,"UGS"指的是借助地方政府的政策支持,在高校的指导下,"云端+线下"联动输送课堂文化、教研文化,确保各项交流工作对症出招、分类施策、稳步推进、合作共赢。如学校与六安城北小学的结对帮扶、与澳大利亚北领地奈特克利夫小学的交流共建等。

图 3-8　英语组和澳大利亚云端课堂

图 3-9　与澳大利亚北领地政府及北领地奈特克利夫小学签订 UGS 协作文件

第二节　"五四一"融合课堂新突破

一、"启智课堂"五原则新提升

　　课堂教学是学校文化建设的主阵地，学校在一百多年的办学实践中不断总结并提炼出了五项课堂教学原则。这五项课堂教学原则从多个维度评价了课

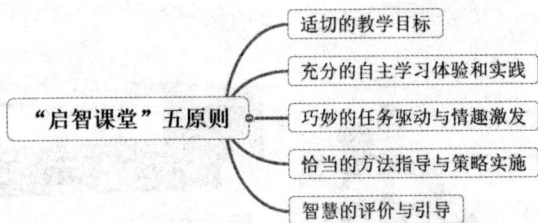

图 3-10 "启智课堂"五原则

堂教学效率、效果和效能,不仅体现出了"启智课堂"的特质,更实践了"启明教育"的核心理念。

随着课程改革的不断推进,信息化技术手段的日新月异,对我们的课堂教学又提出了新的考验。在新的信息时代,以往教学实践总结出来的这五项课堂教学原则是否就过时了、不能用了呢? 答案是否定的。恰恰相反,无论信息技术发展到何种程度,依旧要遵循最本真的课堂教学原则——以学生为本的、以发展学生核心素养为目的的课堂教学原则,而"启智课堂"五原则就是恪守课堂教学的基本规律,能够很好践行国家新课程标准的课堂教学五原则。当然,教学的信息技术手段在更新,我们不能止步于原有的"启智课堂"五原则,一定是在践行原有五原则的基础上,充分利用互联网思维进行再创新、再融合,使之更符合新时代的要求,更贴近学生学习的需求,更利于学生的核心素养的发展。

学校以"启智课堂"五原则为基础,围绕"四个课堂",即"领讲课、启智课

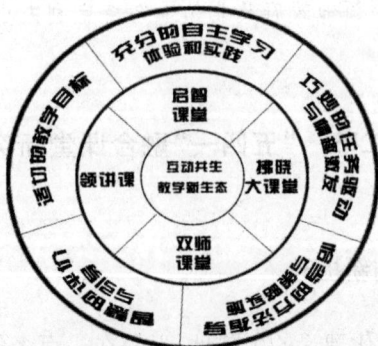

图 3-11 "五四一"融合课堂图

堂、拂晓大课堂、双师课堂”，开展了课堂教学的实践与研讨，努力构建出一个大数据支撑下的互动共生教学新生态，实现“五四一”融合课堂的深化与突破。

二、减负增效“四课”新范式

在“启明教育”文化的浸润下，在三大研修模式的基础上，学校开启了减负增效“四课”新范式，即“领讲课、启智课堂、拂晓大课堂、双师课堂”。前三者是在正常课型的组织下，分别在备课组内、学校范围内、校际之间进行的，围绕一定研究主题、教学问题的课堂教学的研讨；第四种是基于优质师资的辐射引领而创设的一种有别于正常课型的、由两名教师共同执教的课堂形式。

这四种课堂的创新设计都是围绕着国家的新政，基于信息技术平台的不断革新，努力突破课堂重难点，提高课堂效率，以发展学生核心素养，培养学生全面发展，使其具有终身学习能力为目的，从而实现减负增效的终极目标。

（一）螺旋上升“三课”新举措

教育部《关于深化教育教学改革全面提高义务教育质量的意见》中指出，各地要定期开展聚焦课堂教学质量的主题活动，注重培育、遴选和推广优秀教学模式、教学案例。新课标要求，中小学教师要争做研究型教师、学者型教师，进行原创性劳动，在教学实践中科学认真地总结教学经验，加以整合，形成具有指导性的实践理论并运用于实践中，从而形成教学研究螺旋式的良性循环[①]。

学校对标教育部文件以及课标的要求，将“领讲课、启智课堂、拂晓大课堂”打造成分梯度、有层次的课例展示、研修平台，全面促进教师的教育教学水平提高、专业化发展，促进信息技术与课程深度融合，有效培养“明智之师”与“明理少年”，全面推进集团内各个学校的优质均衡发展，形成教学研究与教师培养的双螺旋式发展。

1. 研训一体式“领讲课”

“领讲课”是指在大单元备课的基础上，领讲教师进行“四领”，即领备、领讲、领评、领思，以全体教研组或备课组教师同步进行备好课、讲好课、评好课以

---

① 张晓东. 学术权力视角下中小学管理的反思与建构[J]. 教学与管理,2011(10):4-5.

及学会反思为培训内容,以课例研修为主要形式,以全面提升教师教学水平为目的的研训一体式教研活动。研训一体式"领讲课"按照以下四个主要阶段来实施。

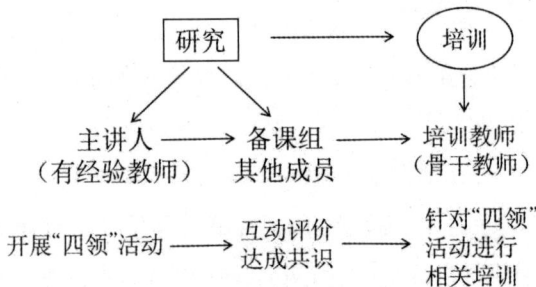

图 3-12　"领讲课"流程图

(1)领备

每位开展"领讲课"的教师,首先在备课组基于大单元教学基础上进行"336"有效备课中的"通识三备":聚焦单元,整合梳理;把握全局,整段梳理;瞻前顾后,主题梳理。通过"说教材　画知识树"的形式,来帮助教师通识、把握教材①。

这一环节以往只说了一些显性的内容,有经验的教师知道不仅要教学生知识,更要运用教学策略渗透相关思想与方法,从而更好地培养学生的核心素养。学校要求每位讲解教师在"说教材　画知识树"的时候,不仅要画"树干""树叶",还要画"树根",说"树根",要说清通过何种策略培养学生何种核心素养。

---

① 张红等.启迪心灵　明亮人生[M].合肥:安徽文艺出版社,2013.

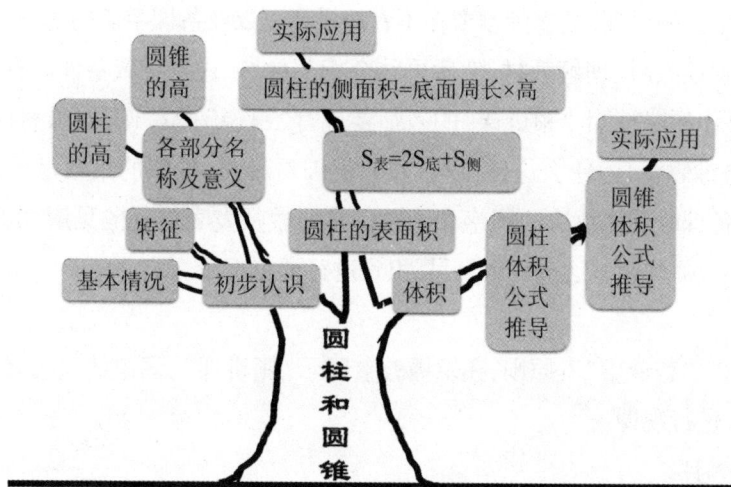

图 3-13 苏教版六年级下册数学圆柱和圆锥单元结构知识树

（图表提供人：李晓波）

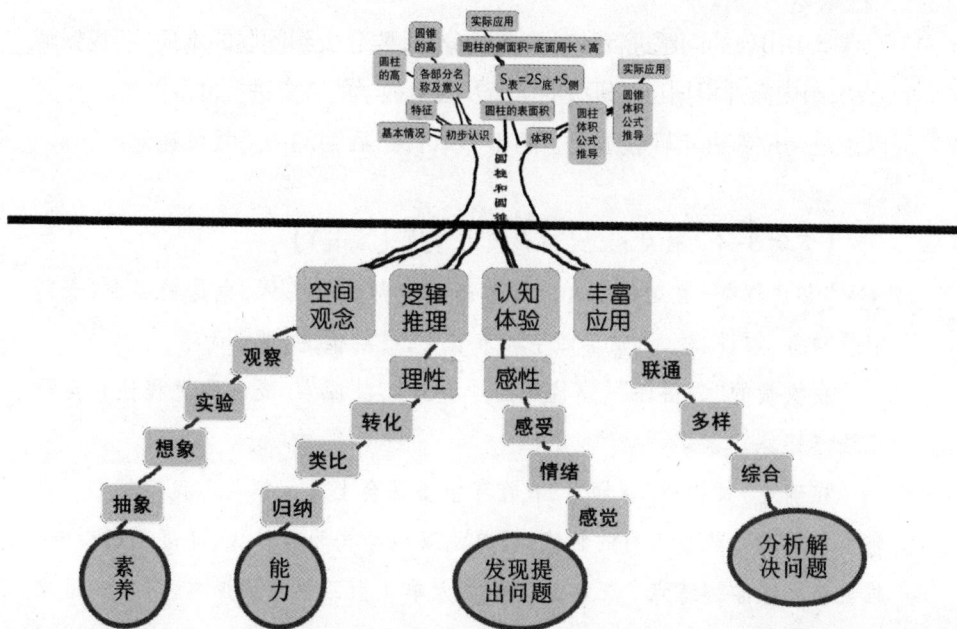

图 3-14 苏教版六年级下册数学圆柱和圆锥单元教学策略知识树

（图表提供人：李晓波）

　　每位上"领讲课"的老师都要在不看教学用书以及备课手册的情况下,先熟悉教材、解读教材、理解教材,然后再结合相关材料,进行细致备课。在上课的前一周集体备课时,上"领讲课"的教师要进行"三说":"一说"对教材的理解;"二说"备课思路,为什么这样执教,如何突破重难点,采取的策略是什么;"三说"自己备课时无法解决的困惑和问题。其他教师发表自己的见解和看法,最后和执教教师沟通并达成一致意见,组长进行要点记录。

　　(2)领讲

　　依据"启智课堂"五原则,在录播教室展示"领讲课",同组或同校其他教师在观课室进行观课。

　　(3)领评

　　教师执教完"领讲课"后,组内要结合上课情况,从设计、实施、效果等多方面进行综合评议,同时可结合观察量表进行细胞式量化分析。

　　(4)领思

　　对课堂中出现的问题进行抽丝剥茧式分析,要分析到问题的本质,要找到解决的方法,组内教师根据自己班级的学情及自身教学的特点进行再备再教。

　　以下是一位新进年轻教师上了两年"领讲课"后写的一篇教育札记:

【案例3-4　教育札记《精彩领讲　快速成长》】

　　"领讲课"一直是每个合肥师范附小老师的必备课,也是精品课,老师们从领备、领讲、领评、领思四个环节着手,层层推进,精彩无限。

　　我执教的"领讲课"《富饶的西沙群岛》,其探索、成长的过程让我至今无法忘怀。

　　在确定"领讲课"课题后,我在年级备课会上进行领备。我们需要立足整个单元进行统编教材的解读,以单元双线结构为经纬线,深度剖析教材,推进单元教学训练点。三年级上册第六单元由四篇精读课文、习作和语文园地组成,其中语文要素有两个,即"借助关键语句理解一段话的意思;习作的时候,试着围绕一个意思写",分别指向阅读和习作。除《古诗三首》外,另外三篇精读课文的语用训练点也是层层推进的,《富饶的西沙群岛》

是围绕总分结构写几句话，《海滨小城》是抄写句子和理解重点句子，《美丽的小兴安岭》是读好长句子和写一段话。同时，我们也不能忽略了本单元的人文主题"祖国山河"。而我即将执教的《富饶的西沙群岛》，重点是对总分结构特点的突破，也是本单元第一次学习"借助关键语句理解一段话的意思"，这是本单元学习的重要基础，应打稳打牢。立足"单元一体化"，我将本课统筹考虑，聚焦定位，梳理形成有整体性和发展性的教学设计，整个课堂的阅读教学围绕"关键"与"总分结构"展开，带领学生一步一步落实语文要素，提高语文素养。会后，年级组老师给予我很多行之有效的建议，我也在此基础上进一步完善教学设计。

在领讲环节，我扎扎实实开展生字词教学，夯实学生的基础，同时力求在精读环节创造精彩。我带领孩子对文章中的关键词句进行了细致解读，比如第二自然段中的关键词"五光十色、瑰丽无比"和关键句"有深蓝的，淡青的，浅绿的，杏黄的"。借助关键词句帮助学生快速理解第二自然段的主要内容，明确关键句的含义与作用，完成了初步的语言建构与应用。为了进一步提高学生的思维发展，我适时出示课外阅读资料，积极训练孩子借助关键语句理解段落大意，并适时补充理解概括语段的相关策略，如摘句法、串联法与取"主"法等。紧接着，我由语段辐射整篇，突破文章的总分结构，从而完成本节课语用点的指导。除此之外，我引导孩子关注文章的语言表达，通过多种形式的读、多种形式的评、多种形式的探究、多种形式的创造，把握学生学习生长点，让学生文化传承与审美鉴赏落地开花，使其核心素养得到真正的提高与发展。

在接下来的领评环节，我从构思、预设、达成效果等方面对自己的课进行了全方位的评价，备课组的教师也结合观察量表对我的课进行了细致入微的分析，指出整节课关注优等生和中等生较多，很少关注后进生，提出要结合实际做好因材施教等有益建议。

最后，我在本组集体备课会上进行了课后反思。单元一体化教学任重而道远，在本节课中，我将语文要素落实到位，提升了学生的语文素养，但大家纷纷提出：是否可以创新课堂教学模式，更加突出"单元"概念？这也是我今后前进的方向与努力的目标。

正是这种教研模式,让我在短短几年内迅速成长。路漫漫其修远兮,吾将上下而求索!

(案例撰写人:陈菲)

2.问题驱动式"启智课堂"

"启智课堂"是以问题解决为驱动力,以课题组、教研(备课)组、名师工作室为研修依托,以研究教学、课题问题的解决为主要研究内容,以课例研究、"小备课组领衔"为主要形式,以全面提升教师的科研水平以及展示团队研修能力为目标的教研活动。问题驱动式"启智课堂"按照以下四个主要阶段来实施。

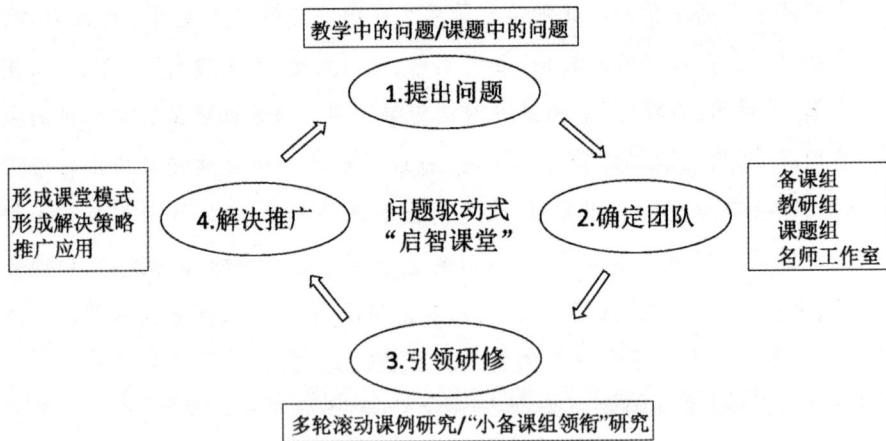

图 3-15 "启智课堂"流程图

(1)提出问题

爱因斯坦曾说:"提出一个问题往往比解决一个问题更为重要。"学校鼓励教师将日常教学中或课题中的问题找出来,在组内进行研讨、交流、分析,把一些亟待解决的问题或具有研究价值的问题进行提炼、分析,进行全校研讨。

(2)确定团队

对于要解决的问题,学校会根据问题的类别以及解决问题的难易程度,请相关的团队开展研究。课题中的问题及信息化问题会请相关的课题组开展研究,对于教学中一些较容易的问题会请备课组或相关教研组开展研究,对于一些较难的问题则请相应学科的市、区、校级名师工作室开展研究。

（3）引领研修

基于问题解决的研修模式,能进一步激发教师的研修热情,学校会根据相关问题请市、区专家进行专项指导,对于日常教学中亟待解决的问题,则采取多人、多轮同课异构模式,对于信息技术与学科教学深度融合的问题则会请多个学科教师在不同的学科中进行尝试教学,采取多人、多学科多轮同问题研修模式。

（4）解决推广

对于解决问题的经典案例或策略,学校请骨干教师在全体教师会上进行展示,为了让教师知其然,更加知其所以然,会请相关专家进行专项指导。

引导教师全面掌握问题解决的过程,能深度促进教师的研修。基于这一思想,也是基于学校语、数、英教研组人员较多,无法全面深入开展教研工作的现状,学校独创了"小备课组领衔"研究模式,由优秀的小备课组以解决问题为目的开展备课、"说教材　画知识树"、精品课例展示活动;或以问题解决为目的开展精品课例展示、评课、相关问题微讲座及微论坛活动。

基于共同问题的团队研究,能够有效提高研修的效率,"小备课组领衔"研究模式对于团队的研修起到了很好的引领、示范作用。

【案例3-5　合肥师范附小语文、数学学科"小备课组领衔"教研活动安排表】

合肥师范附小语文、数学学科"小备课组领衔"教研活动安排表

时间 （11月12日）		内容	活动内容	班级	参加人员	上课地点
上午	8:40— 9:20	课例 分享	第一节　二年级语文《识字B》 （执教人：瞿海燕）	二(1)班	一到六年级 所有语文组 教师	南三楼 阶梯 教室
	9:30— 10:10		第二节　二年级语文《云房子》 （执教人：唐　慧）	二(11)班		
	10:35— 11:15		第三节　二年级数学《观察物体》 （执教人：鲍炳章）	二(10)班	一到六年级 所有数学组 教师	

续表

时间 (11月12日)		内容	活动内容	班级	参加人员	上课地点
下午	3:30— 4:20	"小备课组领衔" 教研活动分享会	语文组主题微讲座、焦点二十分、好课大家评、教学微论坛		语文组所有成员	三期一楼学术报告厅
			数学组主题微讲座、好课大家评、教学微论坛		数学组所有成员	三期二楼阅读广场

3. 主题引领式"拂晓大课堂"

"拂晓大课堂"围绕某个学科主题,以学科专家引领开展课堂研究,以推广集团各校的主题研究成果、课堂文化,培养集团各校的名优种子教师为目的的教研活动。"拂晓大课堂"按照以下五个主要阶段来实施。

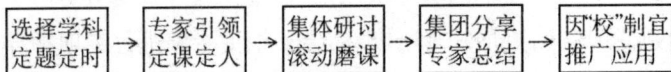

选择学科定题定时 → 专家引领定课定人 → 集体研讨滚动磨课 → 集团分享专家总结 → 因"校"制宜推广应用

图3-16 "拂晓大课堂"流程图

(1)选择学科,定题定时

每个学期初,集团各校的教学部主任根据自己学校近两年课堂教学的研究成果,或是国家重点要落实的教育教学政策,如"双减"政策等,确定需要开展课堂研究的学科。通常语文、数学、英语学科每个学期都会开展相关的研讨课,其他学科的选择都是循环进行的,定学科的同时也将主题和时间定下来。

(2)专家引领,定课定人

集团内的各校都参与"拂晓大课堂"活动,同时还邀请了多地的结对学校参加。众多学校的参与进一步激励了集团各校对课堂的潜心研究,每次备课前都会请相关的高校教授、学科专家进行指导引领,然后根据主题定课题、定上课教师,上课教师必须是校级及以上的骨干教师。

(3)集体研讨,滚动磨课

集体研讨是根据主题及上课教师的需求,集合本校全部优势师资进行指导打磨。这里的滚动磨课为一人多轮磨课。

(4)集团分享,专家总结

公开课的价值分为显性价值和隐性价值,即"展示探索轨迹,交流教改经验,促进专业发展"是公开课的显性价值,"传播教育智慧,创生课堂文化"是公开课的隐性价值①。每次的公开课均展示同一学科的 3 节课,然后听课教师、上课教师以及聘请来的学科专家进行交流研讨,对于一些非常重要需要深刻理解的主题,还会邀请专家开展微讲座。

(5)因"校"制宜,推广应用

合肥师范附小目前已跨三个区域进行办学,在长丰、肥东都有分校,如何将"拂晓大课堂"的研究成果更好地推广到分校？ 首先,两所分校的教师来总校听"拂晓大课堂",听课研讨结束后,下午再进行浸润式学习和培训。其次,总校还会派优秀教师去分校进行指导,去开展相关讲座等活动。下面,以"拂晓大课堂"《道德与法制》课程为例,展现一下"拂晓大课堂"的开展过程。

【案例3-6 "拂晓大课堂"《道德与法制》学科展示】

1. 选择学科 定题定时

为深入推动习近平新时代中国特色社会主义思想进教材、进课堂、进学生头脑,增强学习的系统性、实效性,落实立德树人根本任务,教育部组织编写了大中小学《习近平新时代中国特色社会主义思想学生读本》,就如何用好《读本》,让《读本》与思政课同向同行,落实立德树人根本任务,形成育人合力,学校道德与法治教研组经过讨论,确定了以"用好《读本》铸魂育人"为主题的教学研讨活动,并将于 2021 年 11 月上旬,开展"拂晓大课堂"活动道法教研活动。

2. 专家引领 定课定人

习近平总书记在学校思想政治理论课教师座谈会上指出:"在大中小学循序渐进、螺旋上升地开设思想政治理论课非常必要,是培养一代又一代社会主义建设者和接班人的重要保障。"在大思政课的理念下,学校结合大中小学各学段特点,构建必修课加选修课的课程体系,根据不同学段特点,遵循学生认知规律设计课程内容。现代思想政治教育学认为,服从与

---

① 陈旭."公开课"的价值认识与开发[J].教育科学论坛,2006(1):44—46.

服务于社会发展的规律、思想品德形成发展的规律是思政教育所遵循的两大基本规律。思政课一体化建设正是基于对两个基本规律的深刻把握,符合唯物辩证法中联系观和发展观的哲学内涵,显现出充分的时代必要性、实践必要性、发展必要性。学校对思想政治教育规律的具体运用要与不同学段学生学习特点相结合。列宁指出,"人的认识不是直线,而是无限地近似于一串圆圈,近似于螺旋的曲线"。在不同学段的思政教学中,思政课既会遇到新故事、新知识、新理论,也会遇到前学段已经讲过的东西。同样的理论在不同学段围绕不同的定位,应该讲出不同的意境和层次,这就需要既"螺旋",又"上升";思政课只有不炒冷饭,才能引起学生兴趣,取得效果。此外,在学习认知过程中,应遵循循序渐进规律;在知识积累过程中,应遵循量变质变规律;在遴选接纳知识的过程中,应遵循需要——兴趣—动力规律;在素质形成过程中,应遵循内化外化规律。这些规律都与思政课一体化建设具有密切相关度。

根据理论指导,学校在确定研讨主题后,定课定人,并有幸请到了合肥师范学院马克思主义学院傅文茹教授,合肥市教育科学研究院思政教研员侯新旺(原一中思政教研组组长)来为即将上课的关豆豆老师做理论指导。

傅文茹教授:《人无精神则不立 国无精神则不强》选自《习近平新时代中国特色社会主义思想学生读本》(小学高年级)第8讲,放入课本中来解读,内容主要分为两大块,一是当代中国精神的集中体现,二是德不可空谈。要将"中国精神"与社会主义核心价值观之间的关系讲清楚,同时注意对如何践行社会主义核心价值观的具体方法的指导。

3.集体研讨　滚动磨课

关豆豆老师教学片段:

(1)课前导入(第一次)

①同学们,刚刚结束的运动会上你们开心吗? 收获怎么样? 今年夏天,在日本东京举办了第32届夏季奥林匹克运动会,我们国家获得了优异的成绩,你们有没有观看比赛呢? 老师恰好看到了中国女排的比赛,虽然

无缘8强,但仍让人心潮澎湃。你们知道吗? 早在2019年中国女排就登上了感动中国人物的领奖台。

课件出示:2019年感动中国评委组对中国女排的颁奖词。

②学生思考:为什么说中国女排是国家的英雄?

③学生思考后回答,初谈对中国女排的了解。

④过渡:之所以说中国女排是国家的英雄,是因为她们的精神影响了几代人,这就是精神的力量。今天我们就来学习《读本》第8讲,齐读课题。究竟是什么样的精神能展现出民族性格,我们一起从书本上找一找。

⑤专家点评:

A.侯新旺:女排精神距离学生生活的年代相对较远,可以加入今年东京奥运会的全红婵的事例,拉近与学生的距离,以榜样力量来感染学生。

B.杨志云校长:新课导入部分较长,需要再斟酌,对现有的资源要进行取舍,聚焦的点应该更有力、直接。

在专家的指导下,在教研组老师的帮助下,关豆豆老师进行了重新备课。

(2)课前导入(第二次)

①出示课件,同学们,你们知道她是谁吗? 她取得了什么成绩? 她今年多大了? 14岁就能成为世界冠军,她身上的品质值得我们学习,我们今天就来学习《读本》第8讲,出示课题,齐读课题。

②学生思考后回答。

4.集团分享　专家总结

2021年11月5日,学校举办了"用好《读本》 铸魂育人"之合肥师范附小教育集团"拂晓大课堂"道法教研活动。肥东县教研员丁祖全、合肥师范附小副校长杨志云出席本次活动。

活动分为两个环节,第一环节是三位老师的课例展示。来自四小的阎璐琳老师展示了《读本》第10讲《绿水青山就是金山银山》,阎老师的课内容精彩,环节紧紧相扣,让学生在"梦想小镇"中理解"绿水青山就是金山银山",在学生心中种下环保的种子。第二节课是一小的关豆豆老师带领学生们学习《读本》第8讲《人无精神则不立　国无精神则不强》,关老师在课堂上带领学生感悟中国精神,教给学生践行和培育社会主义核心价值观的方法,让中国特色社会主义思想与学生的实际生活紧密结合。第三节课是二小的赵倩老师呈现的《读本》第13讲《统一是历史大势》,课堂上赵老师带领学生感知"一国两制"的内涵,带领学生学习了解中国澳门、中国香港和中国台湾的悠久历史,让学生感知只有在祖国母亲的怀抱中,才能实现发展壮大,祖国的统一是历史趋势,不容置疑。

最后,肥东县教研员丁祖全给三位老师进行了评课,并且分别针对每课的优缺点提出了有针对性的建议,在场老师不仅学习了《读本》课程该怎样上,更是受到了精神的洗礼。

5.因校制宜　推广应用

这次活动,犹如一场及时雨,滋润了学校思政教师的心田。从专家引领到集体研讨、滚动磨课再到课例研磨活动,这个过程就是全体道德与法治老师共同成长的过程。在此基础上,学校三年级和五年级的老师开始对《读本》进行了一系列的研读与备课,并在课堂中实践,五年级的道德与法治老师更是开展了《读本》的课堂评比,将《读本》的使用落实到课堂中,并取得了较好的效果。肥东分校对此课进行了二次研讨,进一步探讨了《读本》课程教学的策略。

在未来的教育教学中,学校思政老师们仍将继续提高认识、加强研究、开发资源,用好《读本》,让《读本》与思政课同向同行,落实立德树人根本任务,形成育人合力。

（案例撰写人:关豆豆）

4.螺旋上升"三课"的意义

(1)阶梯培养,有效培养"明智之师"及优秀研修团队

学校通过"领讲课""启智课堂""拂晓大课堂"这"三课"让教师从会上课、

上好课到进一步成为名优种子教师。"领讲课"是基础，帮助教师学会研读教材，形成良好的课堂教学行为。"启智课堂""拂晓大课堂"是"领讲课"的升级版，为教师的专业化发展提供了更高层次的平台，会进一步促使教师快速成为骨干教师。"三课"在促进教师成长的同时，也促进了备课组、课题组、名师工作室、学校教研组等教研团队的成长，从而更快地培养出合肥师范附小"明智之师"队伍。

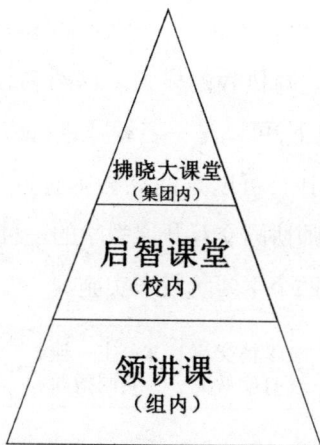

图 3-17　"三课"研修范围图

（2）聚焦课堂，有效培育"明理少年"

课堂是落实教育教学的主阵地，也是培养学生核心素养的主要场所，在课堂上充分因材施教，激发学生的学习潜能，全面落实学校"轻负担　高质量　有特色"的教学目标，这样才能有效培育出身体健康、精神饱满、品格高洁、拥有良好科学与人文素养的"明理少年"。

（3）专家引领，有效促进教育改革

学校科学组的数字科学家项目、语文大单元实践学习，均邀请了北京、上海、江浙的知名专家进行理论指导，经过"三课"的打磨，专家的引领、个人的努力、集体研讨的智慧使得教育理念、课堂模式有了有效变革，这种变革已经深深内化到每个研究教师的知识体系中。

（4）优势互补，有效推动教育集团优质均衡发展

集团内各校均有自己的课堂研究主题，如何将这种课堂研究进行得更深入，最好的方法就是一起研究，优势互补，而"拂晓大课堂"就提供了这样一个更高、更专业的课堂研修平台，教师们互相取经，共享集体智慧的力量，从而推动教育集团优质均衡发展。

（二）辐射引领"双师"新样态

"双师课堂"顾名思义，即由原来的一个课堂由一名教师担任主讲的模式，变为同一课堂由两名教师共同执教的模式。这两名教师的合作可以有多种协同模式：在不同空间的情况下，可以是一名教师进行线上主讲，另一名教师远程参与辅助教学；在同一空间内，可以是两名教师在同一课堂分时段共同主讲。"双师教学"就是由两位教师协同交互开展教学的一种教学实践模式[①]。

"双师课堂"按照以下四个主要阶段来实施。

确定课题 共同备课 → 学情交流 打磨教案 → 一主一辅 共同指导 → 课后反馈 再次修订

图 3-18　"双师课堂"流程图

1. 确定课题，共同备课

进行双师教学的两位老师首先共同确定课题，对于同一节课，每人根据课标以及自己对教材重难点的理解，进行初备课。

2. 学情交流，打磨教案

初次备课结束后，两位老师以线上或线下的方式进行交流，主要针对各自的学生学情进行深入交流。每个区域、每个学校、每个班级的学情都不尽相同，老师不仅备教材，更要备学情。两位老师根据不同的学情打磨各自的备课。

3. 一主一辅，共同指导

"双师课堂"进行时，一方学校里优秀的教师作为主要授课教师进行线上教

---

① 乜勇，高红英，王鑫．"双师教学"共同体模式构建：要素与结构关系分析研究[J]．电化教育研究，2020，41（12）：65-70．

学及学生指导，另一方学校里的教师作为辅助角色，对学生进行指导和答疑解惑。

4.课后反馈，再次修订

授课结束后，两位老师根据课堂上学生的表现进行交流反馈，并对自己的授课教案再次修订。

5.“双师课堂”的具体实施

学校从 2020 年开始跨区域办学，先后托管了合肥师范附小长丰分校和合肥师范附小肥东分校。这两所学校都是县级新成立学校，教师大部分为新招考教师，师资相对薄弱。为了促进合肥师范附小教育集团各校的均衡发展，学校以信息化技术为支撑，充分利用“双师课堂”来扩大优质教育资源的覆盖面。通过“双师课堂”的教学活动，让不同区域的孩子都能学习到新颖的教学内容，体验到先进的教学模式，感受到优质课堂教学的魅力，同时构建了数据支撑下的互动与共生的教学新生态。

学校除了有常规的课表以外，还有一张专门的“双师课堂”课表，上面固定好课程、节次及上课教师，附小教育集团的不同学校按照课表和附小老师共同完成“双师课堂”的学习。

合肥师范附小 2021—2022 学年度“双师课堂”课程表

2021 年 9 月

课程	音乐	书法	剪纸	英语	人工智能	音乐	英语	科技创新	剪纸	音乐
时间	周一上午（10:35-11:10）	周一下午（2:00-2:40）	周一下午（3:40-4:30）	周二上午（9:25-10:05）	周二上午（11:25-11:55）	周三上午（10:35-11:10）	周四上午（10:35-11:10）	周四上午（11:25-11:55）	周五上午（10:35-11:10）	周五上午（11:25-11:55）
教师	钱峰	王勇军	刘玉婷	吴洁	张志成	刘安	程琳	陶若晨	梁长林	徐丽菲
班级	附小四19班肥东学生	附小四20班肥东学生	社团学生长丰学生	附小四2班肥东学生	附小四8班肥东学生	附小四6班肥东学生	附小四14班肥东学生	附小四17班肥东学生	附小四3班长丰学生	附小四16班肥东学生

表 3-2　合肥师范附小“双师课堂”课程表

这里以学校创设的"剪纸双师课堂"为例,来说明"双师课堂"是如何具体实施的。"剪纸双师课堂"是在学校专门的功能教室——双师课堂里进行的,进行线上教学的是附小一名优秀的美术教师刘玉婷老师带着四年级的学生上课,在另一端的课堂是肥东分校四年级的学生,同时还有一位肥东分校的美术张雨晴老师进行辅助教学。

【案例3-7　双师课堂《百变团花》课堂实录及流程表】

一、导入

师:老师今天给大家带来了两张精美的剪纸作品,请同学们仔细观察,这两幅作品中有哪些与我们生活息息相关的图案?为什么选择这些纹样来表现?

(附小教师面向不同区域两个班级的学生一起上课)

$$
谐音\begin{cases}莲花和鱼 ——连年有余 \\ 喜鹊和梅花——喜上眉梢 \\ 石榴和娃娃——多子多福 \\ 蝙蝠和铜钱——福到眼前\end{cases}
$$

(附小、肥东分校学生看图抢答)

二、新授

1.学习折法、剪法

师:那我们如何剪团花呢?如何拿剪刀剪出一个圆来?学生动手试剪。

(附小、肥东分校教师巡视指导学生后,附小、肥东分校学生抢答)

(1)折变

①师:我们来看一看老师给大家带来的一组折叠示意图,你们能看懂这些图吗?学生自己动手折一折。

(附小教师、肥东分校教师巡视指导)

②师:如何确定自己折的是否正确?将四折左右对折一次,看一看变

成几折了？

（机选肥东分校学生回答）

③师：同学们还知道其他的折法吗？让我们一起看看对角三折法是怎么折的？你能折折看吗？

④师：中心点不变，左角往右上，右角往左上，完全重合，数一数，三折三层。可不可以再变？

（提问附小学生）

⑤师：同学们只要熟练掌握了折纸的诀窍，便可有更多的折法。折纸的过程中，边和边一定要对折整齐，尽可能保证完全重合，这样才可以为后面的剪花纹打下良好的基础。

（2）外形变

①师：掌握了团花的第一步"折"，现在可以开始剪圆了。屏幕中的三张图片，中心点向下，分别有三条不同方向的弧线，只有其中一个剪出来会是圆形，大家觉得是哪一条呢？

（附小、肥东分校学生分别在平板上做选择题，答题情况会在教师机上显示出正确率的百分比）

②师：中心点相对的线条我们称为边缘线。老师还想再来考考同学们，这三条弧线一个平，一个缓，一个弧度大，随着边缘线的弧度改变，打开之后我们团花的外形轮廓是否也随之发生改变了呢？

（附小学生利用投影展示剪法，肥东分校老师指导肥东分校学生动手操作）

（3）剪变

①师：经过同学们的大胆挥刀，我们得到了一个造型别致的外形，接下来我们要剪花纹了。

②生：为什么在剪花纹的时候，剪着剪着团花就散了？到底是哪里出了问题呢？

（肥东分校学生提出自己的疑问）

③师:我们一起来看一看,图中哪一个作品剪完之后不会散开呢?

(学生动手尝试,机选肥东分校学生回答问题)

2. 欣赏点评

①师:我们通过动手尝试知道了正确的折法和剪法,接下来想请同学们点评一下这三幅团花作品,哪一个更好看? 为什么?

(附小、肥东分校学生随机抢答)

②师:这幅团花选用了什么形状的花纹? 这些三角形只能固定不变吗?

(附小、肥东分校学生随机抢答)

③师:难道只可以用不同的三角形来装饰吗? 怎么样才可以让我们的团花变得更美更丰富呢?

④教师示范:古人非常聪明,他们善于观察,将生活中的所见进行简化、融合,慢慢地形成了我们独具特色的剪纸纹样,例如像发丝一样细密的毛毛纹,弯弯月牙的月牙纹……不同的形状加入和组合,让我们的作品更有层次感。

3. 动手实践

师:接下来就请同学们拿出你们的剪刀,一起让精美的团花在我们手中绽放吧。

(两位老师共同指导不同教室里的学生动手操作,完成后学生拍照上传实践作业。)

三、艺术实践

1. 实践内容

每人剪几朵大小、花纹、外形都有变化的团花。

2. 评选标准

(1)中心对称外形完整

(2)花纹好看又有新意

四、课堂评价

1.学生自评

你的创作思路是什么？你对自己作品哪一个部分最满意？说一说你运用了哪些纹样来进行创作？

（附小、肥东分校学生机选回答）

2.互评：

你为什么喜欢这幅作品？哪些地方最吸引你？给你带来了哪些联想和启发？

（附小和肥东分校学生互评）

3.教师评价

……

五、课堂总结

通过今天的学习我们了解到，剪纸文化博大精深，一把剪刀、一张宣纸就能创作出如此丰富的剪纸作品。希望同学们学了这节课后能够发挥你的创造力和想象力，尝试更多剪纸方法、设计更有趣的图案，一起来装饰我们的校园吧！

图3-19 合肥师范附小美术刘玉婷老师进行"剪纸双师课堂"教学

	合肥师范附小教师与学生活动	肥东分校教师与学生活动
一、导入	教师出示图片,学生根据"谐音"抢答猜剪纸作品寓意。	教师组织学生根据"谐音"抢答猜剪纸作品寓意。
二、新授	1.教师提问:如何剪出一个圆?教师巡视指导,学生抢答。	1.教师辅助学生完成折叠,巡视指导,学生抢答。
	2.教师通过教师机对学生机发送提问、抢答、选择题等内容解决剪纸中的"折变"。学生动手操作后进行相应问题的抢答与选择。	2.教师辅导学生动手操作,组织学生进行相应问题的抢答与选择。
	3.学生利用投影仪变换团花边缘线的不同剪法。	3.教师指导学生动手操作。
	4.教师发送选择题让学生找出"剪变"的秘密。学生动手操作后进行选择题的答题。	4.根据选择题,教师指导学生进行实际操作选择出正确答案,找出"剪变"的秘密。
	5.教师示范,学生学习。	5.教师组织学生观看大屏幕学习。
三、艺术实践	教师指导学生动手操作,完成后学生拍照上传作业。	教师指导学生动手操作,完成后学生拍照上传作业。
四、课堂评价	教师通过教师机预览学生作业,最后随机选择作业进行自评、互评与教师点评。	教师组织学生进行实践作业的自评与互评。

表3-3 合肥师范附小"剪纸双师课堂"流程表

肥东分校教师感想:

"剪纸双师课堂"上,学生人手一台平板,让相隔遥远的学生共享了优质的教育资源,实现了在线互动与共生。剪纸课更是将中国这种非物质文化遗产的折剪方法与蕴含的美学传递到每个孩子心中。作为一名新教师,来到崭新的学校,面临着新机遇与新挑战,通过剪纸双师课堂的辅助教学,让我认识到作为一名教师要不断更新教育观念,不断学习、探索与钻研,去培养更多眼中有美、手中有美、心中有美的孩子。

——肥东分校美术老师张雨晴

学生感受：

双师剪纸课非常精彩，让我对剪纸产生了浓厚的兴趣。特别是两位老师的教学，一位老师在大屏幕那端教，一位老师手把手教我怎样剪出各种形状的技巧，这些方法和技巧在我平时剪纸的时候都能用上，我非常喜欢这种双师形式的剪纸课。

——肥东分校四(1)班王瑾汐

学生感受：

在这学期的"剪纸双师课堂"上，我深深地被剪纸这门艺术吸引。现在我已经会剪简单的"花朵""双喜"字了。尽管样式简单，我却颇有成就感。因为在此之前，我剪纸时经常遇到很多问题，让我很苦恼。可是通过两位老师耐心细致的讲解，手把手地教，当我剪出作品，慢慢展开的那一刹那，喜悦感油然而生。

——肥东分校四(1)班方霈琪

（案例撰写人：刘玉婷）

6."双师课堂"的意义

"剪纸双师课堂"，将剪纸这一项民俗与美术相结合的民间艺术文化，以"双师课堂"的形式，让更多地域的孩子感受到中华优秀传统文化的精髓，充分发挥了附小优质师资以及先进教育理念的辐射引领作用。除此之外，学校还开设有"音乐双师课堂""英语双师课堂""书法双师课堂""创客双师课堂"等。这些"双师课堂"，弥补了教育集团其他学校师资薄弱、课程不够丰实等问题。

"双师课堂"实现了名师资源共享，较好地解决了教育资源分配不够均衡的问题，体现了优质资源共享共赢的理念。

三、构建互动共生教学新生态

"互动共生"是生态哲学视域下课堂教学环境的一种内在的机制,课堂教学中各因素相互联系、相互作用和相互依赖,以关联、差异、共进为特点①。"互动"即"两个以上的人、事或者环境,通过物质或者文字、图画等信息的交流,彼此之间产生相互影响作用,引起事物的时空位移或个体意识的发展",课堂教学中的互动既包含人与人之间(即生生之间、师生之间)的互动,也包含人与环境之间的互动。

信息化时代的到来,促进了教育的变革,课堂上需要我们转变教与学的方式、重塑师生的关系和重新建构教学的结构,探索新的教学模式。学校教师在学校办学理念、育人目标以及智慧课堂教学理论的指导下,依据学科特点、教师个人教学风格和具体教学内容,探索出了智慧课堂下的各学科课堂教学模式,从而构建出一个大数据支撑下"以人为本"的互动共生教学新生态,打造智能化、数字化、个性化的现代新生态智慧课堂。下面以"互动参与探究式"教学模式、"学习策略引导型"教学模式、"1388"小学英语会话课教学模式、"体验交互式"教学模式和"三元三化六模块"教学模式五种教学模式进行具体阐述。

(一)"互动参与探究式"教学模式

"互动参与探究式"教学模式是一种多元化、多维化、可以灵活转变的教学模式,主要是借助智慧课堂平台,在教师的正确、适当引导下充分发挥学生学习的主体作用,让学生真正成为学习的主人。该模式让学生通过思考、讨论及实践体验,在知识技能的形成过程中,自己发现掌握新知识,教师通过后台反馈的数据和信息,及时抓住课堂生成进行因材施教,全面了解整个班级学生对知识的掌握情况。同时学生能在课堂上敏锐发现自身掌握知识的不足之处,及时进行调整和改进,这样大大提高了课堂效率。这种教学模式应用于智慧课堂环境下的语文教学,能够充分调动学生去探索、实践以及检测知识掌握情况。

---

① 杨雪,关文信.互动共生:生态哲学视域下课堂教学环境的内在机制[N].山西青年管理干部学院学报,2010(2).

教师在教学过程中围绕教学主题、教学重难点，不断激发和促进学生的知识生成，基于智慧课堂的信息化平台反馈的直观性数据，及时抓住课堂生成，及时调整教学重点，做到有的放矢、因材施教，构建面向课前、课中和课后的教学全过程动态生成的智慧课堂新生态，努力打造出轻松、愉快、个性化、数字化的新型课堂。"互动参与探究式"教学模式基本结构如图所示。

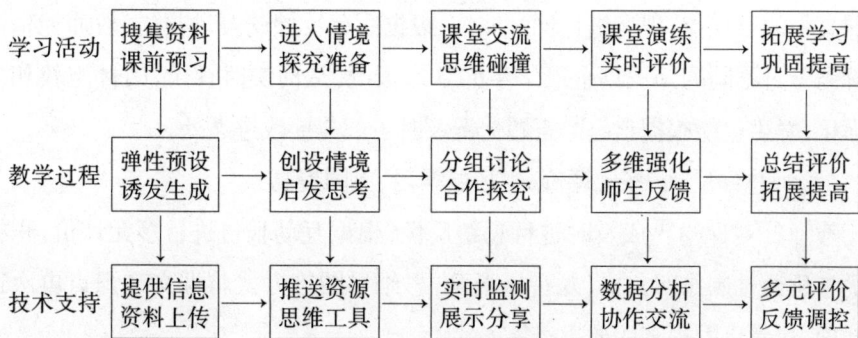

学习活动	搜集资料 课前预习	→	进入情境 探究准备	→	课堂交流 思维碰撞	→	课堂演练 实时评价	→	拓展学习 巩固提高
	↓		↓		↓		↓		↓
教学过程	弹性预设 诱发生成	→	创设情境 启发思考	→	分组讨论 合作探究	→	多维强化 师生反馈	→	总结评价 拓展提高
	↓		↓		↓		↓		↓
技术支持	提供信息 资料上传	→	推送资源 思维工具	→	实时监测 展示分享	→	数据分析 协作交流	→	多元评价 反馈调控

图 3-20 "互动参与探究式"教学模式的基本结构图

1. 基本程序

（1）师弹性预设、诱发生成，生课前预习、搜集资料

课前，教师针对课文中的核心主导问题进行弹性预设，激发学生针对重点以及感兴趣的问题进行预习，搜集资料，并且借助智慧课堂平台，教师提前发送相关预习的信息、图文资料以及练习至学生平板，便于激发学生预习的兴趣，也能及时检测预习效果，更便于课堂上有针对性的学习。

（2）师创设情境、启发思考，生准备探究、进入情境

根据智慧课堂后台所反馈的学生预习情况，教师创设情境，针对重点知识启发学生思考，学生以自身预习情况为基础，根据教师的引导，积极思考问题、深化知识。同时，教师将预习时后台所反馈的重点问题再次在课堂上提出，现场进行再次反馈和改进。

（3）师生交流、思维碰撞，生生交流、分组讨论

在讲解课文时，针对课文中的人物分析、环境描写和情感表达等方面，教师积极发动学生发散思维，分组讨论。针对有争议性的问题，可以通过智慧课堂

平台现场进行"讨论投票",也可以通过"全班作答""分组作答"和"抢答"等多样化的方式,激发学生的表达欲望,让学生在一种轻松、愉快、活跃的课堂氛围中掌握知识。

(4)生课堂演练,师实时评价

在课堂上,教师通过"语音评测""翻翻卡""选择题"和"填空题"等方式,针对课文中的重难点,现场进行课堂演练,根据后台反馈的互动报告,教师能精确了解到针对不同的知识点全班学生的掌握情况,从而实时评价,因材施教和多维强化,学生也能根据自己的答题情况及时了解需要改进之处。

(5)师总结反馈、多元评价,生拓展学习、巩固提高

教师针对课堂生成及时进行总结反馈,根据互动报告进行多元评价,积极鼓励学生通过制作四宫格、九宫格漫画,思维导图等方式将课文知识点再次进行梳理,达到巩固提高的效果。

2. 主要特点

(1)预习前提供丰富资源,激发学生学习兴趣

此教学模式无论是课前、课中还是课后,都能更好地进行知识拓展,借助智慧课堂平台推送课文相关图文资料、信息以及练习等丰富的教育资源给学生,便于学生更快更直观地去了解课文内容,激发兴趣,提高效率。

(2)营造轻松活跃的课堂氛围,加强师生互动、生生互动

借助平板电脑进行课堂教学时,运用动画、微课等方式能够直观地展示知识点,通过平板互动的方式拉近师生距离,调动学生的积极性。通过这种创新式的沟通方式使学生更主动地参与到课堂互动环节中,使学生真正成为课堂的主人。

(3)抓住课堂生成,实时反馈评价,实现多维强化

教师通过智慧课堂后台能够及时且精确地了解到全体学生对知识点的掌握情况,通过直观化的数据,教师可以随时调整教学目标,当堂及时进行反馈评价。

(4)及时掌握学生学情,分层教学,因材施教,提高课堂效率

学生的学情来自课堂上的表现和作业完成情况，此教学模式将两者结合为一，既能敏锐观察到学生的课堂表现，又能通过当堂练习的方式及时了解学生掌握情况，从而实现因材施教、有的放矢。

【案例 3-8　《精卫填海》语文教学案例】

在执教小古文《精卫填海》时，因小古文的语言组织方式和白话文不同，学生在读的时候会出现不流利、不会断句等情况，在布置预习时，提前让学生进行语音评测，针对语音评测报告再有针对性地进行教学，提高课堂效率。针对课文中出现的神话人物，预习时提前提供人物资料，便于学生熟悉人物。课堂上，先将预习时语音评测的结果进行反馈，再让学生结合各自的反馈报告再次熟读课文。在对人物性格进行分析时，让学生在课堂上分组讨论，积极发言，教师适时引导总结；针对故事情节，鼓励学生根据故事的起因、经过和结果，制作思维导图，更清楚地梳理出故事脉络。课后再推送其他神话故事和神话人物等资源，鼓励学生更深入地了解中国传统神话故事。

（案例撰写人：贾冬丽）

（二）"学习策略引导型"教学模式

"学习策略引导型"教学模式是基于学生数学核心素养的提升，着眼于学生的终身发展，突破具体的知识局限，聚焦数学知识背后的数学思想、数学方法，以具体可操作的学习策略为抓手，实现学生的自我成长的教学模式。其基本结构如图所示。

信息呈现，问题聚焦

策略引导

微格处理，完善细节

总结提炼，积累经验

图 3-21 "学习策略引导型"教学模式的基本结构图

1. 基本程序

"学习策略引导型"教学模式是一种先进的教育理念，注重课堂教学的高效开展。

(1)信息呈现，问题聚焦

创设指向明确的问题情境，一方面与学生已有生活、学习经验衔接，另一方面聚焦具体数学内容，问题集中，目的明确。

(2)策略引导

根据问题情境提出具有深度思考价值的问题，引导学生利用可操作的具体策略和方法解决问题，突出策略和方法的应用，优先培养学生的策略意识和能力。

(3)微格处理，完善细节

引导学生利用策略解决具体的数学问题，获得相应的数学知识和技能，并在过程推进中逐步丰富、完善认知，形成一体化的认知结构。

(4)总结提炼，积累经验

对学习过程和结果进行梳理与总结，一方面形成知识结构，另一方面形成供学生可持续发展的经验和方法，突出学生学习过程中的情感体验和认知感受，帮助学生树立学习自信，终身受益。

2. 主要特点

(1)从学生自主学习的角度出发，模拟学生独立解决问题的情景，设计教学立足点。"学习策略引导型"教学模式主要目的之一是培养学生独立意识和能力,通过日积月累的训练,让学生具备一定数学思想的策略意识和能力,并且可以具化为可操作的方法。从学生的角度寻求合适的学习方式,不断提高学生终身学习的能力。

（2）整体构思教学,由具体方法的教学升级到更具应用价值的策略教学。方法是实实在在可操作的程序,而策略往往表现出来的是智慧。智慧更能帮助学生实现今后的自主学习。

（3）树立数学自信。学习自信是数学教学的重要落脚点,"学习策略引导型"教学模式是使学生在一定环境下,经过较长时间,参与结构相对稳定的课堂活动,通过使用"类比迁移"等学习策略,逐渐积累学习数学的经验,理性认识数学世界,形成有效的学习方法,逐步建立数学自信。

【案例3-9　《平移和旋转》数学教学案例】

一、教学过程

环节一:信息呈现,问题聚焦

1. 出示六幅动画,学生用手势等表示这些运动现象。

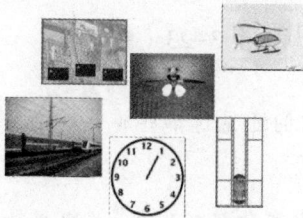

图3-22　运动现象图

2. 引入课题。

（设计意图:通过生活情境的引入,学生感受运动现象的多样性,并用各种方式表达看到的运动现象,初步感知平移和旋转的基本特征。）

环节二:策略引导（分类与合作）

1. 引导分类。

师:这么多运动现象,你们准备怎样研究呢? 可不可以将它们分分类?

2. 讨论:怎么分类呢? 说说你们的想法?

预设:(1)平移和旋转两类

(2)旋转、上下移动、左右移动三类

(3)水平面旋转、垂直面旋转、上下移动、左右移动四类

3. 引出课题并板书:平移和旋转。

4. 体验平移和旋转。

(1)集体操作(试一试:平移课本)

师:生活中,你们还见过哪些平移现象? 你们认为什么样的运动现象才是平移呢?

(2)引导合作:一人发出指令,另一人根据指令旋转指针。(同桌间一人事先准备指针,一人准备转盘。)

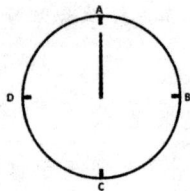

图 3-23   转盘图

(3)师:生活中,你们还见过哪些旋转现象? 你们认为什么样的运动现象才是旋转呢?

5. 判断生活中的平移和旋转现象。(想想做做第1题)

6. 小结:怎样判断一种运动是平移,还是旋转。

(设计意图:数学中的分类,既是一种重要的数学思想,又是一种重要的数学逻辑方法。将生活中的运动现象罗列杂陈,引导学生利用分类的方法研究新的数学问题,讨论具体的分类方法,让数学研究具有明显的逻辑性、综合性、探索性,以求训练人的思维条理性和概括性。)

环节三:微格处理,完善细节

1.体会平移运动中的距离。

师：比较一下，这些树叶的平移有什么不同？（想想做做第2题）

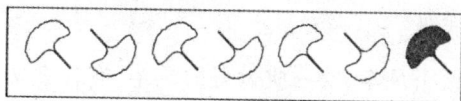

图 3-24 想想做做 2

追问：其他树叶仅仅通过平移可以和绿色树叶重合吗？

2.体会平移运动中的距离和方向。

师：七星瓢虫怎样平移可以捉到害虫？（要求学生完整口述。）

（1）出示下图，教师示范移动格子。

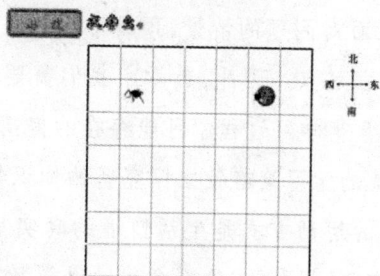

图 3-25 瓢虫和害虫在一条线上

（2）出示下图。

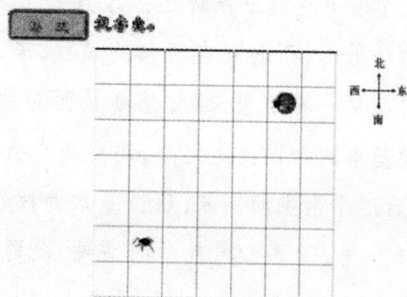

图 3-26 瓢虫和害虫不在一条线上

（设计意图：课堂教学时间是有限的，也是宝贵的。每一个数学活动都应该有其既定目标，可操作性和条理性兼顾，实现高效课堂。）

环节四：总结提炼，积累经验

1. 师：通过本节课的学习，你有什么收获和感受？

2. 拓展：动手做。

照样子，做两个风车，吹一吹做好的风车，有什么发现？

（设计意图：通过总结交流，回顾、整理学习所得，强调学习的重点，重视梳理学习的过程和方法，帮助学生积累学习经验，树立学习自信。）

二、案例评析

1. 情境模拟，激发智慧。

教育的前提是理解，只有充分了解和理解学生的需求，教育教学才有针对性。教师以一个孩童的眼光观察周围的世界，从学生自主学习的角度出发，模拟学生独立面对问题的情景，预设学习过程中学生可能存在的障碍和困难，设计教学立足点。因此，教学中我们需要正视学生对学习对象的理解和认识，重视学生学习过程中可能存在的偏离和误区，及时引导，帮助学生使用更具价值的学习策略独立探究新的知识领域，提升数学学习智慧。上课伊始，多样的运动方式是生活情境的真实呈现，学生独立研究的困难也是真实的存在，设问引导"这么多运动现象，你们准备怎样研究呢"？抛开具体的运动现象，引导探究现象背后统一的规律，激发学习的智慧。

2. 整体构思，引导智慧。

史宁中先生关于智慧有过一段评述："智慧并不表现在经验的结果上，也不表现在思考的结果上，而表现在经验的过程，表现在思考的过程。"知识从某种角度来讲就是一种结果，而智慧则是面对现实的创新①。我们的数学教学除了教授基本的知识技能之外，还要研究数学知识背后所隐藏的数学思想与方法，启迪学生主动探究，获得基本的数学活动经验。因此，我们的教学需要整体构思，既要考虑教学的结果，也要考虑数学结果的形成

---

① 史宁中.漫谈数学的基本思想[N].数学教育学报,2011(8):4.

过程和蕴含的数学思想方法，由具体认知的教学升级到更具应用价值的策略教学。

平移、旋转是苏教版教材在小学阶段第一次让学生接触平移和旋转现象，对学习者而言是新事物，具体研究需要使用一定的策略和方法，进而体会分类、比较等策略在学习中的作用和价值。利用数学学习策略在宏观上把控学习的方向，需要进一步细化研究的格局，通过微格处理，进一步体会平移和旋转的一些基本特征，丰富认知，完善结构。既关注知识层面，也关注认知过程，让学生了解和形成解决问题的一些基本策略，体验智慧学习过程，帮助学生今后的自主学习实现"自动化"。

3. 建立自信，智慧创想。

现代教学论研究证明，学习者的学习心理存在两个过程，一方面是感觉——思维——知识、智慧（包括知识与技能的运用）；另一方面是感受——情绪——意志、性格（包括行为）的过程①。前者是一种理性认知过程，是智力活动；后者是情感过程，是非智力活动，学习过程中两者密不可分。然而，传统的教学理论只看重认知过程，却忽略了学生的情感活动，忽视了非智力因素在学习过程中的巨大作用。实际教学中我们经常见到有的学生不敢相信自己，这种现象发生的一个重要原因就是缺乏情感的支撑。因此，学习自信是数学教学的一个重要落脚点。如何帮助学生建立数学学习自信？首先应该让数学教学"生根"。一方面是学生理解的"根"，即学生在什么基础之上来学习新的知识；另一方面是数学学科的"根"，即探究数学结果背后的思想方法。这需要教师对自己任教的学科有追求、有感情，甚至是激情，这必然会影响学生对这门学科的情感。

教育所传递的内容是什么？第一，应该是知识，让受教育者知道世界是什么样的；第二，应该是理性思考，让受教育者知道世界为什么是这个样子的；第三，应该是创新与开拓，让受教育者知道怎样才能使世界更加美好。泰戈尔曾说："教育的目的应该是向人类传递生命的气息。"人类生命

①　童其林.数学课的追求——精彩[J].中学数学杂志,2004(12):5-6.

的气息最明显的特征便是智慧与思想,智慧与思想引导着人类不断开拓与创新。平移、旋转作为新的数学研究对象呈现在小学生的面前,有必要引导学生思考如何处理稍复杂的现实问题,有必要在数学教学过程中传递基本的数学思想方法,把教学的落脚点从具体的知识提升到数学智慧的教育。通过学习策略的引导,让学生经历创新的过程,形成积极的自我效能期望,进一步促进可持续发展。

为师者要善于保护学生对未知世界的好奇心,用灵活多样的教法,与学生一起创设更多心灵共鸣、视野开阔和思维共振的氛围,带给学生豁然开朗的感受和更多妙不可言的体验。策略引导,能使学生明白,数学的大门是敞开的,是"有根可循"的,继续前进是"有据可依"的。学习策略引导的数学教学,不仅能够进行知识传授,还能从知识本位过渡到智慧教育,激发学生主动参与课堂,发挥特长,张扬个性,有所发现,有所创造,让生命的气息涌动在数学课堂之中。

(案例撰写人:李晓波)

(三)"1388"小学英语会话课教学模式

小学英语会话课是小学阶段英语课堂教学中的常见课型,是基于课标与单元教学内容和主题,为实现单元教学系列目标,从语音、词汇、词法、句法、语篇等维度,侧重训练学生听说读写等综合语言表达能力的课堂体验。智慧课堂环境下英语会话课堂教学是开放的,利用多媒体信息平台,把知识难点用富媒体方式演示出来,使抽象变生动,使"静"变"动",改变单一的信息传递方式,以多元交互的方式,提高学生学习兴趣。因此将学校智慧课堂环境下的小学英语会话课教学模式归纳为"1388"小学英语会话课模式,即一节智慧课堂环境下小学英语会话课由三个阶段和"8+8"个环节构成,形成了教学持续改进的过程循环模式,见图3-27。

学校作为"全国信息化重点示范校",在教育信息化这条探索之路上可谓历史悠久,信息技术与教学融合的步伐逐步深入。学校英语学科组乐于创新,勇

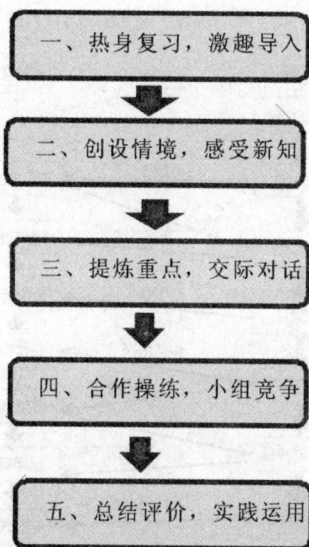

图 3-27　"1388"小学英语会话课教学模式的基本结构图

于尝试，从 PPT 环境，到电子白板的互动课堂、翻转课堂，再到智慧课堂环境下小学英语教学的跨越。从教育视角出发，运用信息化技术手段，使英语课堂更富有创造性和高效率。

"1388"小学英语会话课教学模式适应于小学阶段各年级教材中相关单元会话课的教学实践。环节清晰且教学手段多元，通过该模式的教与学可以减轻抽象思维给学生带来的难度，培养学生提出问题、解决问题过程中的思维能力和提高教学效率。

1. **基本程序**

经过学校英语组反复实践研讨，将智慧课堂环境下小学英语学科教与学的创新模式的构建总体分成五个维度：小学英语课堂教学模式的创新构建、英语教学理念的创新构建、学生评价机制的创新构建、教与学环境的创新构建、小学英语教学活动的创新构建。下面就小学英语会话课教学模式的构建进行详细阐述。

（1）智慧课堂环境下，英语教学模式的创新实际上是基于网络技术支持，实现线上与线下、课内与实践、虚拟与现实相结合的课堂教学，是信息技术和教学深度融合的完美体验。

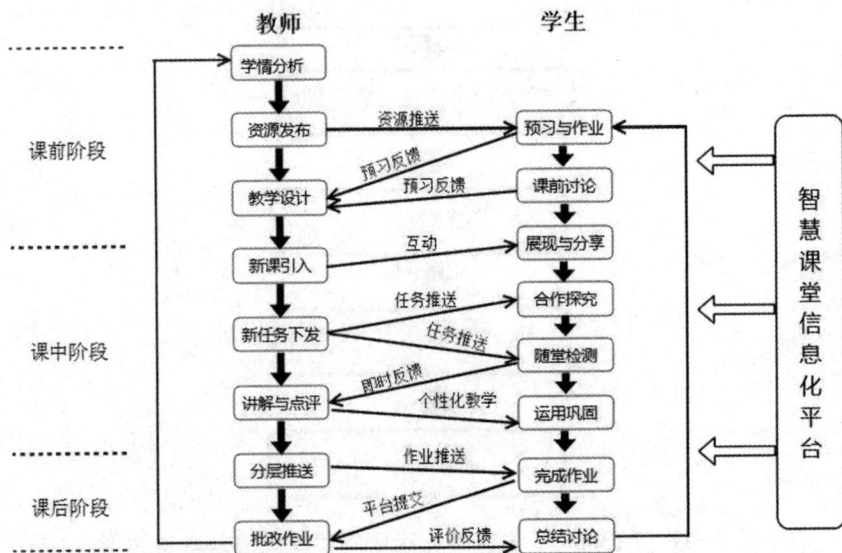

图 3-28 "1388"小学英语课堂教学流程图

(2)具体教学环节

①课前准备阶段

课前准备是教师讲好课的前提,没有充分的课前准备,教师就不能更好地驾驭课堂。课堂上,学生可能会随机生成很多内容,如果教师准备得不充分,这些随时的生成教师很难较好地完成互动,让课堂效果大打折扣。课前准备阶段,教师需做好英语教学相关准备,收集整理各类资料,制作短视频、英语预习任务单、英语测试题等,通过智慧教学平台推送给学生,学生在家长的陪同协助下预习了解新课重点内容,初步接触课程重难点,循序渐进地进入课堂氛围。具体分成以下几步:

A. 学情分析:了解学情是教育教学的前提,基于智慧教学平台了解的学情更具科学性。

B. 推送资源:资源的推送实现更快速度、更广范围、更多形式,学生可以根据自己的需求选择适合自己的资源,学生学习自主性更强。

C.学生预习:学生的预习依托教师提供的资源,同时还可以自己在智慧教学平台上查找资料,实现更适合自己的预习。

D.课前讨论:讨论是思考的过程,在平台上讨论学生更愿意参与,主动性更强,兴趣度更高。

E.教学设计:有智慧教学平台作为依托进行教学设计,不论是教师考量学生还是教师掌握教材,都可以更具科学性和针对性。

②课中教学阶段

课中阶段是智慧课堂背景下英语教学流程创新的核心阶段,教师需要积极引导学生对英语知识进行探究学习、小组合作学习。在此过程中教师需要设计一些有趣的教学活动来调动学生对英语学习的兴趣,重点通过智慧课堂创设相对真实的情境,通过任务让学生参与体验,激发学生兴趣。鼓励学生使用英语发表自身观点,提升表达能力的同时习得英语语言知识和能力,实现思维能力的提升,锻炼学生勇于表达、乐于合作、喜于参与的学习习惯,使学生形成良好的文化品格。

A.新课导入:新课的导入可以借用之前平台收集的数据构建新的课堂导入模式,从学生出发导入新课。

B.展现与分享:学生在平台上相互学习、相互讨论,每个学生都有很强的参与度,所以,课堂上学生更愿意展示和分享,学生真正成为课堂上的主人。

C.解锁新任务:预习的问题得到了全部的解决,新任务顺理成章地下达,教师可以根据之前平台数据的情况,调整新任务内容,让教学更容易接受,更顺利完成。

D.合作探究:合作能够促进头脑风暴,学生在合作中可以找到自己的位置,发挥自己的主动性。

E.实时测评和反馈:智慧教学平台的"实时"是有针对性的"实时",教师能通过从智慧课堂平台直接获得的数据完成对学生学业的测评。

F.讲解与点评:教师"讲什么",如何"点评",数据直接给出了方向,教师根据引导进行教学更有针对性。

G. 运用巩固:学生对所学习的新内容进行运用巩固。

③课后巩固阶段

课后巩固是对课程的学习反馈,学生学习如果不扎实可以通过课后巩固来复习一节课的学习,学生学习扎实则可以通过巩固生成新的知识思考。一个好的课后巩固,就是帮助学生温故知新并且拔尖提高的过程,是我们不能忽视的过程。课后,教师根据学生在课堂上的学习情况反馈,合理地设计课后作业发布于平台。教师在平台上看到学生作业错误率较高的地方,可以通过录制视频讲解进行及时的总结。这样的交互微课能够迅速抓住学生的注意力,帮助学生梳理运用,形成新的学习目标。

A. 分层推送:通过平台得到的数据,能够真实反馈学生的个人情况,所以,课后的巩固复习可以实现个性化分层推送,真正实现因材施教。

B. 完成作业:课后作业在线提交,教师在线批改,实现作业的及时互动。

C. 批改作业:对错误率较高的题型,教师通过录制微课等形式,对题目进行集中讲解,答疑解惑,这样的解答不仅效率高而且针对性强。

D. 总结讨论:学生在完成学习后,再对疑问进行线上提问,在线互动,学生之间、教师之间线上答疑、研讨,形成从预习到复习全方位的线上、线下合作研讨过程。

2. 基本特点

(1)"1388"小学英语会话课教学模式让英语教学更具有艺术性和趣味性。其中课堂互动教学利用信息技术,"画面"与"音乐"交融,"生动"与"形象"叠加,让学生在获得知识的过程中发展思维能力,形成文化品格,从而能更好地满足学生个性化学习的需求。

(2)该模式的教学过程中更加注重学生的差异,从关注整体转变为关注个体,帮助每个学生实现个性化的成长和发展。在学习英语环境中体验语用,学生选择自己所擅长的方式、喜欢的模式与教师和同学们进行沟通,也可以和老师、同学一起分享思考的成果。

(3)在知识的巩固和运用上,学生通过运用信息技术,搜集学习材料,迸发奇思妙想。教师帮助学生拓展思维,开阔眼界,达到师生之间真正的"无缝沟通",从而使其获得成就感与自豪感。这样的英语课堂互动教学模式改变了教师的授课方式,促进了教师专业水平的提高,拓展学生视野的同时,也丰富了自己的教学资源,实现了技能的迁移和提升,同时把自己从繁重的工作状态中解放出来,提高了课堂教学效果。

【案例3-10 《Unit3 My Friends Part A Let's talk》英语教学案例】

基于智慧课堂技术环境,将本节英语会话课的流程分成导入、新课输入、操练、输出及作业5大环节。将智慧课堂的技术融合到本节课的教学中,让教与学的方式变得多元且真实。

图3-29 "1388"小学英语会话课教学过程流程图

这里选取的课例为人民教育出版社(PEP版)小学英语四年级上册 *Unit3 My Friends Part A Let's talk*,选择"我的朋友"为话题易引发学生共鸣。信息技术将视频、图片、文字等集中呈现,将课文中"扁平"的知识转变为立体化的内容,学生不仅可以看、听,甚至可以参与其中,从平面化的图片、文字转变为立体化的视频、音频,充分调动学生的学习兴趣。教师对教材进行分析后,进入智慧课堂"畅言云平台"资源库(见图3-30)中查找图片、音频、视频等各种资源,通过对本班学生的学情进一步分析后,完成符合本班软硬件条件的个性化教学设计和教学课件,并将其通过本地资源上传添加到电子课本中,方便上课时使用。

图 3-30 专业资源库

1. 歌曲导入让课堂活起来

应用软件制作了 Friends 的歌曲视频,插入电子课本中使用,既与本课主题密切相连,又充分调动学生的英语学习兴趣和课堂气氛。歌曲结束后很快切入主题进行自由谈论,通过思考与讨论,让学生辩证地看待文本中出现的疑惑,培养思维品质。为会话课热身,并做好了授课的准备。

图 3-31　播放导入歌曲

2. 互动抢答提升学生自主思考和参与积极性

以往课堂上学生回答问题出现两极分化的情形，热衷回答问题的学生踊跃参与，其他学生却机会不够。因此，教师通过发布问题讨论，学生抢答，学生们争先恐后地点击自己的平板，参与率达 100%。

3. 小组 PK，优化评价

鉴于小学生注意力保持时间较短，因此小组 PK 的评价设置贯穿课堂始终，以小组合作为主体，运用"互动"中"提问"功能，将学习单任务发布到学生平板上，学生通过对文本知识的学习进行内化表达，将任务单中的短文以拖拽的方式进行补全，操练了句型会话能力，提升交际水平。

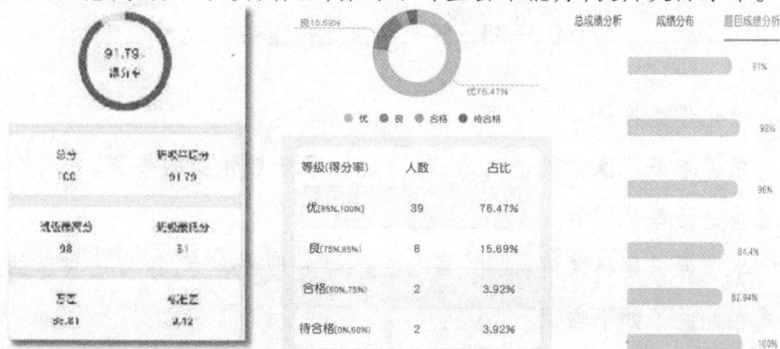

图 3-32　完成任务单

4.真实反馈课堂拍照展示语言输出

在一系列教学活动的影响下,学生通过环节机械操练到意义操练,最后积极展示课堂学习成果,教师将任务"描述自己的朋友"提前发布给学生,每位学生对自己的好友进行描述并写成短文拍照上传至平台。教师随机选取其中几份,在课堂上分享通过对这些同学好友的描述,其他学生猜测姓名,巧妙地将技术运用到教学中,激发学生表达的欲望,加深了同学之间的友情。

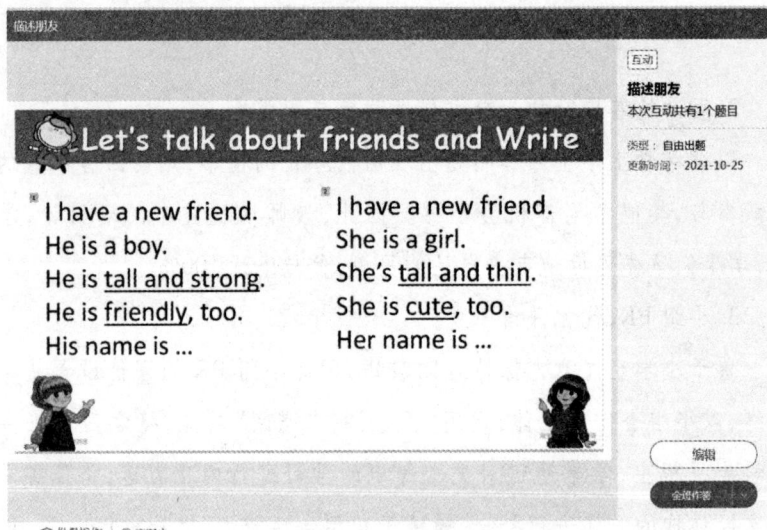

图 3-33   学生拍照上传作品

5.人性化作业推送

根据本节课课堂数据反馈,教师进行了分层作业的布置,并将个性化作业推送给每位同学。

本节课需要将课前、课中、课后三个部分形成合力,作为一种新的教学模式在此做了如下尝试:

图 3-34 课前课中课后图式

6. 反思探索

智慧课堂环境下的会话课例的探索和尝试,是建立在小学英语会话课模式基础上进行的传承和创新。其中课前推送有效学习单把握学生学习起点,更好地掌握学生学情,有效地整合了资源。课中互动测评等及时反馈,让更多学生参与互动并对学生实施个性化指导,在此过程中激发学生参与感、合作性,学生积极地思考交流评价。课后,教师通过反馈及时了解学生掌握情况,提供个性化作业或录制微课解决不同学生的困惑并使学生及时巩固拓展。

(案例撰写人:程琳)

(四)"体验交互式"教学模式

所谓"体验交互式"教学模式是教师以一定的教学理论为指导,让学生主动感知和领悟知识,并通过调节师生、生生之间的交流互动和沟通,形成和谐的师生互动、生生互动、学习个体与教学中介的互动,以达到提高教学效果的一种教学结构模式[1]。"体验交互式"教学模式运用于音乐教学中,是以教师作为主导创建一个符合课程内容和学生生活实际的情境,并引导学生自主体验,最终由学生自主构建一个有意义的知识体系。

"体验交互式"教学模式更适用于音乐活动课、练习课、欣赏课等。它注重

---

[1] 郑毅峰,黄志权. 论交互式教学模式及其在音乐教学中的应用[N]. 星海音乐学院学报,2004(9):15.

学生素质的提高和良好学习习惯的养成。在这种模式下组织的音乐课堂教学会显得生动活泼、充满活力。长期创造性地采用该模式,不仅能有效地改善和调试学生的颓废厌学的心理倾向,还能培养激情,建构自信,发展能力。

1. 基本程序

"体验交互式"教学模式基本程序。

图3-35 "体验交互式"教学模式基本程序图

(1)创设情境,设疑入趣

教学情境的有效创设,是优化音乐课堂的基本途径。教师要从当前课题的内容出发,抛出问题,激发学生好奇心和提出问题的能力,设计符合课堂音乐性的教学情境,使学生能够充分体验,激发学生探索学习的欲望和积极性。

(2)问题导引,自主体验

结合具体授课内容,围绕教学三维目标的要求,本着启发性、趣味性和科学性的原则,运用智慧课堂平台巧设问题,帮助学生参与表演和自主体验音乐。通过问题引导学生自主体验最真实的音乐环境,为下一步学习做好铺垫。

(3)质疑问难,合作探究

音乐课堂中的音乐活动是必不可少的,学生可以通过小组合作来体验音乐,也可以通过师生互动合作探究音乐,有助于提高课堂的活跃性和学生的参与度。

(4)互动反馈,练习巩固

互动反馈能够强化课堂教学中的教学效果,有利于构建师生多向互动的教学模式,有利于帮助学生形成乐于探索、勤于思考、主动参与的良好习惯,符合新课改"以学生为发展中心"的基本思想。

(5)归纳提炼,拓展延伸

《义务教育音乐课程标准》(2011 版)中指出："音乐与相关文化是音乐课人文学科属性的集中体现,是直接增进学生文化素养的学习领域,有助于扩大学生音乐文化视野,促进学生对音乐的体验与感受,提高学生音乐欣赏、表现、创造及艺术审美的能力。"

为拓展学生的文化视野,教师还通过智慧课堂平台带领学生欣赏和课堂内容相关的中外音乐作品与视频资料,拓宽了学生的音乐视野,增强了文化自信。

2. 主要特点

"体验交互式"音乐教学模式的主要特点为实践性、自主性、灵活性和创新性。

"体验交互式"教学模式下的音乐课更加注重学生的实践性和自主体验性。音乐课堂中学生通过实践活动自主体验音乐,通过实践活动促进师生、生生、人机间的互动交流,从而使整个课堂变得更加生动活泼。智慧课堂下的"体验交互式"教学模式也具有灵活性和创新性,教师凭借智慧课堂平台,创设较为逼真的教学情境,把教学中说不清道不明的知识一目了然地呈现在学生面前,促使学生更加直观地感受、体验音乐。

【案例 3-11　《水上音乐》音乐教学案例】

一、教学过程

(一)创设情境,激趣导入

师:英国皇室贵族在举办大型活动典礼时都会在泰晤士河上乘船游玩庆祝。假如你在这艘皇室游船上你会做些什么?

(设计意图:通过创设一定的情境,使学生身临其境,加强感知和体验,引起学生对这节音乐课的兴趣,从而更好地为教学过程做好铺垫。)

(2)感受地域特色,了解乐曲的背景环境

通过课件了解英国泰晤士河全景。

(二)欣赏教学

1. 初听乐曲

（1）这首乐曲深受英王赏识,由于在水上演奏,故有美名《水上音乐》。

师:音乐带给你什么样的感受? 联系创作背景,你能联想到怎样的场面?（气势恢宏,雄伟壮观的场面。）

（2）作者及创作背景介绍

2. 欣赏 A 段

（1）主奏乐器音色听辨

①聆听 A 乐段,师提问:这一段的情绪如何? 你能听出哪些演奏乐器?

②感受音色特点,选择相应的乐器音色特征。（选择题）

A. 小提琴音色:优美、清脆,具有歌唱般的魅力。

B. 小号音色:嘹亮、高亢,极富辉煌感。

C. 圆号音色:饱满、圆润,强奏粗犷,弱奏暗淡。

（设计意图:通过聆听音乐,观看视频,提出问题等方式,运用智慧课堂平台发布问题实现人机交流互动,学习了解音乐知识。）

（2）学习主题旋律

①出示主题。师:同学们成功地接受了英王的邀请,但是庆典时要登上游轮,还需要会哼唱主题旋律。

②跟唱法:跟钢琴模唱 A 部分主题旋律。

③跟着音乐哼唱。

（3）聆听 A 段,感受各乐器的音色特点,仔细听主题旋律出现了几次?（选择题）

（4）教师总结 A 段的情绪特点:在提琴、小号和圆号的音乐声中感受到英王即位时的气势宏大的场面。

（设计意图:通过智慧平板发布问题,了解学生对音乐主题旋律的熟悉度和掌握情况。）

3. 感受 B 段舞曲风格

（1）了解 18 世纪宫廷贵族服饰

师:英王的游轮继续向前行驶,大家想想人们在庆典上还有可能做什么？对了,优雅的宫廷舞蹈。宫廷舞蹈中渗透着礼仪,也是展示华丽服饰的机会。英国服饰备受世人推崇。女士优雅地穿着鲸骨衬裙,手上常有折扇,而男士的白衬衫、外套、马裤,尽显绅士风采。

(2)全体学习简单舞步

脚步:右脚向前迈一步,左脚向后一步。

队形:男生女生面对面,合着 B 段音乐,简单地跳优雅的宫廷舞。

(3)教师总结 B 段的情绪特点

舞曲的音乐风格显得音乐轻快活泼。

(设计意图:师生互动交流共同参与音乐活动,促使课堂更加活跃,调动学生探索音乐的积极性。)

4.聆听再现 A'乐段

师:这一乐段和前两个乐段哪个相似？乐段的情绪如何？

(学生自由回答)这是乐曲的再现乐段,反复了第一乐段的旋律,情绪更加雄壮辉煌。

师:在音乐里像 A-B-A'这样形式的叫作再现三部曲式。

观看视频完整聆听全曲。

5.拓展延伸

(1)介绍西洋管弦乐队的概念及组成部分

观看亨德尔清唱剧《弥赛亚》选段《哈利路亚》合唱视频,简要介绍歌词大意。

(2)观看安徽当涂水上民歌《划龙船》

(设计意图:通过学习乐曲《水上音乐》,学生能够基本懂得乐曲如何分析和划分,了解西方管弦乐队的基本知识。)

二、作业设计

1.请同学们动动小手画出一幅西洋管弦乐队的座位图

2.了解亨德尔的其他音乐

(案例撰写人:刘安)

(五)"三元三化六模块"教学模式

"三元三化六模块"教学模式是通过现代信息技术与教学的融合来构建的教学模式。"三元"即课堂体现探究、互动、成长三元素;"三化"即探究教学项目化、探究环境数字化和探究评价具象化;"六模块"是课堂教学中的六个模块。"三元三化六模块"教学模式以"三元"为理念驱动,"三化"为教学方式及环境支撑,加上"六模块"教学手段的协作最终促成目标的达成,实现项目化学习、双主共生教学。此教学模式比较适合以探究为主的科学、综合实践等学科的教学。

图 3-36　"三元三化六模块"教学模式的基本结构图

1.基本程序

"三元三化六模块"教学模式基本程序流程如图所示。

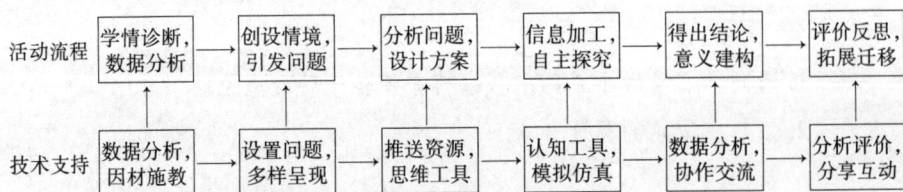

活动流程	学情诊断,数据分析	创设情境,引发问题	分析问题,设计方案	信息加工,自主探究	得出结论,意义建构	评价反思,拓展迁移
技术支持	数据分析,因材施教	设置问题,多样呈现	推送资源,思维工具	认知工具,模拟仿真	数据分析,协作交流	分析评价,分享互动

图 3-37　"三元三化六模块"教学模式的基本程序

（1）学情诊断，数据分析

学生对于已学过的科学概念的认识和理解情况如何？他们的最近发展区在哪里？以往的教师往往都是凭感觉猜测，而现在就可以利用智慧课堂软件对学生已掌握的科学知识情况进行一个调查，通过大数据分析快速找到全班学生知识的生长点进行探究。探究活动完成后，科学知识是否都已经掌握了？哪些科学知识的理解存在着不足？每个学生哪些地方还需要教师单独讲解，教师可以根据平台提供的大数据对学生进行针对性的教学。

（2）创设情境，引发问题

情境创设是学生有效、高效学习的前提条件，现代信息技术的发展和广泛应用为打造智能化的学习环境提供了条件，为有效情境的创设提供了"脚手架"。借助 VR、虚拟实验室等先进技术可以让学生真实自然地面对一个情境，进而身临其境地体验、安全高效地开展科学实验。

（3）分析问题，设计方案

智慧教学的最高境界就是让学生自己去寻找是什么、为什么，让学生自己去发现怎么办，而设计方案、优化方案就是学生解决问题的第一步。基于智慧课堂信息化平台学生利用思维工具和信息资源认真分析自己提出的问题，并设计自己的解决方案，通过平台共享和交流的功能，进一步优化探究方案。

（4）信息加工，自主探究

教师利用智慧课堂信息化平台中 H5 动画、虚拟实验室等个性化工具引导学生观察猜想，自主学习和探究；学生利用智慧课堂信息化平台自主地收集整理各种与当前探究问题相关的信息，主动对信息进行加工和分析。

（5）得出结论，意义建构

学生在经历了科学系统的、有层次的探究后，通过科学小团队的合作和交流互动，再通过智慧课堂信息化平台分享自己探究的成果和相关学习的资源，得出探究问题的结论，促进学生对于探究问题的科学概念的理解和认识，提升学生的科学思维能力，促进科学知识的意义建构。

（6）评价反思，拓展迁移

探究活动完成后，教师要有效引导学生进行总结、评价和反思，同时教师可以借助智慧课堂信息化平台，采取线上和线下结合，帮助学生进行反思评价，并进行知识迁移和拓展提高。

2. 主要特点

（1）观察结果数字化

借助传感器等技术设备可以将科学探究过程中现象不明显的实验进行实时监测、跟踪采集数据，再将采集到的数据传输至学生平板电脑端形成折线图或柱状图等，实现了探究过程的数据化采集。

（2）微观、瞬间、漫长运动可视化

由于小学阶段的学生处于形象直观思维逐步向抽象逻辑思维过渡阶段，所以在小学科学学习中"眼见为实"成为学生观察的重要证据。运用智慧课堂平台软件可以将能以捕捉的变化通过数字化方式呈现出来，让我们的科学教学和学生的思维过程可视化。如：微观的变化、瞬间的变化、漫长的变化等。

（3）实验现象直观化

传统科学课堂中学生在实验探究结束后，往往采用语言描述或画图的方式展示自己的观察结果，学生对实验现象的描述容易不准确，其他学生难以在脑海中形成具体画面的情况。学生使用平板将实验中观察到的现象进行拍照或录像，再通过智慧课堂信息化平台实时分享，可以让实验现象更直观地呈现，利于学生分析总结规律。

【案例3-12　《我们来造环形山》科学教学案例】

一、教学过程

（一）学情诊断，数据分析

课前利用智慧课堂软件对学生的知识情况进行一个前测：你了解的月球的形状、大小等特征是怎样的呢？月球表面的地形是怎样的呢？你还了解关于月球的哪些知识呢？……

（设计意图：通过平台前测分析能够很好地帮助老师了解学生对于月球知识的掌握情况，从而帮助老师基于学生情况进行有针对性的教学。）

（二）创设情境，引发问题

配乐欣赏一组由远及近的月球的照片。

师：自古以来人们就对月球充满着好奇和探究的兴趣，同学们想像宇航员一样到月球表面去看一看吗？请大家戴上 VR 眼镜体验一下，说说你看到的月球表面是怎样的？（预设：坑坑洼洼……）

图 3-38　学生戴上 VR 眼镜体验

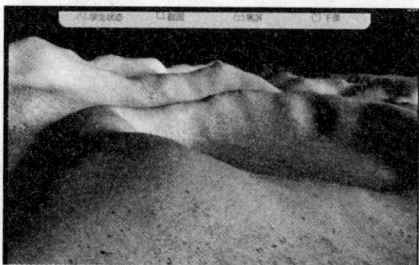

图 3-39 学生观察到的 VR 画面

（设计意图：教师先出示月亮由远及近的图片，激发学生对月球探究的兴趣，再让学生戴上 VR 眼镜"登上月球"，让学生能够近距离观察月球表面的环形山，有利于学生观察总结出环形山的特点，极大地激发学生对于月球表面环形山成因的探究兴趣。）

（三）分析问题，设计方案

1. 师：根据你看到的现象，如果要研究月球，你会提出什么问题？（预设：环形山是怎么形成的？这么圆形的坑是怎么来的？……）

2. 结合环形山的特点，小组讨论推测环形山的成因。（预设：陨石撞击、火山喷发、人为、外星人……）

3. 适时出示地球表面的陨石坑和火山口，引导学生作出科学的推测。

4. 学生根据提供的材料选择合适的材料设计模拟实验方案来验证自己的猜想，并通过智慧课堂平台分享自己的实验方案，再通过全班进一步的交流讨论优化实验方案。

（设计意图：通过智慧课堂平台中拖拽等功能，直观呈现学生实验设计的过程，通过平台分享可以让其他小组对设计方案进行点评和有效交流。）

（四）信息加工，自主探究

学生根据确定的实验方案，分组实验并记录实验数据，并用平板拍照分享实验结果。

图 3-40   学生动手实验探究

模拟实验一：陨石撞击说记录表一

实验方法	沙坑直径（厘米）	
大弹珠	第一次	2
低处	第二次	2.1
	第三次	1.9
自由落下	平均值	2
大弹珠	第一次	3
高处	第二次	3.2
	第三次	3.4
自由落下	平均值	3.2
我们发现	从不同高度往沙盘里丢下大小相同的弹珠撞击的坑是：越_高_（高或低）坑越_大_（大或小）。	

模拟实验一：陨石撞击说记录表二

注：相同高度落下

实验方法	沙坑直径（厘米）	
大弹珠	第一次	1
	第二次	1.1
自由落下	第三次	1.3
	平均值	1.1
小弹珠	第一次	3.4
	第二次	3.5
自由落下	第三次	3.4
	平均值	3.4
我们发现	从相同高度往沙盘里丢下大小不同的弹珠撞击的坑是：弹珠越_大_（大或小）坑越_大_（大或小）。	

表 3-4   学生实验记录表

（设计意图：学生通过实验收集的数据和观察到的现象，利用平板拍照分享，便于学生直观、有效地分析，得到实验结论。）

（五）得出结论，意义建构

1. 师：刚才同学们对环形山的成因进行了大胆的推测并通过模拟实验进行了论证，下面我们看看科学家提出了哪些假说，他们用了哪些证据来支持假说。关于环形山的形成目前公认的假说是哪一种？（出示水星、火星等天体 3D 地形情况）

2. 生利用平板查阅环形山成因的资料。

3. 汇报发现。

（设计意图：通过探究实验，学生再利用平板查阅相关资料，观察宇宙中其他天体 3D 地形，进一步帮助学生构建关于月球表面环形山成因的假说。）

（六）评价反思，拓展迁移

1. 师：有哪些证据是我们模拟实验中没有注意到的？

2. 播放微视频：不规则的石块落在沙面上留下的凹坑的形状。

3. 课后利用身边的材料制作一个月球模型。

（设计意图：播放一段不同形状的石头落在沙面上产生不同形状凹坑的视频，引发学生关于月球环形山成因新的思考和探索欲望。）

（案例撰写人：胡兴勇）

第三节　培养学生良好学习习惯

小学阶段是学生成长的关键时期，教育在这里开启，学习习惯也在这一阶段得以形成。新课改以来，越来越多可以体现学生主体地位的学习方法被运用于课堂教学中，学校的"启智课堂"的教学，是集"课前预习单、课中课堂笔记记录、课后错题本"一体化协同，帮助学生解构旧知、理解新知、重构认知、巩固拓展、迁移应用,经历真实而完整的学习过程。

一、预习单,让学生学有所备

学习是一种有准备的活动。这个"有准备",不仅指知识的准备,也指情感和意愿的准备。预习单的设计就是基于这样的理念。通过预习单激活学生已有的与所学内容相关的知识,让学生带着这些储备知识进入新知识学习,让新旧知识产生联系,并且唤起学生学习的欲望,为新知识的学习做好情感的准备。

(一)预习单的重要价值所在

1. 激活旧知、联结新知

很多时候,学生不能自主解决问题,就是因为没有让知识结构化,在面对新知的时候,无法及时调用与之有联系的旧知。预习单的使用,能够很好地解决这一问题。教师在设计预习单的时候,要注重知识点的前后联系,将与本课相关的旧知纳入预习单中,有效地帮助学生实现知识结构化。预习单还可以唤醒学生学习新知识的情感与意愿,激发学生的学习动机。学生能够自己解决的新知问题,可以激发学习期待,而不能自己解决的新知问题,则成为学习需要,将被动变为主动,实现个性化的学习,最终提高课堂教学效率。

2. 激发兴趣、提高效率

预习单的设计过程中通常会采用更加生动活泼的形式去设计内容,学生在预习的过程中更具有目的性,学习的动力更足。学生在预习后进入课堂学习更加轻松,针对教师的提问得心应手,回答问题的主动性有明显提高。课堂上的时间是有限的,而且在短短四十分钟内,还要预留时间给学生练习巩固,授新课的时间就更少,教师在讲课时不可能做到让每一位学生掌握牢固,给学生在课堂上思考的时间肯定是不够的。采用预习单的形式,基础知识的解决都是提前完成的,每位学生都有足够的时间思考,精力自然就会集中到新课的重点、难点和疑点上,听课的目的就会明确、注意力就会集中、思维就会主动,对知识的领会便可以进入更高的境界。

(二)预习单设计的步骤及设计模板

1. 研读教材

研读教材是用好教材的前提，是教师课堂教学获得成效的最基础、最重要的环节。教师分析教材中所包含的教育教学信息，根据学生现在的最近发展区厘清教学思路，即应该教什么、怎么教；应当让学生学什么、怎么学；通过教学，要达到哪些目标要求，怎样检测目标要求的达成度。在此基础上设计预习单，让不同基础和不同能力的学生可以根据自己需要学习，实现个性化学习。

2. 学情分析

(1)学生最感兴趣的问题

兴趣是学习的内驱力，它将提高学生学习的主动性，在预习单中设计出学生感兴趣的问题将会指引学生在课堂学习中更加积极主动地学习。教师在设计预习单时要充分考虑到哪些问题是学生感兴趣的。

(2)学生容易出错的问题

教师应根据学生的心理发展、知识水平、已有经验，提前预判出哪些问题会给学生带来困扰。教师在设计预习单的过程时对此类问题就要进行适当的调整、取舍。

3. 集体研讨

教师教学需要个人钻研，独立的思考，更需要发挥教师的群体智慧，集思广益，取长补短。同组教师共同研讨、交流、切磋，实现资源共享，集大家的智慧于一体，形成集体智慧的结晶。具体做法：每周学科组集体备课时重点讨论教学重难点，然后各自设计预习单，下周一集体讨论，统一研讨预习单设计，资源优化整合。

4.预习单的设计模板

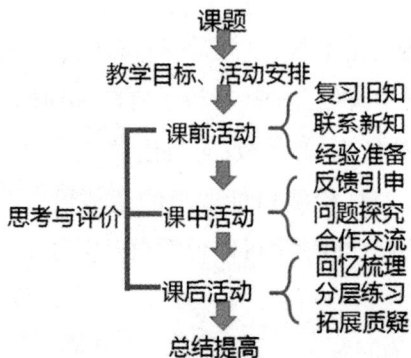

图 3-41　预习单设计模板

　　预习单的主体部分包括课前、课中和课后活动,在课前主要帮助学生对以往的知识点进行梳理,积累一定的新课学习基础。在课堂上,预习单引导学生进行自主探究与合作学习,帮助学生循序渐进地构建新的知识系统。课后及时梳理,根据学生不同程度掌握情况,进行分层练习。

　　【案例3-13　五年级语文下册第一单元《古诗三首》预习单】

　　本单元的语文要素之一是"体会课文表达的思想感情",即在教学过程中引导学生感受作者抒发的感情、理解课文说明的道理。落实到古诗教学,需要学生抓住关键语句,借助资料,关注作者描写的具体事物、场景等,体会诗文表达的思想感情,而本课预习单的设计也立足于此。

　　1.要围绕教材为中心展开设计

　　古诗常见的预习内容中包括识字、写字、诗歌朗读、理解注释和诗意、感悟诗歌蕴含的情感、了解作者生平等,作为预习单的设计者,应对这些内容有针对性地进行选择,避免题量过大。

　　2.据学生现有知识架构来设计

　　对于五年级的学生来说,他们已经掌握了一些自主识字的方法,但对平翘舌音和生僻字理解上仍有难度。在预习单的字词部分设计中,就抓住学生易错的翘舌音字"昼"和难字"陂""磬""衔""漪"设置题目,明确重难点,提高预习效率。会认字"桑""晓"设置形近字辨析,通过组词加深记忆。

3. 设计应注重学生能力提升

对于具备一定鉴赏和学习能力的中高段的学生,预习的目的还应指向学生素养的提升。在拓展提高部分可以设计以下内容:纵向对比三首古诗中儿童的不同活动,感悟共同主题——"童趣";针对课文内容、写法自主提出问题(如"玻璃""男女"的古今异义);查找作者的生平等相关资料,了解诗歌的创作背景,搜集有关"童趣"的其他古诗。这些问题的设计意在启发学生主动思考,增强搜集相关资料的能力。

一　自主识字	音	1. 借助教材或字典,给画线字词标注正确的读音。 (1)昼出耘田夜绩麻(　　)(　　) (2)草满池塘水满陂(　　) (3)敲成玉磬穿林响(　　) (4)山衔落日浸寒漪(　　)(　　) 2. 根据诗意,给下列加点的多音字选择正确读音,打√。 (1)四时田园杂兴(xīng xìng) (2)童孙未解供(gōng gòng)耕织
	形	3. 辨别下列形近字,分别组合适的词。 桑(　　) 晓(　　) 嗓(　　) 浇(　　)
	义	4. 结合上下文或借助注释,用自己的话说说下列诗句的意思。 昼出耘田夜绩麻,村庄儿女各当家。 稚子金盆脱晓冰,彩丝穿取当银钲。 牧童归去横牛背,短笛无腔信口吹。
二　再读课文整体感知		5. 根据课文内容,完成下图。 童趣 { ＿＿＿《四时田园杂兴(其三十一)》:儿童学种瓜 ＿＿＿《稚子弄冰》:稚子＿＿＿＿ 雷震 《　　　》:牧童＿＿＿＿
		6. 我还有不懂的问题。(可以从古诗结构、用词、情感等角度提问) ＿＿＿＿＿＿＿＿＿＿＿＿＿＿＿＿＿＿＿＿＿＿＿＿

续表

三 拓展 提高	7.我查找的作者资料和其他有关童趣的古诗。

表 3-5 《古诗三首》预习单

（案例撰写人:朱秀杰）

好的预习单应能与课堂教学进行有效对接,梳理学生的共性问题,帮助教师在课堂上有侧重地教学,达到"以学定教"的目的。小学预习对提高课堂教学质量至关重要,通过预习单,让每一位学生都积极主动学习,最终逐步形成学生自主学习的能力,真正做到以生为本。

二、课堂笔记,让学生学有方法

俗话说,好记性不如烂笔头。做课堂笔记,是一个非常好的学习习惯,不仅能帮助我们记忆,还能促使我们积极思考,理清课堂思路,抓住听课的重点,提高课堂效率。学校教师在日常教学中十分注重培养学生做课堂笔记的习惯。

(一)预习笔记好习惯

不动笔墨不读书,上课预备铃一响,课本、笔、直尺会整齐出现在书桌上,学生端坐等待老师进入课堂。一篇新的课文即将学习,学生的书本上已经有了预习笔的痕迹,生字标注读音、组词、词语意思,标出自然段落序号等,这是长期以来教师对学生预习习惯的培养,也是"不动笔墨不读书"的具体体现。

桌边，靠着妈妈斜立着的八儿，肚子已成……
上那两支筷子，很浪漫地摆成一个十字。桌上那
陈腊肉，八儿的爹同妈也都奈何它不来了。

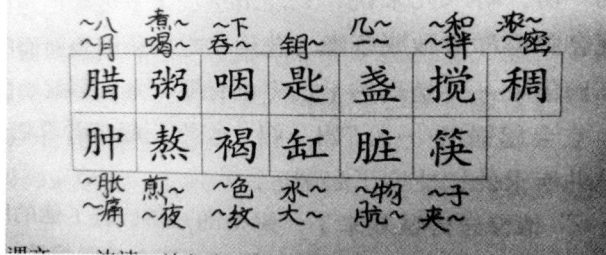

图 3-42　课堂笔记 1

这样的预习笔记，极大地提高了教师的课堂教学效率，节约了在字词方面的教学时间，学生对于哪些生字词语有疑问，课堂上提出之后，教师进行统一解答，学生的学习效率也得以提高。

（二）课堂笔记有方法

四十分钟的课堂，教师的教学节奏很紧凑，如何做到既能抓住课堂重点又能让学生跟上老师的上课思路呢？学生们有办法——重点字重点标，特殊词特殊记。

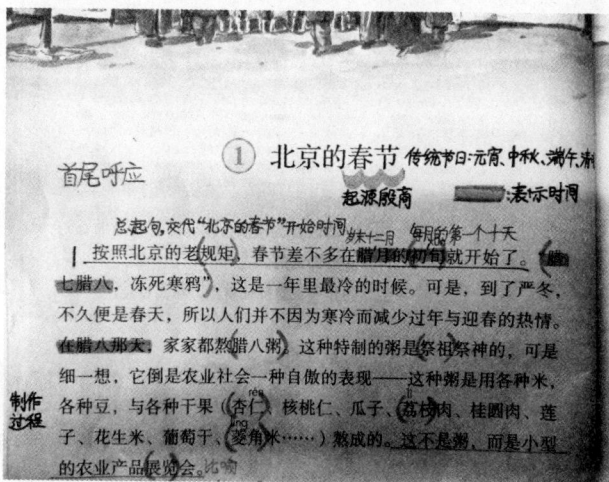

图 3-43　课堂笔记 2

　　翻开学生的语文书,一个个涂红的"小方块"下是一个个重点字词,各式括号里圈住的词语、句子一定是老师课堂上重点讲解的,不同颜色的字体中一定有着不同层次的思考与理解。

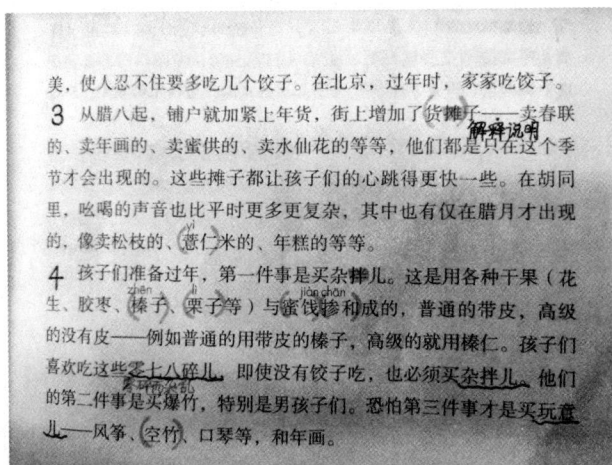

图 3-44　课堂笔记 3

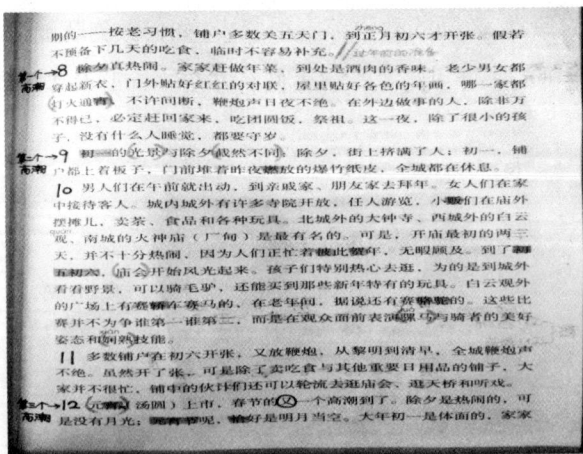

图 3-45　课堂笔记 4

　　绘制思维导图,不仅激发学生记笔记的兴趣,而且绘制思维导图的过程也是学生对课文知识点的概括,对课文内容的再次梳理过程。

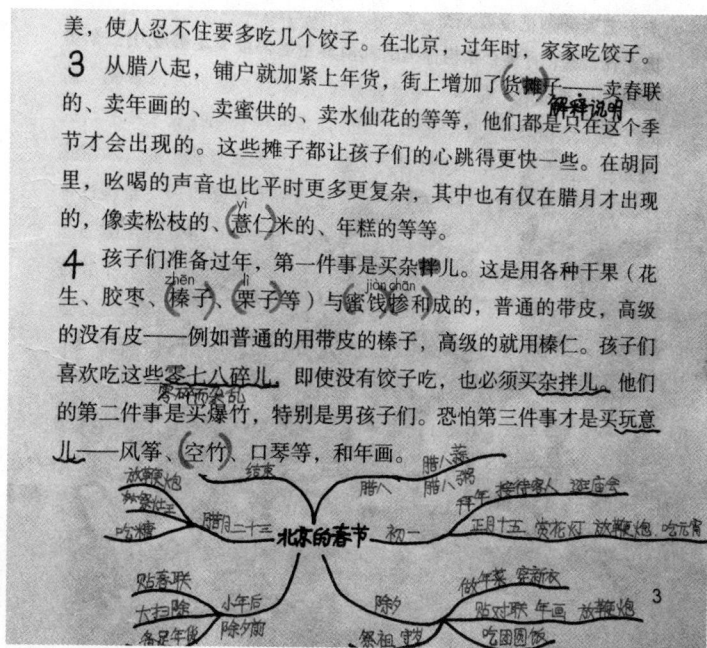

图 3-46　课堂笔记 5

笔记内容有详有略，笔记布局有紧凑有稀疏，这些正是教师上课内容侧重点的情景再现。

（三）笔记内容有取舍

古人云："手抄一遍，胜读十遍。"学生在课堂上记笔记时眼、手、脑几方面协调并用，学生的注意力得以集中，但是不会学习的学生因此会出现顾此失彼的现象，笔记内容上就要求学生学会选择，做智慧学生。

1.板书内容必须记

教师上课时的课堂脉络、重点难点多以小标题、结构图或思维导图的形式呈现在黑板上，记下这些内容既是对课堂重点的把握，也是培养思维模式的方法。

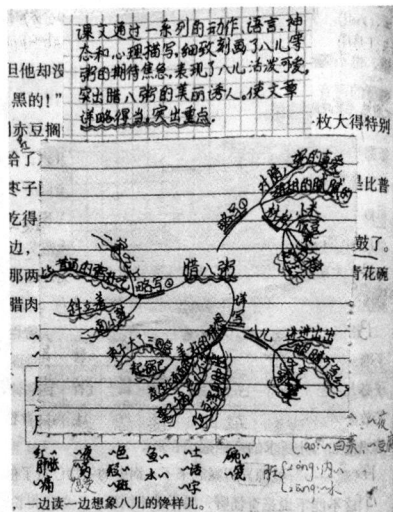

图 3-47　课堂笔记 6

2. 疑难问题及时记

　　课堂上学生没有听懂的地方标记下来,课后继续加以思考和探究,把课堂内容学习透彻,培养自己的思辨探究能力。

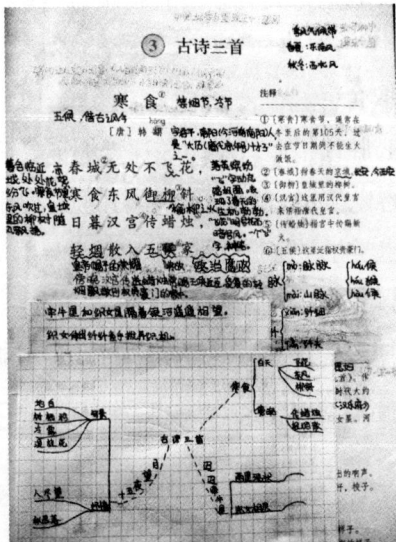

图 3-48　课堂笔记 7

3.思路方法理解记

记笔记不是照搬照抄,而是要记下老师的解题思路、分析探究的方法。学生在动手的同时也要动脑,记笔记的过程就是学生二次理解的过程,学习效率因此提高。

图 3-49　课堂笔记 8

4.总结归纳巧妙记

一篇课文、一堂课程的教学结束时,老师们的结束语浓缩了一篇课文、一节课的精华,在老师精彩的结束语中,学生们思考消化,列出重点,课下加以补充,既保证听课不受影响,又能够抓住要点。

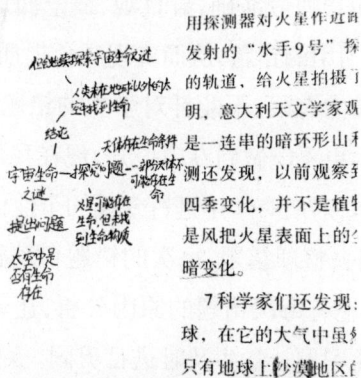

图 3-50　课堂笔记 9

（课堂笔记 1-9 图片提供人:关豆豆）

好习惯是在平常的学习中一点一点培养的,十年树木,百年树人,授人以渔是学校教师们坚持不懈的追求,做好平时的每一件小事,关注教学中的每一个细节,让孩子学会学习、爱上学习,我们一直在路上!

三、错题本,让学生学有效率

在日常教学中,培养优秀的学习习惯,归纳汇总错题便是不可绕过的一个话题。错题本能够帮助学生整理掌握不牢固的知识、题目,方便抓住问题重点,发掘其内在规律,减负增效,提高学习效率。然而,在学生实际学习过程中,往往需要耗费大量的时间和精力整理、归纳、分析,并不能很好地发挥错题本的作用。随着科技的进步,学校借助 AI 智能技术,建立智能错题本,将是科技助力教育教学、夯实教学成果的突破口之一。同样是整理错题,却不再需要学生自己一笔一画地誊写、摘抄,在人工智能和数据技术的支撑下,系统自动帮助学生整理错题,形成专属的纸质错题本。每道错题的后面,配套详细的错因分析,同时推荐同类型的变式题供学生巩固练习。每个学生的作业都不同,真正做到了个性化的作业布置。

(一)汇集错题,智能巩固

练习的目的应该是对所学的知识及时进行巩固,对老师的教学及时进行诊断,练习的结果可以帮助老师最准确、最直观、最全面地掌握学生的学习情况。我们应合理运用学生练习中的错题,从而实现减负提质。以往学生的错题虽然能及时订正,但老师的精力有限,不能针对学生的错题让学生进行个性化的巩固和强化,而对于学优生更不能做到专项提升,现在我们可以利用 AI 平台提供的网络资源,形成错题本,对所有学生进行专属的个性化智能巩固。

学生不需要花时间去整理错题,每次的错题自动积累起来,形成每个学生的专属错题本。错题本上有每次错题的原因分析,还能够利用 AI 平台提供的网络资源,推荐合适的练习题让学生及时进行巩固。对于没有任何错题的学有余力的学生,系统会推送一些提高类题目,形成个性化作业。

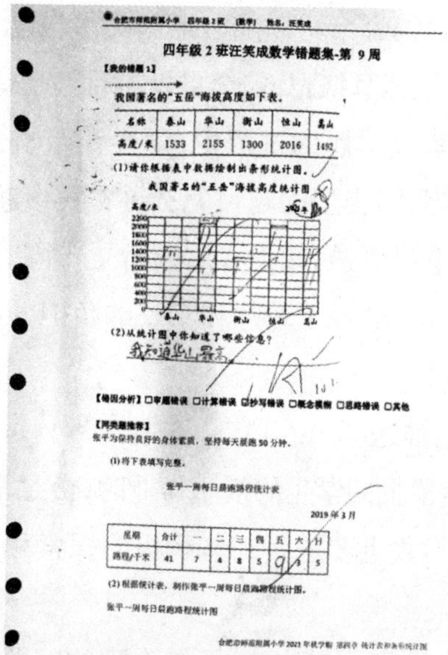
四年级2班汪笑成数学错题集-第 9 周

【我的错题1】

我国著名的“五岳”海拔高度如下表。

名称	泰山	华山	衡山	恒山	嵩山
高度/米	1533	2155	1300	2016	1492

(1)请你根据表中数据绘制出条形统计图。

(2)从统计图中你知道了哪些信息？

我知道华山最高。

【错因分析】□审题错误　□计算错误　☑抄写错误　□概念模糊　□思路错误　□其他

【同类题推荐】

张平为保持良好的身体素质，坚持每天晨跑50分钟。

(1)将下表填写完整。

张平一周每日晨跑路程统计表

2019年3月

星期	合计	一	二	三	四	五	六	日
路程/千米	41	7	4	8	5	9	3	5

(2)根据统计表，制作张平一周每日晨跑路程统计图。

张平一周每日晨跑路程统计图

图 3-51　错题单之同类题巩固

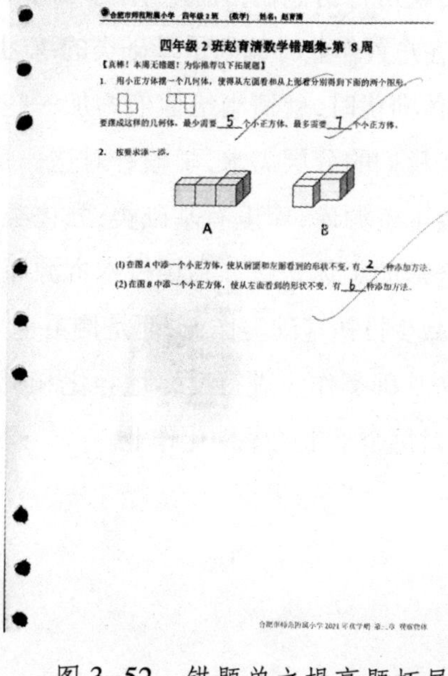
四年级2班赵育清数学错题集-第 8 周

【真棒！本周无错题！为你推荐以下拓展题】

1. 用小正方体摆一个几何体，使得从左面看和从上面看分别得到下面的两个图形。

要摆成这样的几何体，最少需要 5 个小正方体，最多需要 7 个小正方体。

2. 按要求添一添。

(1)在图A中添一个小正方体，使从前面和左面看到的形状不变，有 2 种添加方法。

(2)在图B中添一个小正方体，使从左面看到的形状不变，有 6 种添加方法。

图 3-52　错题单之提高题拓展

（错题单图片提供人：徐晓伟）

学生借助这个学习的"锦囊",可以随时随刻关注自己学习上的薄弱环节,以后的复习和巩固再也不用抓耳挠腮,完全可以进行精准练习。每个学生拿到的错题本是不一样的,在解决错题的过程中,学生开始学会思考,我为什么错了? 错在哪里了? 以后遇到同类型的题目怎么办? 我该怎么去巩固? 在思考过程中,学生自然对错题吃得更透,知识点掌握得更牢固。利用智慧学习平台汇集的一本本个性化错题本,减轻了教师和家长的负担,同时精准地把握了学生的学情,实现了提质减负。

(二)精准分析,智能推送

学校在利用信息化手段批阅学生的纸质作业时,会经常反思:要打破窠臼,创新作业设计,在作业的形式上要进行一些积极的探索和研究,布置个性化作业,发挥作业的育人功能。

传统的纸质作业存在题型不够丰富、不够合理的问题,并且每一次布置书面作业时不能实现学生的分层提高。我们认为学优生应该减少基础类题型练习,要把一些开放题、拓展题布置给他们,让他们在学习上有更大的提高;而对于基础较弱的学生,可以在布置作业时偏向于基础类的练习,让他们打牢基础,不断进步,当学习状态整体向优时,就适当给他们增加一些拓展类练习题。而现有的纸质作业不能实现我们的分层需求,学校针对这一情况,利用智能化手段尝试建立自己的特色校本资源库,库里有基础类、强化类、拓展类的作业,这些作业凝聚了同备课组老师的集体智慧。利用校本资源库给学生智能推送作业时,对于学优生系统会减少推送基础类作业,而是侧重于拓展类作业的推送;而对于学困生系统会推送基础类作业进行反复地强化和巩固。真正实现了作业分层推送,也形成了针对每个学生的个性化作业。

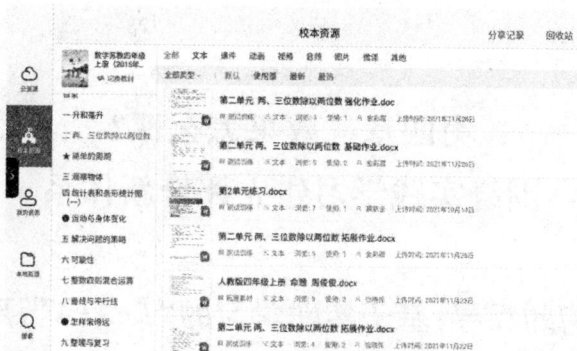

图 3-53　错题单之校本资源库

数据赋能可以帮助老师精准辅导、诊断教学，帮助学生智能巩固，能极大提高学生的学习效率，深入贯彻落实"双减政策"，将学生从过重的负担中解放出来。帮助学生养成良好的行为习惯，提升学习效果。

第四章　效果怎么评？
围绕实践学习建立评价新体系

我们的探寻：基于实践学习的"1+2+N"评价

教育评价是教育的重要环节。教育评价随着教育改革不断深化，一直是大家讨论的热点。国内至今尚未形成一套较为科学、系统、权威的教育评价体系。中共中央国务院 2020 年 10 月印发《深化新时代教育评价改革总体方案》（以下简称《总体方案》），从群众关切、党中央关心、社会关注的问题入手，指明了教育评价改革的方向。只有科学系统地完善教育评价标准，建立健全综合评价体系，充分运用信息化手段进行大数据分析，才能实现高质量教育，更好地推进国家教育现代化进程。

第一节　教育评价的研发和构建

教育评价改革牵涉到多种因素和多个主体，可以说牵一发而动全身，被称作教育综合改革的"最硬一仗"，是一项世界性、历史性、实践性的难题。教育评价改革不仅关系着教育的发展，也牵动着千万学生和家长的心。《总体方案》指出："教育评价事关教育发展方向，有什么样的评价指挥棒，就有什么样的办学导向。"如何构建一个既能培养学生的核心素养，又能促进学生的共性和个性发展，既具有科学性和实操性，又能全面反映学生成长轨迹的教育评价体系，成了学校探究的重要课题。

一、学校教育评价体系的研发

学校一直积极投身教育评价的改革实践，以立德树人为目标，从问题中找方向，在常规中辟新路，在规划中建框架，在改革中赋能，让"1+2+N"的评价体系成为学校撬动教育"软实力"的支点。教育评价涉及学校、教师和学生等不同主体，以及学科建设、队伍建设以及课程、教学、德育、实践活动等多种评价因素，是一个纷繁复杂的系统。要落实《总体方案》提出的"改进结果评价，强化过程评价，探索增值评价，健全综合评价"的"四个评价"总要求，需要根据不同主体、学段、类型的教育特点精细化区别制订具体方案。基于以上思考，学校对教育评价体系的研发主要有以下三条线索：

（一）以素养为本、评价为纲，促全面发展

为深化教育评价改革，学校对学生的评价进行了系统规划，既"破"又"立"。学校始终秉持"传承创新、改革进取、全面多元发展"的办学理念，以评价促进人的全面发展。通过设置素养目标，确立素养表现水平，充分利用互联网环境，将学生的核心素养发展可视化，构建起"素养为本、评价为纲"的教学评价体系，覆盖学生的学习和生活过程，形成学生核心素养的发展进阶轨迹，从而促进学生的成长。

（二）以全过程培养为抓手，促双线成长

传统意义上的评价在于发现学生的缺点和不足，让学生接受外部的监督。现在学校转变评价模式，突出学生的自我成长，在促进其全面发展的同时，使其个性得到充分的生长。在学习的过程中，学生会利用评价标准进行反思学习，从通过反思已有的生活经验来解决新的问题，到将生成的素养内化为自己的认识，再到不断地解决新问题，促进思维的深度发展，成就学生的"共性"和"个性"的双线成长。科学的评价导向功能，使教与学进入相互成就的状态，促进"明理少年"和"明智之师"的双线成长，从而使学生和教师共同收获幸福人生。

（三）以创新为动力，构建科学化、立体化评价

结合学校目前的评价标准构建学生综合素质评价模型，形成多元、多样、多

彩的评价解决方案,推进学生核心素养提升。学校的评价体系运用了多元评价方式:有表现性评价、描述性评价、反思性评价、创新性评价;有定性评价,也有定量评价;有共同标准评价,也有个性成长评价。为了将评价嵌入课程开发和教学过程之中,促进教和学的持续发展,学校还鼓励多种评价主体参与,例如《成长手册》中,就包含了教师、家长、同伴和自我评价等,构建了家校协同育人的全方位立体评价模式。

二、学校教育评价体系的构建

学校教育评价体系充分关注到评价过程中的各个环节和各个要素的关系,例如评价目标、评价对象、评价主体及评价手段等,它们之间既相互促进又相互制约。不同环节中的分支系统、要素也很多,只有建立系统的、动态的教育评价体系,才能呈现评价对象的真实状态和科学的评价结果,为改进教育教学提供可靠依据,真正落实以培养学生的核心素养为中心,以五育并举为目标的学生全面发展。为此,学校对教育评价体系进行了系统规划,和分步骤、有重点的科学构建。

(一)"1+2+N"教育评价体系概述

针对学生核心素养,学校构建了"一个中心、两个培养目标、多种评价类型"的"1+2+N"评价模式。"1"即以学生的核心素养为中心;"2"即以学生的共性发展和个性成长为目标;"N"包括情境化无纸评价、德育一体化评价、个性化增值评价、区域化绿色评价和智慧化综合评价等多种评价类型。

图 4-1　评价系统图

（二）"1+2+N"教育评价体系的特色分享

1. 立德树人，五育并举

《总体方案》中提出："坚持立德树人，牢记为党育人、为国育才使命，充分发挥教育评价的指挥棒作用，引导确立科学的育人目标，确保教育正确发展方向。"2019 年，中共中央国务院印发《关于深化教育教学改革全面提高义务教育质量意见》，其中明确提出坚持五育并举，全面发展素质教育，对德、智、体、美、劳几个方面提出了明确指导。学校以此为目标，以课程为主体，以评价为工具，对学生进行诊断、调节、激励、导向和反思，激发学生内在学习动机，提升学生核心素养。通过"1+2+N"教育评价体系全面考查学生品德、身心健康、学业、兴趣特长和劳动实践等，培养身体健康、精神饱满、品格高洁、科学与人文素养良好的明理少年。

2. 多元智能，以人为本

多元智能理论内涵与我国倡导的素质教育有着密切关联，通过教育评价的不断改革和深化，学校认识到多元智能理论的重要价值，认为"多元智能理论是对素质教育的最好诠释"[①]，也是评价改革的理论依据。

---

① 祝智庭，钟志贤. 现代教育技术——促进多元智能发展[M]. 上海：华东师范大学出版社，2003.

一方面注重学生的共性成长。在教育评价实施过程中,学校将评价融于日常教学、学生管理、活动和游戏中,调动学生和教师、学校和家庭以及社会各方面力量,以评价改革为契机,积淀学生的人文底蕴,推动教育教学工作的全面提升。不同的课程、不同的评价主体、不同的目标采取不同的评价标准和方式。例如在"明理少年"行为习惯的养成方面,学校根据学段的不同,开设了"幼小衔接""入学百日""诞育课程""入队争章"等评价方式;在国家课程中,采取低段学生的"情境化无纸评价",中高年级采取了区域统一的"绿色评价",促进各个年级学生的发展。

一方面张扬学生的个性发展。学校的明慧课程体系立足国家课程,内容丰富多彩,有链条式融合课程、项目式主题课程、立体式成长课程、联动式传统文化课程和浸润式阅读课程等,均给予学生足够的选择空间。孩子们可以针对不同兴趣爱好和个人特长,选择适合自己的课程,充分培养特长。教师可以根据不同的课程采取"个性化主体评价",即期末寄语、成长手册和启明基金会等评价形式,充分促进每一个学生的个性发展,为培养各个领域的人才奠定基础。

3."互联网+"动态成长

《总体方案》中提出,"充分利用信息技术,提高教育评价的科学性、专业性、客观性"。1998年5月,学校作为合肥市第一所首批国家级现代教育技术实验学校正式挂牌。学校把电化教学融入各个学科教学中去,以电化教学为手段,以寓教于乐为切入点,全面落实素质教育。那时,学校信息技术在教育教学中的推广应用受到社会各界的广泛肯定。

近年来,学校坚持以"信息化促进学校教育持续发展"战略,以校园数字化、教育信息化、学生主体化、教师专业化和评价多元化为依托,科学构建信息教育环境,将互联网科技真正全面融合于学校教育的各个环节。利用信息化手段分担大量烦琐的、机械的、简单重复的管理任务,满足以传统教育模式向智慧教育模式转变过程中对教育信息技术的需求,形成了多元立体的综合评价模式。学校通过数字化平台,对学生的各项表现进行全过程、全方位的追踪记录。通过大数据的有效分析,为学生核心素养的持续发展提供科学依据。

(二)"1+2+N"评价体系的综述和展望

此评价体系秉持了"核心素养是育人目标，领域知识是必要基础，实践活动是育人手段，真实情境是活动载体，学习方式变革是实现途径"的基本原则。近年来，学校在促进学生全面发展、提升教育教学水平、减轻学业负担、保障学生平等权益、引领教师专业发展、营造和谐育人环境、建设现代学校制度，以及促进义务教育优质均衡发展，提升人民对教育的满意度方面都形成了一定的影响力。

"东方欲晓，莫道君行早，踏遍青山人未老，这边风景独好。"长期以来，学校教师不断砥志研思，积极探究教育评价的改革。作为全国知名小学，将牢记"为党育人，为国育才"的崇高使命，以生为本强素养，以校为本创特色。

第二节　情境化无纸评价

我校基于学生核心素养的培养，立足小学阶段学生的身心成长特点，积极探索素质教育评价改革途径。

多年来，老师们发现对低年级的孩子用试卷测试，形式单一、过程简单、结果片面且缺少对孩子的人文关怀，对于儿童身心健康的发展和学习兴趣的培养都非常不利。如何让孩子们在轻松快乐的氛围中，参与检测，感受学习的乐趣，享受成长的收获？在教育评价体系改革的背景下，我们更应该注重孩子的过程性评价，强化增值性评价。学生在校的学业情况、人际交往能力等方面有没有变化？如何掌握他们的变化为我们日后的教学服务？一系列现实的问题催生了我们对低年级评价方式的变革。在2013年，学校首次尝试在一、二年级创新性实践情境化无纸评价，它是针对低年级学生阶段性校园学习生活的回顾与评价。

一、情境化无纸评价的原则

情境化无纸评价，顾名思义，就是不用纸笔参与测试的评价方式。它打破了纸质书面检测的方式，以绘本故事、传统文化、四季时令等为情境背景，采取模块化、闯关式、多学科、重整合的方式,融知识性、趣味性、实践性于一体,旨在让学生在"玩中测""玩中学"。在充分地调动学生的学习兴趣的同时,让他们感受学习与生活的联系,让评价与生活体验无缝对接,体会知识的应用价值。这种评价方式更注重趣味性、全面性和科学性。

二、情境化无纸评价的实施

情境的创设、任务式的驱动、游戏化的体验是培养学生核心素养必不可少的因素。正因如此,情境化无纸评价首先是解决情境的创设问题,而怎样的情境才能让孩子们更有参与感呢?在日常的教研活动与教学实践中,我们发现低年级的孩子喜欢听故事、喜欢扮演故事中的人物。以此为契机,语文教研组的老师们尝试从既有趣又有教育意义的绘本故事着手,创设与故事中的主人公相关联的场景,以"闯关"的方式将语文、数学知识融入其中,在考查学生的同时,更结合孩子的年龄特征和知识掌握的能力需求进行评价,从而形成"教学—检测—分析—改进"的教学内部循环。在此过程中,我们开展多种主题活动为无纸评价增加内涵,以此丰富学生的校园生活,为培养学生的核心素养奠定基础。

(一)以绘本故事《地下 100 层的房子》为主题的情境化无纸评价

本主题闯关活动以绘本故事《地下 100 层的房子》为情境背景。以故事主人公探寻地下动物的居住场所为线索,让学生们化身为主人公的朋友,一起参与寻找动物居所中隐藏的学科知识,并进行问答闯关。

学生在完成知识闯关的同时,探秘小动物的居住环境,以此培养他们主动探索的科学精神,以及文明拜访动物朋友的礼仪。问答的正确率和速度不同,得到的"宝石"等级也不同。闯关的内容则是与课堂学习内容紧密相关的。教师根据《课标》的要求,针对低年级学生能力发展的实际情况,认真研读统编版教材内容,将学生需要掌握的知识要点和学习方法设置在每个情境关卡之中。

【案例4-1　一年级上学期情境化无纸评价实施方案(节选)】

> 兔子的家——拼音直通车:在这一关中,学生需要在30秒内,将随机抽的三张卡片上的声母、韵母、整体认读音节分别读出来。
>
> 浣熊的家——超级辨辨辨:老师从众多音节或生字卡片中任意选取三张,学生在1分钟内找出相对应的生字卡片或音节。
>
> 蝉的家——我拼我秀:学生自己抽取一张拼音卡片,一边拼读出词语,一边做动作。
>
> 蚂蚁的家——拼读乐园:学生从拼音盒中抽一张拼音卡片(卡片上出示一个拼音短句),在1分钟之内,学生按照从左到右的顺序读出拼音组成的短句。
>
> 刺猬的家——认识位置:在飞镖靶上有各种颜色的飞镖,学生选择自己喜欢的颜色的飞镖并说出谁在谁的上边,谁在谁的左边,谁在谁的右边。以此分辨方位。
>
> 蜥蜴的家——探索比较:学生抽取各种有趣的图片,说出图片中事物的轻重、大小、高矮、长短。
>
> 鼹鼠的家——e口算:每位学生抽取卡片,随机出现10以内的分与合,一共5道,依次口答。

　　为了给学生们留下美好的回忆,在闯关当天他们可以穿自己喜爱的服装,或者打扮成自己喜欢的卡通人物来到校园,这样别有深意的闯关考查方式已经成为孩子们欢快的节日。

图 4-2   情境化无纸评价现场

（二）以传统文化和传统节日为背景的情境化无纸评价

在主题绘本故事的闯关活动实践过程中,老师们发现,绘本故事虽然有趣,人物形象鲜明,但是作为新时代小学生,更应该对自己民族的传统文化有所了解。情境化无纸评价在推进学生核心素养发展的过程中,已成为他们校园文化生活的一部分。2017 年中共中央办公厅、国务院办公厅印发的《关于实施中华优秀传统文化传承发展工程的意见》中强调:"围绕立德树人根本任务,遵循学生认知规律和教育教学规律,按照一体化、分学段、有序推进的原则,把中华优秀传统文化全方位融入思想道德教育、文化知识教育、艺术体育教育、社会实践教育各环节,贯穿于启蒙教育、基础教育、职业教育、高等教育、继续教育各领域"。自此,我校的情境化无纸评价开始尝试与中华传统文化相结合,在情境的创设上充分挖掘中华民族传统文化的内涵,为学生注入民族文化的精神之魂。在 2021 年底,辞旧迎新的时刻,学校的一、二年级情境化无纸评价以迎接虎年为主题,以传统剪纸艺术的故事书《小小虎头鞋》为载体,让学生在评价的过程中,了解中华传统文化风俗,培养他们的审美情趣。

闯关名称	闯关规则	评分细则	测试人员
晓虎拼拼乐	1.学生自己从平板中随意点出常见的词语3个，让学生拼读。 2.每人一次机会。	优秀：3个字词全部读写准确。 良好：准确读写出2个字词。 加油：准确读写出1个字词。	徐丽、陆雯君
乐虎说说顺	1、用平板出示汉字，学生书空写笔顺（考查一类字） 2.每人2次机会。	优秀：2个都对。 良好：答对1个。 加油：2个都不对。	吴超、储玲琳
巧虎读读会	1.从平板中出示教材中的儿歌或者古诗，让每位学生抽背两首。 2.每人一次机会。	优秀：能用普通话正确、流利、清晰地背出全文，并能加上自己的节奏。 良好：能正确地背出全文，断句正确。 加油：能勉强背出全文。（需提醒）	贾冬丽、王春霞
萌虎连连看	1.学生根据老师的要求用扩线和问号表示的实际问题图，要求学生看图说出算式，并算出结果。 2.每人2次机会。	优秀：在30秒内答对3次。 良好：答对2次。 加油：答对1次。	陈国凤、庞明硕
智虎摆摆形	1.学生根据两组有规律的图形、花朵或者小动物等，要求孩子按规律说出缺少部分或者继续摆下去应该是什么。 2.每人1次机会。	优秀：2次全对。 良好：答对1次。 加油：都不对。	张玲、李勤勤
趣虎算算准	1.每位同学在平板上随机点出10以内的加减的算术题，一共5道，依次口答。 2.每人1次机会。	优秀：5道题都答对。 良好：答对4道题。 加油：答对3道或以下。	马斌、陈盛妮

表4-1　一年级虎年主题无纸化评价方案（节选）

三、情境化无纸评价的成效

我们说素质教育,还是要看孩子们的核心素养。闯关游戏不仅考查知识,更希望通过各个环节锻炼孩子表达、社会交往、遇到困难想办法的能力,它应是从学生能力、品德、实践等方面出发。闯关游戏过程本身对孩子来说也是一种学习。改革评价方式并非对孩子学习能力培养的放松,它应是在情境任务驱动的前提下,以素养为基础,加强整合和实践的过程。许多孩子在通关后,纷纷表示自己还想再玩一次。"玩中学""做中学",闯关卡上都是孩子们获得的精美宝石,手机里留下的都是孩子们开心的笑脸。学生们就这样在闯关游戏的过程中,检测了所学知识,锻炼了与人交流的能力,提升了学习兴趣。

通过这样的活动,老师们在传授学生知识的同时,更加关注培养学生的综合素质,塑造他们的健康心理和独立人格,促进学生的主动学习意识和终身发展,为他们未来生活奠定基础,使学生不再因为测试而焦头烂额,能够拥有幸福童年,能够快乐学习。

图4-3 情境化无纸评价闯关卡

第三节 一体化德育评价

2020年，中共中央、国务院颁布《深化新时代教育评价改革总体方案》，将促进德智体美劳全面发展等作为重点任务，将为党育人、为国育才作为重要使命，把落实立德树人这一根本任务贯穿于教育评价改革各项任务始终。坚决克服以往重智育轻德育、重分数轻素质等片面办学行为，促进学生身心健康和全面发展。

一体化德育的内容包括爱国主义教育、理想信念教育、国防教育、优秀传统文化教育、法制教育、环保教育、公民教育、诚信教育、行为习惯养成教育、生命安全教育等等。学校要充分发挥德育的主渠道、主阵地、主课堂作用，规范德育目标和内容，在养成教育中促进明理，在仪式教育中深化明理，在动心体验中渗透明理，在自主管理中彰显明理，真正做到全员育人、全过程育人、全方位育人。

一、一体化德育评价的原则

（一）人本性

学生评价是德育评价的基础，构建科学有效的德育评价体系，要尊重学生的主体性和参与性，为学生的健全人格塑形赋能，提升学校德育工作实效。

（二）多元性

评价采用自评、同伴评、师长评、社区工作者评多种方法，将定性与定量、智力与非智力因素评价相结合，描述性评价、作品评价、评星争章评价、成长档案袋等方式都可以成为德育评价的方法路径。

（三）过程性

德育评价并不是为了进行选拔、评比和考核，也不意味着德育活动的结束。学校应注重学段之间的纵向衔接、学科之间的横向贯通，以及课内外的深度融合，促进学生道德水准的不断提高。

二、一体化德育评价的实施

(一)"十佳"文明礼仪评价

文明礼仪评价是促进学生健康成长,形成良好行为习惯的方式。合肥师范附小在原有的《行为习惯评价手册》基础上,根据学校育人目标和学生成长所需,重新进行梳理,制定了2.0版行为评价体系。该体系围绕学生的校园生活提出十项具体行为习惯要求,并分解到一月一主题,激发学生的成长动力,不断拓展学生的生活经验,打牢成长根基。

学校立足实际,以课程+活动为载体,制作详细教案和课件,通过升旗仪式、主题班队会进行布置和解读,结合日查、周反馈进行落实,增强德育针对性,引导学生践行良好的行为规范。同时为了改变枯燥乏味的道德说教,学校以学生早晨入校为起点,以在校一天的校园生活为内容,将学生好习惯的养成与"飞行棋"游戏紧密结合,在游戏中回顾梳理在校一日常规。学生在宝贵的课间十分钟里,不仅玩出了快乐,而且玩出了智慧和高度。

合肥市师范附属小学"十佳"礼仪课程评价表格					
月份	主题	评价内容	学有迁移 品行优良	长期坚持 积极践行	基本做到 再接再厉
9月	队列	教室里轻轻走,走廊上慢慢走;	☆	☆	☆
		上下楼梯靠右走,上学放学排队走;	☆	☆	☆
		进退场时要有序,快速安静列队齐;	☆	☆	☆
		排队走路不言语,昂首挺胸有精神。	☆	☆	☆
10月	课间文明	教学楼内不吵闹,轻声交流有涵养;	☆	☆	☆
		不串楼层不奔跑,脚步轻轻慢慢走;	☆	☆	☆
		文明如厕静等候,冲水洗手讲卫生;	☆	☆	☆
		益智游戏做起来,课间活动讲秩序。	☆	☆	☆
		收书本、铺餐布,饭前课桌变餐桌; 洗好手、消好毒,后门出来前门进;	☆	☆	☆
		排好队,取餐稳,饭后餐具弯腰放; 食不言、寝不语,爱惜粮食要光盘。	☆	☆	☆
		静校时间须午休,小憩片刻精神爽。	☆	☆	☆

续表

合肥市师范附属小学"十佳"礼仪课程评价表格					
月份	主 题	评价内容	学有迁移 品行优良	长期坚持 积极践行	基本做到 再接再厉
12 月	两 操	出操队伍快静齐,排队入场高让低; 到达场地前平举,左右对齐站好队。	☆	☆	☆
		动作规范展风采,精神饱满有韵律; 室内操,大课间,体育锻炼强身体。	☆	☆	☆
		眼保健操很重要,保护视力作用大; 领操班长做示范,认真完成不马虎。	☆	☆	☆
1 月	使用功 能室	排队进入功能室,爱护公物不乱动;	☆	☆	☆
		个人清洁要做到,垃圾随手要带走;	☆	☆	☆
		结束桌椅摆整齐,电源关掉勿忘记。	☆	☆	☆
2 月	班队 文化	积极申报来服务,互助合作效率高;	☆	☆	☆
		我的班级我做主,我的岗位我负责;	☆	☆	☆
		班队文化巧设计,环境布置显品质。	☆	☆	☆
3 月	文明 用语	讲文明,懂礼貌,面带微笑最重要;	☆	☆	☆
		有话我们慢慢说,同学之间不吵闹;	☆	☆	☆
		见到同学问声早,见到老师问声好;	☆	☆	☆
		化解干戈为玉帛,善解人意懂谦让。	☆	☆	☆
4 月	课堂 听讲	坐姿端正认真听,积极发言不插话;	☆	☆	☆
		回答问题先举手,老师有请再起立;	☆	☆	☆
		表达清楚声音亮,东张西望不可要;	☆	☆	☆
		课堂写字不说话,争做守纪好学生。	☆	☆	☆
5 月	劳动	讲台整洁黑板净,黑板槽内无粉尘;	☆	☆	☆
		桌椅摆放须整齐,卫生工具放有序;	☆	☆	☆
		植物角要勤打理,盥洗室内无死角;	☆	☆	☆
		课间保洁很重要,纸屑杂物全扔掉;	☆	☆	☆
		勤剪指甲勤梳洗,个人卫生要注意。	☆	☆	☆
6 月	小预备	上课铃声丁零零,脚步轻轻进课堂;	☆	☆	☆
		书本文具摆放好,安安静静等老师;	☆	☆	☆
		起立站直问声好,身体坐下不乱晃。	☆	☆	☆

表 4-2 合肥市师范附属小学"十佳"文明礼仪评价细则

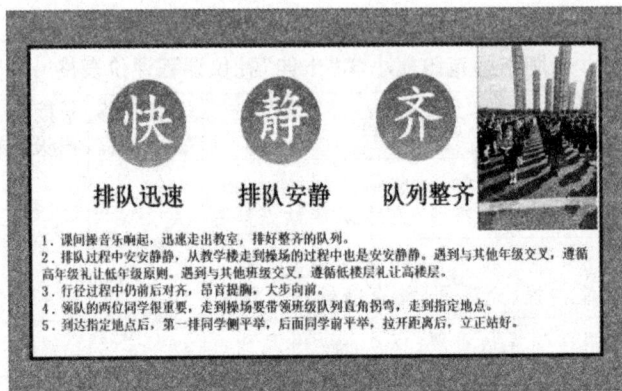

图 4-4 队列训练内容

图 4-5 课间游戏主题班会

(二)"入队小先锋"争章评价

合肥市师范附属小学少工委结合《中共中央关于全面加强新时代少先队工作的意见》《关于构建阶梯式成长激励体系增强少先队员光荣感的指导意见》,全面、规范开展"红领巾奖章"争章活动,坚持红领巾奖章面向全体少先队员和预备队员。为了确保红领巾争章活动高效有序开展,学校组织全体中队辅导员共同学习政策文件,制订了学校的争章活动实施方案,为争章活动打下良好基础。

在争章实践活动中,学校主动破解少先队工作新课题,清晰路径,制定分批入队工作细则,分层召开辅导员、家长座谈会,进行细致培训,精准实施分批入队方案。首先,从学生入学起的第一个月,便对学生进行集星量化,通过每月自评反馈,激发一年级预备队员的光荣感。其次,结合一年级队前争章考核活动,大队委进行现场测评。最终,通过评星和评议,确定首批新队员名单,并为预备队员颁发组织章。

学校结合党史学习教育,以及校园文化主题项目式课程、研学项目式课程、成长典礼仪式课程、节日文化课程,开展丰富多彩的争章活动,将各中队的表现作为参评集体一星章的依据。

学校少工委以清明节、劳动节等重大节日为契机,组织少先队员走进红色教育基地、劳动教育实践基地,引领学生在实践活动中争章。假期里,学校少工委也会为全体学生特别设计寒暑假红领巾争章活动,引导学生在假期实践中争获"健体章""立志章""接力章""立德章"等基础章,向红领巾一星章迈进。

学校还依托启明文化的办学理念,积极开发红领巾特色章,进一步结合不同年级的争章目标细化评价标准,构建以中、小队为主体的争评机制和多方参与的评价方式,实时生成争章档案,共同见证少先队员的点滴成长。

考核项目	考核要求	月度自评	考核项目	考核要求	月度自评
礼仪星(9月)	1. 热爱祖国,尊敬师长,团结同学,礼貌待人; 2. 认真遵守学校各项规定,课间能根据老师要求,在教室内有序活动,不做危险的游戏,不喧哗、不打闹、不串班。	☆	服务星(3月)	1. 做到"两见两主动",在班级中承担相应的服务岗位,为班级建设贡献自己的力量,主动关心帮助有需要的同学; 2. 和老师、家长或者小伙伴一起,参加过公益活动。	☆
环保星(10月)	1. 掌握正确的洗手方法,做好手部清洁;课间有序去卫生间如厕,便后及时冲水并洗手。 2. 热爱劳动,爱护班级环境,自觉做好班级卫生保洁。 3. 做到"不带零花钱、不带零食和饮料,自带白开水"。	☆	自理星(4月)	1. 每日主动配合晨午检; 2. 按时上学、放学,不迟到,放学后及时回家; 3. 会整理自己的物品,桌肚里、书包内干净整洁。	☆

续表

考核项目	考核要求	月度自评	考核项目	考核要求	月度自评
友爱星（11月）	1.按照地上白线有序入校，做到"校园四走"，不在校园内奔跑、推搡； 2.关爱同学，与同学相处融洽。	☆	才艺星（5月）	1.积极参与艺术节（含游戏节）等相关活动； 2.课内课外都认真学习美育课程，课堂表现认真。	☆
进步星（12月）	1.每天认真做室内操、早操，提高自身免疫力； 2.每周有固定的体育运动时间，且在运动会上、体育周里表现突出。	☆	智慧星（6月）	1.每节课认真听讲，课堂发言积极； 2.课后，按时完成各科学习任务，合理安排课后作业； 3.认真学习科学课程，善于思考，主动探究，积极面对学习中的难题。	☆
假期自律小能手	参考假期自律表格，根据要求，按周自评。	☆	队前教育考核	认真学习队前教育系列课程，掌握"六知、六会"内容，并且为人民做一件好事。	☆
学生自评：一月一评，获得月度奖章涂红色，仍需努力涂绿色，未做到不涂色。 家长评价：完成假期自律小能手评价。 辅导员评：综合一学年表现，由语文（兼道德与法治、劳动）、数学、科学、音乐、体育、美术、乒乓、趣味数学、阅读共九名课任教师，同中队辅导员一起，从德、智、体、美、劳五方面对预备队员进行综合考评，共计十颗星。					
自评得★数		辅导员评得★数		总评得★数	

表4-3　合肥市师范附属小学"入队小先锋"评价细则

图4-6　合肥市师范附属小学"红领巾争章"启动仪式

图 4-7　寒假争章实践作业

【案例 4-2　新队员入队仪式——"请党放心 强国有我"建队节主题活动】

根据共青团中央、教育部、全国少工委 2019 年 11 月 20 日下发的《关于深入贯彻落实党建带团建、队建加强少先队工作体制机制建设的意见》（中青联发〔2019〕13 号文件）。2019 年起，全国开始实施"分批入队"，即"达标一批，吸收一批"，改变了以往"全童同时入队"的局面。

合肥市师范附属小学根据文件精神，早早筹备，召开了学校少工委代表会议，邀请家长代表、委员代表、附小教育集团辅导员代表共同商讨通过入队细节，随后召开学校党委会、辅导员代表座谈会，就分批入队的考核准则进行了商讨，通过了《合肥市师范附属小学一年级分批入队考核细则》，通过自评、家长评、辅导员评等多种途径，落实文件要求，实施分批入队。

2021 年 5 月，学校少先队大队特地录制了线上教育系列微课，对预备队员开展详细的队前教育，系统学习"六知、六会、一做"的相关内容。9月，经学校少工委组织批准，南区的九百多名预备队员经过六年级大队委的考核，分两个批次加入少先队。

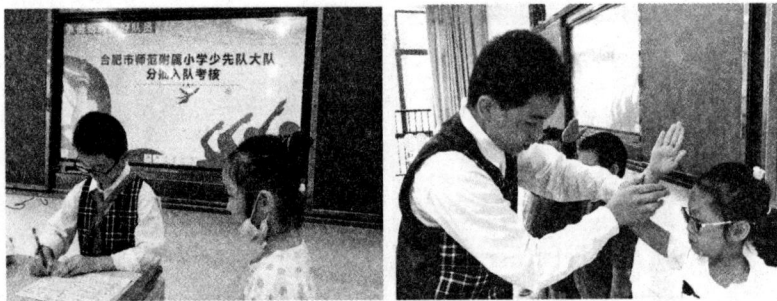

图 4-8 队前考核

入队知识我知晓

活动伊始,徐丽老师带领同学们进行了入队知识大闯关,大家在生动有趣的互动问答中回顾了少先队基本礼仪知识,重温了红领巾的意义,同学们表示要更加爱惜它。

入队誓词记心间

紧接着,洪洁主任宣读了二年级新入队的少先队员名单,这是队员们期盼已久的时刻。大队辅导员杨妍老师带领新队员郑重宣誓,合肥市新时代好少年获得者——二(6)中队张解语同学发表新队员感言。

红领巾迎风飘扬

伴着欢快的乐曲,来自六年级友谊中队的哥哥、姐姐为新队员们佩戴上鲜艳的红领巾,映着明媚的阳光,红领巾迎风飘扬。随后,队员们齐唱《中国少年先锋队队歌》,嘹亮的歌声在附小上空回荡。

革命事迹不忘怀

来自六(7)中队的哥哥姐姐们为大家带来题为《这盛世如你所愿》的情景剧表演。通过对延乔路、集贤路、炳炎路等红色路名来历的讲述,队员们更加深刻地感受到是无数革命烈士抛头颅洒热血,才换来我们今天幸福的生活。

图 4-9　情景剧表演《这盛世如你所愿》

实际行动添光彩

仪式最后，杨志云副校长希望全体少先队员牢记党的教海，心系祖国，严格要求自己，在少先队组织中历练，为鲜艳的红领巾增光添彩，为鲜艳的红领巾增光添彩。

图 4-10　新队员入队仪式

三、一体化德育评价的成效

规范有效的德育评价在各个方面准确、及时地给学生全面、公正、公平的反馈，让孩子们摸得着、看得见、容易做，真正让他们体验到成功就在自己身边。只要每个人做好每件事，就能获得成长的快乐，从而让孩子们扣好人生的第一粒扣子，过上快乐积极、有意义的生活，并且从中得到身体上的、精神上的满足，为成就幸福人生奠定良好基础。[①]

第四节　个性化增值评价

2021 年 7 月,中共中央办公厅、国务院办公厅印发《关于进一步减轻义务教育阶段学生作业负担和校外培训负担的意见》(下文简称《意见》)。《意见》的出台,带来的是育人方式与评价方式的转变。为了让学生发现更好的自己,成就更好的自己,评价应遵循五育并举的理念,以发现优势、培育个性、促进创新为目的,满足学生多样化需求,在减轻学习压力的同时,夯实学生发展的基础,真正实现减负增效。

增值评价不以学生的考试成绩作为评价学校和教师的唯一标准,关注的是学生的进步程度和变化。增值评价不仅能极大调动学生的学习积极性,而且对学生综合素质的提升起到了积极的作用。如今,增值评价不仅成为新时期教育评价改革的重要组成部分,更成为提升教育评价质量新的突破口。[②] 个性化增值评价,即在落实五育融合的同时,捕捉每一个学生的闪光点,挖掘他们的潜在能力和特长,引领学生"全面发展""学有特长"。

一、个性化增值评价的原则

(一)发展性

学生们的成长并不是步调一致、整齐划一的,学习本身也不是线性发展的。增值评价关注的并不是最终结果的绝对值,而是发展过程中的增长值。学校要摒弃"一刀切"的理念,用动态发展的眼光看待孩子,记录学生在不同阶段、不同方面的变化。

---

① 张红等. 启迪心灵 明亮人生[M].合肥:安徽文艺出版社,2013.
② 郭元祥,王秋妮. 增值评价研究的知识图谱与前景展望[J].教育测量与评价,2021
(7).

(二)均衡性

每个学生都是一个独立的个体,家庭背景、成长环境、兴趣爱好和成长目标各不相同。通过个性化评价可以帮助不同情况的学生培养特长,这在其未来的职业规划中具有极大的激励和促进作用,从而实现公平、均衡的目标。

(三)多样性

个性化增值评价要破除标准化、单一化的评价路径,鼓励学生在自己所擅长的领域、学科中进行探究、发展,培养"全面+特长"的创新型人才。

二、个性化增值评价的实施

(一)成立"启明星"基金会,助力个性学子成长

合肥师范附小"启明星"基金会由学校 2008 级张欣冉同学创办。2013 年,张欣冉成功申报"华佗论箭"个性奖学金,她把一万元奖学金全部捐赠给母校,于 2013 年 9 月正式成立基金会。

"把奖金回赠母校"既是支持"启明星"基金会的发展,也是为自己的个性发展留下珍贵的记忆。基金会以弘扬"尊重个性、激励创新、关注发展"为主旨,在促进青少年五育并举的同时,激发每个学生充分发挥自己的个性和特长,助力更多的明理少年个性化发展。

图 4-11 "启明星"基金会创始人张欣冉

基金会设有五个部门,采用名为"小鬼当家"的学生自主管理模式,由竞聘上岗的十位学生部长管理基金会的日常运作。基金会组织及人员如下:

1. 综合管理部

负责办理基金会会议和活动的组织协调等日常事务的沟通和交流工作。

2. 财务部

负责基金会资金的相关工作,对基金会的资金进行管理以及认真的检查和监督。

3. 研究评选部

对每一次奖励实施情况进行研究,并负责组织与基金会所奖励相关的各项评选,对其成果作总结评定。

4. 宣传部

基金会各项活动的推广和宣传以及基金会宣传海报、活动策划的编撰。

5. 审计部

基金会各项费用开支的审计、支付、监督、检查等工作,并对每一次评选进行认真审核以及监督。

自 2014 年开展首批个性奖学金申报以来,截至 2021 年,共评选出了四十四位个性奖学金获得者。越来越多的明理少年提交申报表,通过材料初审、个性复试和校内公示等环节,在基金会的舞台上展示自己的个性。为了让"启明星"基金会的申报流程更加完善,让同学们更好地展示自我,发展学生特长,基金会的选拔过程如下:

1. 提交申请

面向 3—6 年级同学,每学年接受一次申请。申请条件如下:

(1)品格高尚,谦逊有礼,全面发展;

(2)拥有独特的个性;

(3)积极参与校外国家级以及省市区级各项大型比赛和活动,成绩优异,为学校争得荣誉;

(4)在自己喜欢和擅长的领域中有所研究,表现突出。

2. 填写申报表

在班主任推荐下,填写申报表格,表格内容包括个人资料、曾获奖励、中队评价等。申报者需自主完成一份阐释个性的文章。经基金会研究评选部审核资料后,参加面试环节。

3. 参加面试

申报者经资料审核后,进入面试环节。面试评委由基金会小部长、学校年级组长代表、社团教师代表和学校行政人员组成。面试流程包括五分钟个性展示,含两分钟个性化自述、三分钟才艺展示;现场答辩。评委根据现场举牌记分。

4. 综合评审

基金会管委会组织召开综合评审会,根据申报人的申报材料和面试结果,最终确定该年度基金会申报成功名单,并在公示栏进行公示,公示期间无异议,即为申报成功。

表4-4 合肥市师范附属小学"启明星"基金会申报表

学生填写	姓名		性别		年龄		照　片 （两寸彩色）
	班级			班主任			
	家庭地址						
	特长						
	曾获奖励 （后附证书复印件）						
	曾参与的活动						

续表

学生填写	个性化自述	（可附件）		
	中队推荐评语	签字：		
班主任填写	推荐评分	个性特长 （40分）	全面发展 （30分）	阳光健康 （30分）
班主任意见		签字： 年 月 日	学校意见	（盖章） 年 月 日

表4-5　合肥市师范附属小学"启明星"基金会个性奖学金
申报材料初审意见

	申报人姓名			
评委组意见	部长审核意见	部长签名	审核意见	是否推荐
	教师审核意见	教师签名	审核意见	是否推荐

表4-6 合肥市师范附属小学"启明星"基金会个性奖学金
现场复试评审表

序号	班　级	姓　名	评审团投票		总票数
			教　师	学　生	
1					
2					
3					
4					
5					

学生感言

合肥师范附小一直注重学生德智体美劳的全面发展。从我入学以来担任了各大主持活动和接待任务，很大程度地锻炼了我的胆量，也增长了见识。我陆续参演了大型了黄梅戏《逛新城》和《铁杵磨针》等曲目的排演，一个个鲜活的人物故事，在我们的演绎下，给予经典历久弥新，发出了新时代的光芒！让我们一起发展个性魅力，为附小争光，做最闪亮的启明星！

——2013级"戏剧传承人"吕羿凡

刚柔并济，茹古涵今，说的就是我。动静结合的我，不仅喜欢主持和朗诵，啦啦操也是我的最爱！从一年级我就开始参加全国啦啦操比赛，曾获得"阳光体育运动"啦啦操比赛集体花球自选动作（小学组）一等奖等荣誉。每当我和队友们踩着激情澎湃的旋律，跳着动感十足的舞步时，我都感到无比自信。啦啦操带给我的，不仅仅是运动的快乐，还磨炼了我吃苦耐劳的意志、培养了我们齐心协力、团结向上的合作精神。我相信，终有一天，我会舞出属于自己的精彩人生！

——2017级"啦啦操精灵"汤茹岩

　　我是一名土家族少年,在师范附小这个温暖的大家庭里,我爱党爱国,积极进取,一步步向阳而生,曾获得长三角"红领巾心向党"少先队员学党史征文大赛一等奖。身为少数民族的一员,我立志将家乡古老的土家语、欢乐的摆手舞和独特的织锦艺术——西兰卡普等艺术传承下去,成为民族文化的守护者,将本领奉献给美丽的家乡,奉献给伟大的祖国!

　　　　　　　　　　　　　　　——2018级"土家族好队员"周彦博

　　基金会成立后鼓励了更多的明理少年个性化发展。目前学校已评选出坚毅少年陈墨章、戏剧传承人吕羿凡、快乐金话筒陈鹏博、土家族好队员周彦博等四十四名个性奖学金获得者。学校坚信:每位学生都有进步的愿望,都有丰富的潜能。通过启明星基金会的切实鼓舞,每一位学生都能在附小这个广袤的平台上发展个性,拥抱精彩未来。

图4-12　"启明星"基金会捐赠仪式

(二)定制专属档案,唤醒学生成长力

　　成长档案是学生综合素质评价的有机组成部分,是引导教师、家长从学习、生活、活动、德行等方面全面、客观地了解和评估孩子的发展状况及其个性特点的主要方式,也是对学生的发展进行发展性、过程性、动态性评价的有效途径。

　　除了对学生的学业、活动、常规表现评价,成长档案还是一本精美的学生作品集,不论是美术作品、还是文学、科创,在这里,随时可以看到这一学年孩子的创造力和所习得的知识,每一页都是属于孩子的精彩绽放,每个孩子都能找到自己的价值感。教师、家长和学生通过制作一生一档案,不仅可以记录下自己成长路上的每一步,更是让学生的成长过程有迹可循。

【案例4-3 合肥师范附小学生成长档案展评方案】

1. 展评目的

童年的时光是金色的,我们怎样记录下这些美好的记忆?成长档案是一种简便直观的呈现方式,它将记录学生六年的成长经历,反映儿童的身心发展历程。

小学生成长档案是贯穿小学六年的珍贵记录,它可以帮助家长更全面地关注学生发展,更客观地发现和发展学生的潜能,帮助学生更好地认识自我、建立自信,促进学生在原有基础上的成长。

合肥师范附小在"六一"前夕,举行成长纪念日盛典,为孩子的成长留下宝贵的记录和回忆。

2. 档案整理原则

(1)发展性原则

以学年度为单位,动态更新,贯穿学生已经在校学习的时光。

(2)多元化原则

成长档案不仅仅包括学科记录,而且应主要体现学生的综合素养,如学生的艺术、体育、科学等成果,用获奖证书、心得、作品等形式,图文并茂地呈现。

(3)全员性原则

教师、家长和学生共同参与,通过德智体美劳全方位、多视角的增值评价,体现学生的进步和发展。

3. 评选办法

6月1日,学生穿上自己最喜欢的个性服装参加"成长纪念日盛典"活

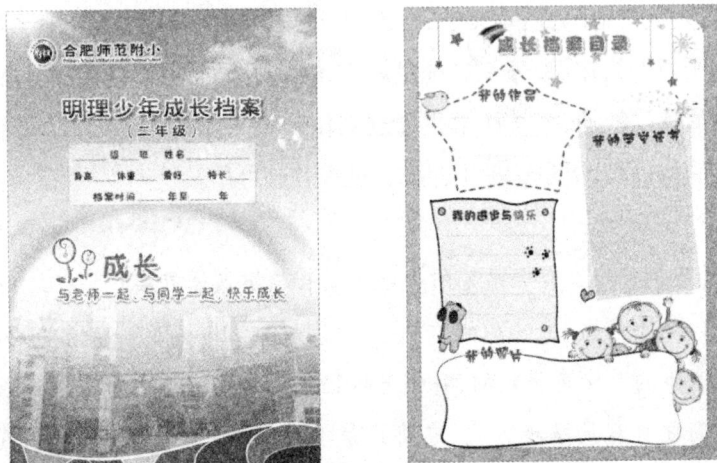

图 4-13　成长档案

动。流程如下:

(1)同伴夸一夸:在班级内,采取四至六人小组内展示,相互介绍档案内的作品、图片、奖状等。

(2)集体秀一秀:以小组为单位,每组学生上台展示档案中最夺目的部分,随后小组伙伴共同表演节目,展示自己的个性特长。

(3)师生评一评:每位学生通过贴画"点赞"的形式,评选自己最喜欢的档案,同时老师根据小组展示情况和档案质量颁发学校"成长勋章"。

图 4-14　成长勋章

三、个性化增值评价的成效

世界上不存在一模一样的两片树叶,每个孩子的成长路径也同样是唯一不可复制的。教育工作者要相信每个孩子都会有自己擅长的领域。学校要做的是通过因材施教,发现学生的才能和火花,让每个孩子在学会学习、学会成事、学会做人中,成长为一个拥有独立个性、创新精神和实践能力的个体,而具有自我精神和独立意识的孩子,长大后才可以更好地为自己的人生负责。"师范附小多元开放、融合共生的课程中,总有一款适合你。"不同爱好、不同层次、不同类型的学生在这里,尽情发挥强项、保护差异。这样的评价俨然成为学生收获个性成长的闪亮舞台,从而更好地为自己的成长加油赋能。

第五节　区域化绿色评价

2013 年教育部要在全国中小学推行"绿色指标",重视学生的综合素质和全面发展,借鉴了 PISA(国际学生评估项目)测试和上海试点的做法,包括学生品德发展水平、学业发展水平、身心发展水平、兴趣特长养成、学业负担状况五个方面和二十个关键指标。中小学考评不再看升学率,而是关注学生好奇心求知欲,由单一评价变为综合评价。

合肥市为切实扭转"唯分数化"现象,充分发挥教育评价的正确导向作用,减轻学生过重课业负担,促进学生全面发展和健康成长,自 2014 年以来,合肥市积极响应教育部文件精神,尝试开展绿色指标评价体系。

合肥市师范附属小学作为包河区第一个集团化办学的学校,庞大的学生团体、复杂的教学架构更需要有科学性强、严谨性高的指标评价系统作为办学的依据。绿色指标评价系统作为基于课程标准的评价,可以在不同学生、不同学校、不同地区间进行横向比较,确定学业质量在同一地区中的位置,也让学校通过大数据的分析,反观教学行为,分析存在的问题,不断自省与改进。在经历了"四年三轮"的总结反馈后,评价的系统内容日趋完善。大数据的详细统计、学生学习能力的精细化评价、多方面问卷调查的收集,都对学校的教育教学工作有着深刻地、长远地指导性作用。

　　自从学校参加合肥市绿色评价体系以来,我们从平台中呈现出的多维度、多方面的大数据入手,及时发现问题、分层剖析,步步推进,研究与之相对应的教育教学策略来指导学校的具体工作。

一、学校推进绿色指标评价的实施

(一)沉淀数据,发现数据背后的"秘密"

　　"绿色指标评价"用众多的数据"说话"。首先,我们可以通过折线统计图、条形统计图看到各个班级全科以及各学科之间等级情况,同时某个学生各科的等级以及各个等级的人数和所占百分比也是一目了然。通过扇形统计图,我们清楚地了解到学校本次考试的情况,包括本次考试的平均等级等。这样点线面相结合的数据统计细化了测评的功能性,提升了数据的诊断性。

　　通过细致的分析、整合,我们发现了数据体现的几大差异:

　　1.同一学科不同学生掌握知识点的情况差异。

　　2.同一年级不同班级之间整体等级存在差异。

　　3.同一班级不同学科之间存在差异。

　　4.同一学科不同教师执教存在差异。比如,2018年6月的绿色评价,我校五年级英语学科十六个班,十五个班等级都为优秀,而有一个班的等级却为良好。

　　5.同一班级同一学科前后教师不同,等级存在差异。比如,2018年6月我校五年级9—12班四个班科学等级只有一个班是优秀等级,当我们更换了教师后,到了六年级,还是这四个班,其中有三个班等级都为优秀了。

　　6.同一教师前后教学效果存在差异。比如,2018年6月我校五年级数学13班和14班等级均为良好,而到了六年级还是这位教师教,有一个班的数学等级就变为了优秀。

　　7.同一学科不同知识板块之间存在差异。比如2020年7月的四年级语文绿色评价,我校的语文平均等级除了词语搭配这一项是B,其他全为A。

8.同一知识点本校学生掌握情况与本区域学生的掌握情况存在差异。比如2017年6月的绿色评价,我校的英语学科单词拼写这一项等级是A,而区域平均等级则为B。

(二)精细研磨,提升评价数据的诊断功能

这些差异的存在是显性的,基于这些大数据背后的差异根源是我们需要深入思考的。学校安排学科教师、班主任老师、教研组长进行分层分析,追根溯源。我们发现问题集中在教师团队的业务水平发展不均衡,日常教研活动缺乏针对性,各学科教师之间缺乏有效的沟通和协商,学生的学习动力不均衡,家庭、社会等外界因素对教师的工作态度存在干扰……如何解决这些问题是提高学校教学质量,提升办学品质的关键所在。

(三)扬长补短,创新教育教学举措

一份份数据,就像一张张X光片,给学校的教育教学工作进行了全面系统的"体检"诊断。让学校可以审视、反思教学过程中的问题。为了进一步提升教学质量,我校创新了各项教学举措:

1.提升"名师工作室"效应,丰盈日常教研内涵

"名师工作室"由学校各级名师、学科带头人、骨干教师担任工作室主任,吸收那些比较成熟的教师作为工作室成员,在工作室主任的带动和引领下,开展一些课题研究,代表学校参加各级各类比赛,使他们从合格型教师升格到优秀教师的行列。同时各级名师工作室积极参加学校开展的"绿色评价"质量分析会,基于平台的大数据分析,各工作室围绕数据、围绕学科特色,创新性开展工作室教学教研活动。比如,数学名师工作室在深入分析了"绿色评价"平台的有关学生板块知识掌握情况后,发现高段学生普遍在统计与概率板块丢分较多。于是,数学工作室采取联动教研的形式,开展了统计与概率主题同课异构活动,活动中不仅全体数学老师全员参与,同时还邀请了区教研员全程指导与点评。老师们普遍发现在统计与概率板块的教学中要联系学生生活实际,培养学生的应用意识,同时还要在他们平时的课堂教学中主动培养学生学以致用的能力。通过大数据的比对,我们欣喜地发现名师工作室的联动教研真实地提升了教学

质量,学生统计与概率板块的得分率稳步提升。

2. 优化学生能力发展,培植终身学习的元能力

合肥市小学生发展绿色指标评价除了有学科学业成绩报告单之外,还有一份新的报告单——"学习能力报告单"。这份报告单从视知觉空间能力和推理能力来体现学生的认知能力。通过这份报告单,班主任以及家长都可以了解孩子的能力发展点,并且可以根据提供的训练方法有针对性地提升学生终身学习的元能力。

教学过程中,老师们积极创设团队合作的实践学习活动,以多种形式组建课堂学习方式。比如,数学老师借助"找规律"(如数字规律、图形规律)的题目进行专项训练提升学生的推理能力;语文教学中,老师通过画思维导图以及片段描述等教学手段对所学内容及时进行归纳和总结,形成清晰的知识脉络;科学老师则借助已有知识和经验来帮助迁移和理解学习新概念和新知识。

在日常的家庭生活中,老师会针对学生的能力发展点,对家长进行辅助的家庭教学。比如,一位同学测试出他的视觉空间能力有待提高,这时家长可以从日常生活、阅读、精细动作、户外运动等方面进行相应的训练。家长可以提醒学生细致观察身边的事物,如自然界的花草树木、人物形态等;分辨不同事物在形状和色彩等方面的差异,逐步培养自己的观察能力。鼓励学生积极参加手工、书法、绘画、棋类、机器人、积木搭建、社会实践等活动,以及力所能及的家务劳动,培养和发展自身的精细动作能力。

这样有针对性地指导不仅是关注了学生的阶段性能力发展状况,更加对学生日后的学习、工作与生活有着重要且深远的影响。

3. 树立健康的教师形象,助力学生的健康成长

结合问卷调查中的信息,老师们可以及时发现班级学生中有哪些学生有学习上的为难情绪,哪些学生在处理人际交往时有困难。学校为了每一位孩子的成长还成立了心理健康课题研究小组,班主任老师们也会与这些专职教师保持经常交流,密切联系,定期对学生进行问卷调查,及时准确了解学生学习、生活中普遍存在的心理状况和外显行为。

除了专项的辅导,我们更应该关注师生间的健康交往,提升教师的形象。"亲其师信其道"只有老师们不断丰富自己的内涵,积极形成健康、积极的教师形象才能通过榜样示范的力量,让更多的学生沐浴在健康、快乐的教学生活中。为此,学校定期召开全校大会、暑期校本培训,进行师德师风的培训,邀请小学班主任名师、法律界知名人士等来校进行讲座,强化师德建设,提高每位教师的思想认识,将爱岗敬业化作平时工作中的点点滴滴。班主任工作也是学校日常工作的主要抓手,学校每月召开班主任、副班主任例会,强化管理,会上提出相应的要求和一些举措,不仅有常规的做法,更有专项的学习和培训、测试,从各方面提高班主任老师的道德修养、理论水平、合作意识,更好地协同各科老师进行班级管理。

二、区域化绿色指标评价的成效

在绿色指标评价改革体系的引领下,在提问、分析、解答、行动的过程中,附小的教育教学研究获得螺旋式上升,逐渐形成我校独具特色的教研模式。学生在此过程中也发现自己在学习能力上的不足,通过授课教师和家长的帮助,寻找正确的学习方法。

【案例4-4 绿色指标评价,为学生持续全面发展护航(节选)】

升至四年级以后,学生每学期的期末考试均参加合肥市绿色指标评价,我们班已经连续参加了三个学期。绿色指标评价不仅仅是孩子一段时间学习情况的总结汇报,更能指引我制订接下来的教学计划,做到重点突出、目标明确。

在2021—2022第一学期的语文绿色指标评价中,我班的语文平均等级为B+,优秀人数23,良好人数21,合格人数2,良好中B+人数较多。针对这样的情况,在第二学期我将把教育教学的重心放在"培优"上,在注重语文知识传授的基础上,加强学生语文思维的训练,可创造性发挥学习小组的积极作用,让学生在彼此陪伴中继续前行。

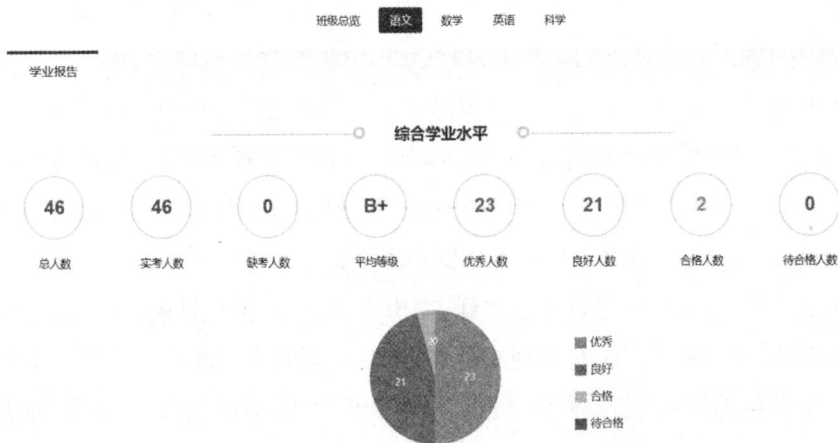

图 4-15　绿色指标评价平台某班级语文学科数据

　　阅读学科知识分析表，我发现班级在句子知识运用这一领域有待加强。第二学期我将句子训练列为常态训练，刚开始由一句一句按要求写，到一段一段写，最后形成流畅自然的习作练习，不仅提高了学生对句子知识运用的能力，同时也为习作打下坚实的基础。

领域	班级平均等级	区域平均等级
理解文本 分析表达	A	A
读懂材料，联系生活表达	A	A
了解概括说明对象的特点	A	A
读懂文本，提取概括信息，完成思维导图	A	A
正确书写汉字	A	A
句子基本知识运用	B	A
读懂图表，分析提取、概括信息	A	A
古诗文积累与运用	A	A
文本中词语的表达效果	A	A

图 4-16　绿色指标评价平台语文学科知识水平数据

除此之外，我也根据薄弱环节分析表，将薄弱知识点相同的孩子进行集中统一的辅导，细化知识点，耐心细致地讲解，并辅以相关练习巩固所学，力求让每个孩子都能真正习得知识并正确运用。学生的学习能力绝非"终生不变"的，而是伴随着他们成长发育持续发展的，利用好绿色指标评价报告单，准确了解班级中每个孩子的当下的学习能力和学习状态，进而更好指导我们的教育教学，为学生的持续全面发展保驾护航。

（案例撰写人：陈菲）

绿色指标评价的实施，对教师在专业发展上提出了更高的要求。它需要教师对学生的心理、学习环境、学习兴趣，对学生创造力和思维能力的拓展等方面进行更深入的研究。因此，它对我们教师的备课、教学反思、评价以及教师的专业发展，提出了更高的要求。在备课的过程中，教师要更为详细地分析学情、预设效果、因材施教；在教学过程中，要充分关注学生在教学过程中所表现出的兴趣、态度；在反思中，要以理论知识为指导，发现不足并加以改正；在评价上要更为科学和全面，不光单从学业成绩上评价，还要考虑学生的学习兴趣、动力，学生学习过程中的成就感等诸多因素，真正体现轻负担、高质量的教学。在践行的过程中，学校也进一步树立了正确的教育质量观并完善了中小学生健康发展体系。

第六节　智慧化综合评价

2020年，中共中央、国务院在《深化新时代教育评价改革总体方案》中明确指出，为促进全面发展，必须对学生进行评价。而目前的学校教育评价大部分都是重视智力的评价，对于德育的评价很少，美育、体育、劳育评价几乎没有。过于单一的评价方式，违背了立德树人的基本需求。在信息化高速发展的今天，学校要打破"唯分数"论，实行全面评价，完善学校评价生态，促进学校全方位、个性化发展。目前，各地各试点学校都对学生进行了评价的各种尝试，如建立学生成长记录手册、采用多种考核方法等。但是,在实际工作中,也存在着许多问题,如评估工作流于形式、缺少对数据进行分析、建立及时的评估制度等。如何对学生进行快速的、科学的评估,以便对其进行全面的分析,并对其进行因材施教? 我们应该通过运用云计算、人工智能、大数据等技术,在教育教学中积极构建符合学校实际的、有特色的综合素质评价体系。

一、智慧化综合评估体系

(一)全方位的综合评估体系

很多学校通过建立学生的成长档案,编制学生全面素质评价手册,对学生的身心健康进行统计,但在实际操作中,每一项都耗费了大量的时间和精力。结果却是,由于评估标准不准确,难以达到公正、科学的评判。局限于课堂教学和校内教学,就很难对学生课外活动进行客观的评价,而往往校外评估是影响学生身心发展的重要指标。使用传统的表格,难以对课外的数据进行统计。这就导致了评估不及时、不准确。

同时,传统的评估方法很难使评估的内容更加全面。在课堂上,由于被学校的教学所限制,他们注重学生的认知能力,忽视了对他们的情感、态度、价值观等非智力因素的评估。

此外,由于缺少对现有评估对象的有效数据分析,很难判断所建立的评估系统是否适用于当前的评估对象。在实践中,要想对一个学生进行全面、恰当的评估是困难的,而综合使用各种方法的困难也是巨大的,而且每次使用一种,都会使工作时间翻一番。

在《评价改革总体方案》的指导下,结合学校的"育人目标"(培养"身体健康、精神饱满、品格高洁、科学与人文素养良好的明理少年"),我们创新和完善了学生综合素质评估体系,即"360°综合评价系统",实现了对学生核心素养的培养。该评估体系以学校育人目标的五个方面为核心,制定了一套较为详尽的全面素质评估指标。通过对教师、学生、家长的广泛调研,科学地确定了各维度的评估要素,并制定出与其发展目标相一致的具体评估指标,使德、智、体、美、劳全要素的水平评估与自我发展的垂直评估相结合，从而使学生更全面、更具个性地发展。

（二）关于"531"的评估标准

以"五育并重"为顶层设计，围绕学校核心育人理念，结合五大素养（灵活性与适应性素养、媒体与沟通协作素养、数字化与创新素养、社交与跨文化交流素养、主动性与自我导向素养），从根本上梳理出五个评价维度，对评价指标进行细化，改进评价方法，从而构建出一套科学、健全的智能评估体系，这套适合学校特点的评估模式，以实现学校育人理念为目的，由学校自主研发、设计，旨在做到精准化、科学化，优化评价维度、优化评价方法，与学校德育目标的五个维度相对应，共三十一个二级指标，每个维度都有具体的评价依据、评价方法和规则，因而被称作"531"综合评价体系。其中国家体质监测、合肥市绿色测评、包河区艺术测评、学校无纸化测评体现了学习评价改革；体质、阅读、手机、睡眠、作业管理体现了学校五项管理的具体措施；运动会、研学旅行、建队节、艺术节、科技周则体现了"五育并重"方面开展的各项活动。在该综合评估系统中，除了从五个方面帮助学生成长和完善自身外，还设置了多项二级评估要点，对二级指标进行了具体的规范，使评估系统具有可操作性和可观测性。以"品格高洁"为例，下分了九个二级指标，非常细致的评价规则，使得评价更加精准化。这与我国坚持"五育"、全面发展素质教育的目标是一致的。"综评系统"按照体系的重点，将每一个学生的评分都对应到了所有的启明星，每一个维度都对应着不同的启明星。每获得相应的颗数就能点亮对应颜色的启明娃，让孩子们看到自己的进步，五个维度的启明娃如果都点亮，就能得到最高等级的"明理少年"勋章。

表4-7 "531"评估细则表

一级指标	要点	评价角色	备注	总星数	对应奖项 奖项名称	对应奖项 获得条件
身体健康:57（获30颗红星点亮启明娃）	1.积极参加体育锻炼,身体素质良好,参加全省统一的体育达标测试,为合格等级及以上成绩。	体育教师	【体育】	3	健体章	获得15颗星得一枚
	2.掌握乒乓球项目的基本技能,在学校三百工程等级测试中获等级证书。	乒乓球教师	【体育】	3		
	3.拥有良好的睡眠习惯,就寝时间不晚于21:20,能够自主管理,规律作息。	家长	【体育】	12		
	4.在课后三点半(体育社团、个性化课程)和体艺俱乐部课程(体育类)中学习并顺利结业。	老师	【体育】	12		
	5.踊跃参加校各项体育活动,如运动会、乒乓球、足球、篮球赛、体育周、棋类比赛等。	班主任	【体育】	12		
	6.爱好体育,具有两项及以上的体育特长,代表学校参加各级各类体育竞赛并获奖。	体育老师	【体育】	15		
精神饱满:52（获30颗黄星点亮启明娃）	1.爱护环境,讲究卫生。认真完成爱国卫生运动。掌握必备的家务劳动技能,珍惜劳动成果,热爱生活。	班主任	【劳育】	12	劳动章	获得8颗星得一枚
	2.勤俭节约,爱护公物,低碳环保生活。	班主任	【劳育】	10	节约章	获得6颗星得一枚
	3.积极参加职业体验、校外劳动实践活动和志愿服务,有较强的奉献精神和服务意识。	班主任	【劳育】	6	奉献章	获得4颗星得一枚
	4.可以正确认识自我,人际交往和谐,情绪稳定,较好地适应环境。	班主任	【心育】【体育】	12	向阳章	获得15颗星得一枚
	5.勤学巧学乐学。课堂上乐于交流、参与互动、积极思考。积极完成课内作业、寒暑假实践作业并创新作业形式。	班主任	【心育】【智育】	12		

续表

一级指标	要点	评价角色	备注	总星数	对应奖项	
					奖项名称	获得条件
品格高洁:60(获30颗蓝星点亮启明娃)	1.遵守《中小学生守则》,所在班级获得文明班级称号。	学生部	【德育】	7	小主人章	获得15颗星得一枚
				3		
	2.爱党爱国爱人民,明礼守法、乐于助人、品行良好。	班主任	【德育】	10		
	3.期末获得各级各类三好学生、优秀少先队干部、新时代好少年、"八星"、校园之星等荣誉表彰。	班主任	【德育】	5		
	4.在学校少工委、少先大队积极承担大队委、雏鹰护卫岗、升旗手、文明监督员等红领巾小骨干工作。	学生部	【德育】	3		
	5.科学使用电子产品,不带手机、电话手表进入教室。	班主任	【德育】	10		
	6.参加成长仪式(入学典礼、十岁成长礼、毕业典礼),坚定理想信念,践行社会主义核心价值观。	班主任	【德育】	2	立德章	获得2颗星得一枚
	7.关注社会,关心时事,传承红色基因,读万卷书,行万里路。	班主任	【德育】	2	传承章	获得2颗星得一枚
	8.积极参加建队节主题活动,一年级通过入队教育考核,获得"队前教育小先锋"称号。	班主任	【德育】	10	团结章	获得6颗星得一枚
		学生部		3	勇敢章	获得2颗星得一枚
	9.接受国防教育,弘扬爱国精神。勇于创新,具有创造精神和持之以恒的品质。	班主任	【德育】	5		获得2颗星得一枚

续表

一级指标	要点	评价角色	备注	总星数	对应奖项	
					奖项名称	获得条件
科学素养良好:54（获20颗绿星点亮启明娃）	1.学科素养考查。	班主任	【智育】	6	立志章	获得15颗星得一枚
				6		
	2.掌握基本的信息技术知识，在学校"三百工程"等级测试中获得等级证书。	信息老师	【智育】	3		
	3.在课后三点半(科技创新社团、个性化课程)和体艺俱乐部课程(科技创新类)中学习并顺利结业。	授课老师家长	【智育】	12		
	4.积极参加学校的科技周活动，有兴趣、有研究、有作品、善于运用科学的方法处理问题。	班主任	【智育】	12		
	5.代表学校参加科幻画、信息类、机器人竞赛、小发明、小创客、数学小论文等科技创新竞赛并获奖。	班主任	【智育】	15		
人文素养良好:55（获30颗橙星点亮启明娃）	1.艺术测评。	班主任	【智育】	6	梦想章	获得15颗星得一枚
	2.热爱阅读，有一定的阅读积累和较高的阅读素养。	班主任图书馆	【智育】	7		
	3.掌握英语基本口语会话技能，在学校的"三百工程"等级测试中获得等级证书。	英语老师	【智育】	3		
	4.在课后三点半(人文艺术类社团、个性化课程)、体艺俱乐部(艺术类)课程学习中培养审美，陶冶情操。	授课老师家长班主任	【智育】【美育】	12		
	5.积极参加学校的推普周、英语周、成语听写大赛、经典诵读、艺术节、新春音乐会等活动。	班主任	【智育】【美育】	12		
	6.爱好人文艺术，具有一项及以上的人文艺术特长，代表学校参加声乐、戏曲、舞蹈、器乐、经典诵读、课本剧、征文、演讲、英语、书画、手工等各级各类竞赛并获奖。	班主任	【智育】【美育】	15		

二、数据处理和运用

（一）数据收集在整个场景中的应用

要想在学生成长过程中留下痕迹，就必须全方位、全过程地收集学生的成长资料，把他们的成长记录数据化，让他们真正成长起来。

1. 教师方

教师通过多种终端登陆，把"五育"的各个评价指标具体化为一个个"启明星"，老师们可以选择对应的班级学生进行评分。老师除了可以对学生的成绩进行分级评定、书写评语外，还可以上传各种素材如照片、视频，让学生的学习和生活状况得到全面、准确地反映。在"综评系统"的后台，将学生的基本情况、健康状况、绿色评估、艺术评估等数据输入系统中，并在输入学生的学习成绩后，借助人工智技术和对数据进行分析，从而为老师的教学质量提供数据支撑。

2. 学生方

老师会根据同学们的参与程度，给他们发放一张张带有纸质星星标志的二维码，用"智慧班牌"作为载体，以人脸识别的方法，将星星的形状记录在自己的评估系统中，这样，他们就能在日常的学习和生活中，非常形象具体的看到星星数的增加，感受到自己的成长所带来的喜悦。

3. 家长方

学生的个性和素质培养，除了依靠学校，还要依靠社会、家庭等因素，比如在家劳动、参加社会实践、学科竞赛等，家长可以在 APP 上将学生的课外实践、获奖情况汇总并录入个人评估系统中，由学校来记录学生的综评数据。

（二）多元的因材施教

1. 学校方面

通过后台进入管理终端，可以了解到整个五育活动的开展状况，并能了解到学生在各种活动中的参与频率。校级管理小组由校党委领导，各部门共同努力，根据学校的需求，不断地调整教学活动，使活动更加有针对性和有效。

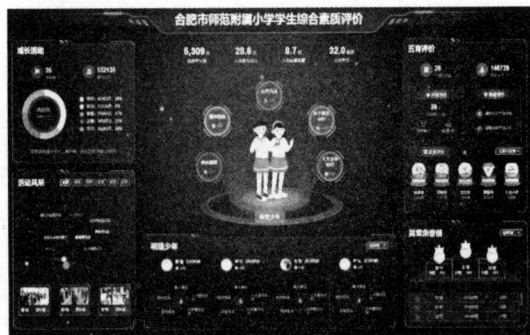

图 4-17　合肥市师范附属小学综合素质测评系统后台

2. 学生方面

开启个人成长写真,能看见学生每年的真实记录及过往资料。通过最终的画像,可以看到学生们在各个领域的发展,有没有专长,有没有弱点。各班成立以班级为中心,由各科教师组成的辅导员团队,根据不同的资料,进行不同的教学,以促进学生的身体健康,发挥他们的长处,并通过各种科学的方式,使他们的身体、品格等得到充分的发展。

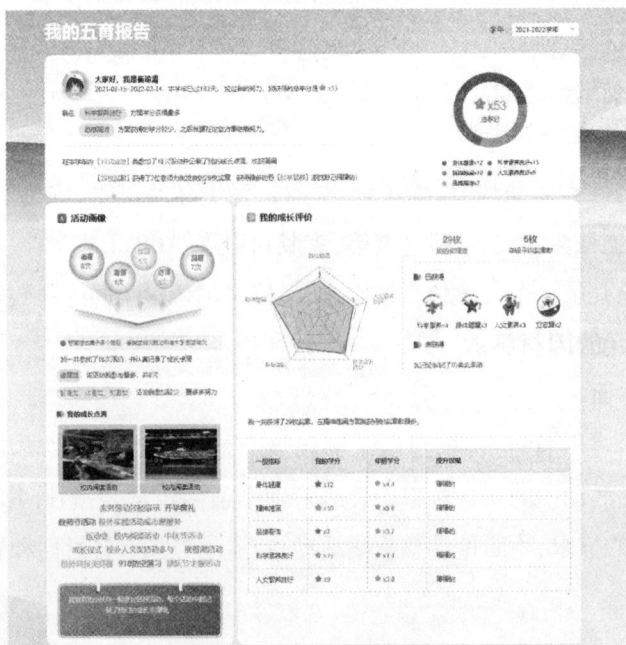

图 4-18　学生成长档案

3. 家庭方面

家长们通过登记信息、上传真实的材料，与学校的育人目标保持同步，同频共振，时刻感受到孩子的成长进步，形成一个良性的育人环境。

图 4-19 成长写实

三、智慧化综合评估的成效

评估的终极目标是使学生不断地发展和成长。"综评系统"以海量的资料为依据，从多方面展示了学生"五育"的发展情况。

（一）五育画像的全面性

通过学生成长报告表，父母能更好地了解孩子的长处与短处，学生成长进步的全过程，而真实的数据，会存储在学生的个人空间中。能力维度的分析，可以追踪学习动态，让家长更清楚地知道孩子在哪个方面成长较快，哪些地方是薄弱点，需要加强，也给老师提供了详细数据，为管理者提供教学质量的科学依据。从注重成绩到注重学生学习能力的深度发展，为学生的综合素质发展奠定了坚实的基础。

（二）个体化的发展空间

"综评系统"通过对学生进行个性化的、详尽的记录，为学生提供了一个虚拟的学习生活环境。通过学生自我评估、同学互评、老师点评，运用大数据对学生各个领域的各项指标进行分析，能有效地评估学生的各项素质。这样有利于学生的交流，有利于客观地反映学生的整体素质，有利于教师快速地对学生进行书面的评估。在学生的成长空间里,卡通形象与获得评价的"启明娃"一一对应,获得一定"启明娃"的数量后,可以获得更多的"道具",学生可以利用这些道具来装扮自己的"成长空间"。为了不断激发学生的学习动力,在学习成绩下降时,老师对其进行相应的评估,并在一定程度上降低一个维度的星级,而在努力提高之后,还可以继续提升。学生们也有社交需要,学生们把自己的空间打扮得美观整齐,还可以一键共享给其他同学更好地展现自己的学习成果。

(三)适时的家校合作

目前,家校合作已经引起了社会的广泛重视。通过"综评系统",父母可以实时地了解到老师的评价,并可以查看老师所发的评论;在查看完后,父母也可以对老师进行反馈,加强了家庭和学校之间的交流。有效地构建班级、学校、社会、家庭的统一性评估系统,形成全面的学生分析报告,为课堂教学提供支持。

在深化新时期教育评价改革的指导下,结合中国中小学学生发展的核心素养以及各地中小学"五育"发展的实践经验,以"课程育人、活动育人、协同育人、实践育人、管理育人"等为核心场景,在"育评融合"的基础上,全面开展学校发展评估工作。该体系以5个培养的发展为基础,侧重于过程记录和评估。采用智能化写实、趣味知识学习、奖牌激励等方法,实现了对学生的个性化成长手册的自动生成。建立"一生一手册,一册一成长"的伴随式成长档案,促进了学生成长、家校共育、学校发展。

第五章　学了会怎样？
孩子在成长、教师在成长、课程在成长

我们的期待：实践启明　共同成长

"启明教育"以学生的全面发展和核心素养的提高为目标。对于刚入学学习知识的孩子，它采用科学、合理、创新的教育手段，采用愉快、激励、启发的教育模式，让孩子在轻松愉快的氛围中学习各种知识，获得多种能力，掌握提高能力的方法，从而为他们的学习生涯奠定坚实的基础。学校始终坚持"五育并举"，创新多种评价方式，促进学生核心素养的提高。在具体实施过程中，结合学校的实际情况，运用信息化手段，积累大量的实践案例。所有实践的目标都是指向学生核心素养和能力的形成。同时，学校也知道，评价过程应该是一个促进学生和教师成长的过程。学校依托"三一工程"，不断探索铸就明智之师团队的新路径。

第一节　基于儿童身心发展的幼小衔接评价探索

为深入贯彻党的十九届五中全会"建设高质量教育体系"的要求，落实党中央、国务院《关于学前教育深化改革规范发展的若干意见》和《关于深化教育教学改革全面提高义务教育质量的意见》，推进幼儿园与小学科学有效衔接，教育部印发了《关于大力推进幼儿园与小学科学衔接的指导意见》，《意见》指出，幼儿园和小学要全面推进学前准备和学校适应教育的实施，减缓衔接坡度，帮助儿童顺利实现从幼儿园到小学的过渡。

学校以教育主管部门关于促进幼小科学衔接的文件要求为基准,调整一年级课程安排,合理安排内容梯度,减缓教学进度,将一年级第一学期定为入学适宜期,重点实施学生适宜教育,实施国家课程游戏化、生活化、融合化的教育方法,加强儿童探究和体验式学习。不仅如此,学校积极探索主题课程的多学科融合,开展游戏化教学活动等方式,丰富学生的成长过程,丰富校园生活的内涵,不断探索推动幼小衔接的实施。

一、传统文化领航主题式教学

传统文化是一个民族的灵魂。中国有五千年的历史和文明,优秀的传统文化对中国人产生了深远的影响。基于此,合肥市师范附属小学利用中国民间诞育礼俗"百日宴",为一年级学生开展了百日主题庆祝活动,希望每个孩子都能健康快乐地生活、学习。

庆祝活动当天,孩子们穿着整齐的校服排队进入校园。他们踏着欢快的音乐,来到精心布置的校园。每个孩子的脸上都洋溢着幸福的微笑。课堂学习是根据百日庆典的主题和学科特点精心设计的。不同学科的教师也来帮助学生学习专业技能。音乐教师的声音支持、美术教师的手工绘画课程、体育教师的队形指导、班主任老师活动意义的解读和活动礼仪的教育,为孩子们期待中的爱与成长的仪式拉开了序幕。

通过绘本故事《有 100 扇门的玩具店》,语文老师带领孩子们了解新奇有趣的中国传统玩具,并带他们了解这些玩具的诞生地和当地习俗。在老师的启发下,孩子们数着生活中的玩具,回忆起成长中的每一点美丽。数学老师化身科学导师,通过《100 只小虫!》这本有趣的数学绘本让孩子们在数虫子的同时学习算术,教学很有趣;音乐老师和孩子们用一首欢快的歌曲来讲述他们百日的喜悦;美术老师通过日常生活中可以看到的小羽毛、豆子和其他物品与孩子们交流。孩子们一起创作"100"形状的手工作品。此外,在学校操场上,百人课间活动也如火如荼。跳房子、丢手绢、跳大绳等传统游戏给孩子们带来无限的快乐,他们银铃般的笑声在操场上萦绕。

二、游戏闯关推动常规化教育

游戏是儿童身心健康成长过程中不可或缺的营养元素，是儿童获得持久学习能力的重要途径。它不仅具有娱乐的作用，而且能影响儿童在语言、认知、情绪、性格等方面的发展。① 基于此，学校将常规教育与游戏闯关相结合，让孩子们可以在轻松的氛围中主动学习、快乐成长。

一年级组的老师们组织开展了"星级学生大闯关"的游戏活动。学生们需要完成整理书包、叠好衣物、校园常规问答、端正坐姿、队列展演五个环节。学生们若能快速、顺利地完成，即可获得老师颁发的"五星小学生"宝石认证卡。

闯关游戏的每个环节都精彩纷呈。教室里孩子们在极具生活化和校园化的道具里，展开比拼。一件件整齐的衣服见证了孩子们的成长，一句句响亮的回答展示了小学生的自信，一次次端正的坐姿赢得了同伴们的肯定。最有创意的还是队列展演，只见孩子们在体育老师短促的哨音中迅速排列整齐，并在同伴的相互协助下，完成了数字"100"的特色造型。这种高度娱乐性、生活化、综合性的活动为儿童探究和体验式学习奠定了基础。九层之台，起于累土；千里之行，始于足下。良好的开端是成功的一半。在过去的一百天里，孩子们学会了融入校园，亲近老师，交好朋友，在书海中旅行，举止文明。他们的成长渗透在精神中，反映在习惯中。

三、家校携手赋能儿童身心发展

幼小衔接分为狭义和广义两种，狭义上，幼小衔接范围只包括幼儿园与小学这两个教育阶段，而广义上的幼小衔接既包括纵向衔接（幼儿园、小学），也包括横向衔接（学校、家庭、社区）②。在纵向推进的同时，我们也应该关注横向的发展。家庭与社区的助力才能让教育的收益最大化。为了更好地让孩子们享受百日庆典的快乐，活动伊始，各班级班主任老师就通过班级群发布了消息，在

---

① 刘焱.幼儿游戏教学论[M].北京：中国社会出版社，2000.
② 翁飞燕.我国幼小衔接课程政策构建研究[D].重庆：西南大学教育学院，2012.

得到了家长们的支持下,老师们精心筹划,回首短短的入学百日,孩子的成长如远芳侵古道,势不可挡。活动中,家长们受到了感动,幼小衔接的焦虑感在孩子们爽朗的笑声中消散;活动结束后,他们纷纷在班级群表达节日的祝福和深深的谢意。在这一刻,我们更加坚定:在孩子的成长路上,我们家校会更加同心协力,携阳光雨露,用陪伴给予芬芳的小草最长情的告白。社区也会全力支持学校的活动,形成了家、校、社一体化平台,赋能孩子们的成长。一百天,是成长的开始,亦是希望和梦想生根的地方。孩子们也将在这样的活动中收获自信和喜悦,怀揣梦想,继续努力,放出光芒,把希望点亮。

幼小衔接对儿童的社会适应、学业成就、身心健康等方面的发展都具有举足轻重的意义。只有把握儿童心理发展特点,充分发挥儿童的主体性,才能真正提高幼小衔接阶段的教育教学质量。在这个过程中,学校在学校、教师和学生层面上开展了一系列探索活动,积累了一些经验,相信可以为幼小衔接的进一步落实与深入推进发挥作用。

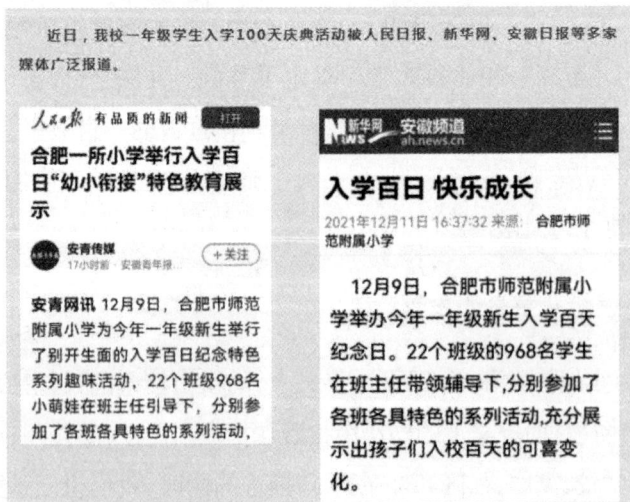

图 5-1 《人民日报》、新华网报道

图 5-2　网易新闻、《安徽日报》报道

第二节　基于"四个评价"理论的实践探索

"十四五"规划明确提出"建设高质量教育体系"。高质量教育体系的构建离不开教育评价的改革。在此背景下，《新时期深化教育评价改革总体规划》正式出台。《规划》指出要"完善结果评价，加强过程评价，探索增值评价，健全综合评价"，体现了注重改革的系统性、完整性和协同性，为充分发挥学校在教育改革中的作用指明了努力方向。

合肥市师范附属小学以"四评"为标杆，为积极创新学生评价模式，制订了相应的工作计划，进行了一系列探索，以加快教育现代化进程，建设教育强国，办好人民满意的教育。

一、个性化校本评价体系，提升结果评价的"元能力"

习近平总书记强调，教育要明确三个问题："培养什么人、怎样培养人、为谁培养人。"以立德树人为教育根本任务的新时代教育，也不应该是只被结果评价所左右的重分数教育,不应该是只为考什么教什么的范围教育,更不应该是只以名次划分学生能力的片面教育。因此,在评价改革文件中提出的改进结果评价,旨在现有评价的基础上进一步改变,不再注重结果、分数和排名。我们的教育重点是培养全面发展的社会主义接班人,学生接受知识的方式也应是有温度、有互动、有思考的热认知方式①。在评价学生时,我们应该更加注重人文关怀。我们还应该思考如何通过评估让每个学生发现自己的潜力,实现自己的价值。

基于此,学校已尝试开展在低年级进行的全学科素养节和中高年级的主题式活动评价。低年级进行的全学科素养节,摆脱"一张试卷定高低"的局面,以游戏闯关的形式为载体,语文、数学、音乐、美术、体育等学科在相应年段所要达到的能力等级为依据,将知识能力的考察融入每一个游戏环节,注重考察的情境性、趣味性、人文性。素养节当天,学生来到校园,变"考试"为"闯关",老师化身为每个闯关项目的"关主",在与孩子们交流互动的过程中,全面观察、记录学生的能力达标情况。在结果评价的基础上,积极地调动学生的学习兴趣,感受学习与生活的联系,体会知识的应用价值。中高年级将学习通过多种渠道、采取多种形式、在多种不同的情景下开展活动。② 在体育周、英语周、科技周、语文素养比拼等主题活动中,把选择权交给学生,让他们可以在参与主题活动的同时学会认知的多种方式。相对于传统的结果性评价,这样的评价方式更具有趣味性,让学生容易接受,适合学生发现自己的优势、开发学习潜能。

二、开展多学科融合的主题化研学,为过程性评价赋能

加强过程评价是为了扭转过去只注重结果评价的状态。北京师范大学教授辛涛指出,加强过程性评价需要从以下四个方面入手:1. 在全社会树立正确的教育评价观;2. 不断拓宽和深化评价内容;3. 完善相应的评价方法体系;4. 需

---

① 周宗奎. 现代儿童心理学[M]. 合肥:安徽人民出版社,1999.
② 霍力岩,赵清梅. 多元智力理论的评价观及其对学生发展评价的启示[J]. 比较教育研究,2005.

要对评估结果进行反馈和利用①。本质上,综合素质评价是一种典型的过程评估,其实施过程也是一个凸显教育价值的过程。如何充分发挥综合素质评价的过程教育功能,突出其教育价值,是实施综合素质评价需要考虑的重要课题。

学校以多学科融合的主题化研学活动为载体,利用这一载体可以有效承载道德养成教育、爱国主义教育、优秀传统文化教育等的特点,相较于传统的研学活动,学校开展的一系列研学活动更注重评价的多元化,以《国家中长期教育改革和发展规划纲要(2010—2020年)》、《基础教育课程改革纲要(试行)》、《国民旅游休闲纲要(2013—2020年)》、教育部《中小学德育工作指南》和教育部《中小学综合实践活动课程指导纲要》等为指导,在研学活动过程中和结束后,分别开展如主题汇报、作品展示、研究报告、表演、竞赛、评比等评价活动。研学评价注重总结性评价和过程性评价相结合,不能只看实践后的结果,而要关注从制订方案到实践的全过程。将综合素质评价融入其中,整合多种评价方式,引导学生持续实践、体验、省思,借此不断改进教学,教师与家长共同协助学生成长。

三、完善教师成长体系,为增值评价提供核心动力

增值评价是评价学生进步程度和学校努力程度的发展性评价工具。通过关注学生一段时间内在原有基础上的进步程度来衡量学校的努力程度,从而科学、公正地评价学校、教师的努力程度,即教育效能的高低②。作为教育评价改革的直接实施者,教师的专业化成长在增值评价中显得尤为重要,除了督促教师进行自我提升之外,学校还建立了完善的教师成长体系,成立了"一室一盟一中心",保障了教师职业生涯中不断地自我完善,不断提升教育教学水平。

"一室"即校内"名师工作室"。旨在通过名师引领,团队合作的方式,帮助

① 辛涛.挖掘过程性数据中的教育价值[N/OL].中国教育报,2020-12-12. http://www.moe.gov.cn/jyb_xwfb/xw_zt/moe_357/jyzt_2020n/2020_zt21/zhuanjiawenzhang/202012/t20201214_505246.html.

② 马晓强,王善迈.增值评价:学校评价的新视角[M].北京:北京师范大学出版社,2012.

青年教师向中流砥柱型教师转型,均衡教师业务水平的发展。"一盟"即教育教学督导联盟。这是一种非行政性的组织,由学校的资深教师担任"盟主",对年轻教师进行开学第一课督导、期中督导、期末督导,帮助新进教师树立严谨、科学的教学观念。这些资深教师主动走进年轻老师的课堂,关注年轻老师的发展,从备课、上课、批改作业等方面进行全方位的督促和指导。每次听课之后,联盟成员会给年轻教师出具"温馨建议书",针对课堂教学的问题进行修正,并在规定时间进行改变,如果相同的问题仍未改变,将出具"整改通知书"并由教学部牵头进行整改监督。这样的联盟形式充分调动了资深教师的教育热情,夯实了青年教师的课堂教学能力,为学校形成积极向上的教研氛围奠定了基础,旨在解决不同教师教学的能力不同对学科等级的影响。"一中心"是教学质量检测中心。学校的教学部以"三课两会"为抓手,优化教学质量。"三课"即为"领讲课、启智课堂、拂晓大课堂",从每学期的个人公开课、校内的公开课以及校际间的公开课来分层逐级督促教师们的课堂教学,要侧重教研的主题性研究,提升教研的针对性、指导性。"两会"即为教研备课组长会和期末质量分析会。通过教研备科组长去夯实课堂教学的细节问题,以质量分析会的形式横向类比学生的学习能力,提升教学的空间。

四、丰富校园生活的内涵,让综合评价全面均衡

新时期的教育培养全面发展的社会主义接班人,学生们的校园生活应该丰富多彩。如何从学校实际出发,打破校园和社会之间的界限,是我们一直关注的问题。通过"校园+校外""课程+场馆"联动,推动课堂教学与学生社会实践、志愿服务相结合,让学生在实践探究活动中激发家国情怀,培养社会责任感。比如开展垃圾分类活动,学生们在老师的带领下,来到包河区生活垃圾分类科普展示馆,在实地学习和亲身体验中,开启垃圾分类趣味探索之旅。建党百年之际,学生们参加了"童心向党·礼赞百年"红歌合唱比赛。学生们在活动中,浸润红色金曲,重温红色经典。通过红歌比赛,学生们唱出厚植心中的爱党、爱国、爱社会主义的情怀,增强了学生的使命感和集体荣誉感,培养了学生的爱国

情操。丰富多彩的校园生活在为孩子们提供展示自我的同时,更是让他们的各方面素养得到提升。与此同时,学校积极推进综合素质评价管理系统的建设,包括学业素质与能力评价系统、综合素质能力评价系统、发展潜能评价系统等。力求客观真实、简洁有效地记录学生在各种综合实践活动中的表现,让参与评价的各方都能有效地交流、互动,充分提升评价的有效性,为学生适应社会生活、接受高等教育和未来职业发展打好基础。

　　教育评价改革的关键在于实施。在这个庞大的系统工程中,我们不仅要建立评价指标体系,评价标准、评价方法和评价结果的科学应用,还要与教学改革、课程改革、教育指标、考试招生制度改革相配合,而配套的评价技术是教育评价改革的关键,要构建促进学生全面发展的评价标准,政府、学校、教师、学生和社会用人单位都需要认真贯彻落实总体规划精神,根据评价对象和评价内容的特点,制定评价标准,选择评价工具①。在这个过程中,学校积极响应,在学校、教师和学生层面开展了一系列探索活动,积累了一些经验。相信它能对丰富和完善教育评价改革起到一定的作用。

第三节　基于智能批改环境下的作业评价探索

　　2021 年 7 月,中共中央办公厅、国务院办公厅印发《关于进一步减轻义务教育阶段学生作业负担和校外培训负担的意见》,这个《意见》的印发为学校在作业方面的探究和改革指明了方向。我们在思考:学生为什么写作业呢？作业的目的应该是对所学的知识及时进行巩固、对老师的教学及时进行诊断,但一个班有四十多个学生,批完作业后,怎么才能更精准地了解学生作业的整体情况,从而实现有效教研和个别辅导:学生作业中的错题我们该如何合理运用,从而实现减负提质;怎样才能实现分层作业的有效推送？学校一直在积极探索利用

---

① 张勇.测评技术是影响教育评价改革的关键[N/OL].中国教育报,2019-3-28. http://reco.cssn.cn/jyx/jyx_jyqy/201903/t20190328_4855081.shtml? from=timeline&isappinstalled=0.

AI 平台的支撑进行作业的有效研究。

一、AI 平台支持下的"大聚小散"研修模式新探索

教师每天的课堂教学要深度研读《课程标准》,因为这是教学的大纲和依据;同样的道理,教师在布置作业时也需要有大纲和依据。合肥师范附小积极探索出基于 AI 的"大聚小散"研修模式,在这种研修模式的碰撞下,老师们有了作业布置的整体计划和实施依据。

"大聚"指的是开学前在专家指导下我们各个学科制订学期初作业计划列表。专家的视野和见识总能帮助一线老师少走很多弯路,但专家的工作比较繁忙,很难固定时间给老师进行指导和讲解,因此老师可以借助于 AI 平台的支撑,采用灵活的线上指导方式,邀请各学科一线专家对老师们进行双减精神的传达,同时指导各学科作业计划列表的制订。有了作业计划列表,老师们就有了每天作业布置的实施依据。在制订科学组的整体作业计划列表阶段,学校就邀请了北京师范大学项华教授和北京市石景山小学科学名师毛澄洁老师进行了多次的线上指导,基于 AI 平台的支撑让学科专家的指导突破时空的限制,让一线老师们受益匪浅,科学组老师纷纷表示:这份科学作业计划列表能落地,有很强的指导意义。

"小散"则是每个备课组上课前细化每天的作业清单,备作业成为备课的一部分。"1+X"的集体教研模式,为细化每天的作业清单提供了时间保障。"1"指的是以备课组为单位,固定时间、固定地点、固定人员,同备课组老师研究作业计划列表,同时分析学生学情,围绕作业的设计、布置、批改、讲评等环节开展研究,压减作业总量,提高作业质量。"X"则是基于 AI 平台的支撑,我们各备课组会和合肥市师范附属小学教育集团内的肥东、长丰分校老师一起进行线上集体教研,学校还主动对接长三角先发地区,邀请了无锡市东林小学,两校打破地域限制,利用 AI 平台,聚焦作业研究,进行了广泛而深入的交流与碰撞。

二、AI 平台支持下的"批改作业"智能技术新尝试

借助于 AI 平台,老师制订出了作业计划列表和每日作业清单。但在学生

书写每日作业时，一连串的问题会指引我们老师进行深层次的思考：怎样精准地了解学生作业的整体情况？怎样通过作业反馈来诊断老师们的日常教学？怎样打破千篇一律、缺乏个性化低效作业的布置？怎样布置个性化作业实现减负提质？怎样合理把控学生作业总量？基于 AI 平台支撑，我们可以利用信息化技术智能批阅学生的纸质作业。

1. 智批作业

每次作业批改完后，系统能快速生成作业数据报告，这个数据报告非常全面。班级总览中不同颜色的直条，让老师立刻就能看出学生的整体做题情况，绿色直条代表优秀人数、蓝色直条代表良好人数、黄色直条代表合格人数、红色直条代表待合格人数。从答题情况看，每一道题都有正确率的显示，老师可以准确地了解哪道题正确率较低。答题统计上能显示出每道题答对和答错的人数，而作为一线老师最想了解的就是哪些同学哪道题答错了。以往是凭印象了解这些信息，比较模糊，现在老师就可以利用 AI 平台精准地把握学生的整体作业情况，利用"5+1+N"课后托管服务时间进行点对点的个别辅导。

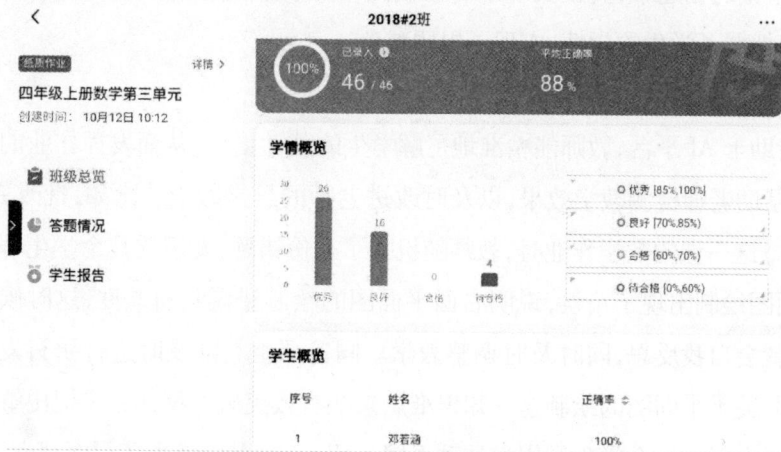

图 5-3　作业数据报告

2. 汇集错题

以往错题虽然能及时订正，但老师的精力有限，不能针对学生的错题让学生进行举一反三式的巩固和强化，而对于学优生更不能做到专项提升。现在我们会利用 AI 平台提供的网络资源,对所有学生进行作业的智能巩固。

现在学生每次的错题我们会积累起来,这样就形成了每个学生的专属错题本。错题本上我们会设置错因分析,让学生根据自己的错误情况进行相应的分析,我们也会利用 AI 平台提供的网络资源,在错题本上推荐同类题,让学生及时进行巩固。比如,学生在口算《两三位数除以两位数》时,部分学生出现"240÷40＝60"的典型错误,这时候我们会在他的错题本上推送同类题"320÷80＝",让学生进行针对性巩固。没有任何错题的学有余力的学生,一周下来我们会给他推送一些提高类题目,形成个性化作业。错题集的建立,帮助学生对错题进行了有针对性的及时巩固。我们也曾尝试着让学生自己主动积累错题本,并建议家长给学生出同类巩固练习题,但一方面学生积累的错题本不系统,也不能妥善保管,易丢失;另一方面家长出的同类巩固练习题不够精准,也增加了家长的负担。我们汇集的学生专属错题本,全部推送给学生终端,这样学生可以根据需求选择学生终端完成或打印成纸质的错题本。现在我们利用 AI 平台的智能化,汇集的错题本,真正实现了有效巩固,也减轻了教师和家长的负担,同时精准地把握了学生的学情,实现了提质减负。

3. 诊断教学

借助于 AI 平台,教师能精准地了解学生的共性错误,从而发挥作业的诊断功能,帮助老师检测教学效果,以及时改进老师的日常教学。比如,批改完《观察物体》这一课的数学作业时,教师随机找了几份错题,发现这几个学生都是右面平面图绘制出现了错误,说明右面平面图的绘制错误具有共性,这时候作为老师,就会自我反思,同时及时调整教学。同备课组老师及时进行研讨发现错误原因,关于平面图的绘制这一知识难点未能有效突破。据此大家提出解决方案:课堂上要让每个学生利用学具动手摆一摆,还要引导学生从右面观察,并画出右面的平面图。实际在课前的五分钟作业讲评时,学生在获得真实的观察和动手体验后,终于攻克了绘制平面图这一知识难点。

4. 压减总量

老师们利用 AI 平台支撑智批学生每天的各学科作业后,只能从自己学科的角度大概了解学生的作业量,怎样合理、科学协调各学科的作业,实现作业总量的严格控制? 另外学生回家书写作业时怎样智能监控完成作业的总时间? 这些问题都引领着我们一直在思索和探究。

现在我们尝试着落实班内"作业公示制度",每个班由班主任牵头负责总控整个班级作业的总量。每个班在醒目位置都有"作业公告栏",这个公告栏上有每天各学科的作业。比如,数学老师在布置《解决问题的策略》的作业时,发现当天其他学科的作业内容较多,就会减少当天数学学科的作业量。3—6 年级学生的作业总时间能不能控制在一小时以内完成,我们最初是希望家长能帮助监督,但在具体实施时我们发现一方面给家长增加了额外的负担,另一方面总时间的收集也不够准确。因此我们正尝试着利用 AI 平台创建"作业时长监控平台",对 3—6 年级学生的家庭书面作业用时进行数据监控。晚上 10 点前,家长通过小程序填选孩子当日各科书面作业用时,统计数据会直接反馈到任课教师的手机中。各种不同的颜色会让老师在平台上全方位了解学生作业完成的总时间,红色预警会让老师不断调整各学科的作业总量。1—2 年级学生不布置家庭书面作业,老师会布置与学生学习、生活相联系的听说型、实践型作业。

三、AI 平台支持下的"个性作业"分层推送新方向

在利用信息化手段批阅学生的纸质作业时,老师也会经常反思:要打破窠臼,创新作业设计,在作业的形式上要进行一些积极的探索和研究,让作业真正实现分层推送,发挥作业的育人功能。

1. 校本资源库推送分层作业

在批改学生的纸质作业时,我们发现有些题型不够典型、不够合理。比如在批阅《可能性》的纸质作业时,我们发现很多题目都偏向于文字性的叙述,缺乏基于一定情境的实践类题型;再比如在批阅《统计表与条形统计图》的纸质作业时,很多题目都缺乏"形"的支撑,导致学生数形结合运用能力欠缺……所以我们现在尝试着建立自己的特色校本资源库,这个库里有基础类、强化类、拓展类的作业,老师们在结合了班情、学情以及基于 AI 平台智批作业后,建立了这

个作业库。以往老师们在布置作业时会布置一些机械类、重复类作业,现在我们准备利用这个校本资源库给学生智能推送作业。智能推送作业时,我们会按照学生的学习情况进行有针对性的推送,基础类习题推送给大多数学生,而提高类则推送给学有余力的学生,真正实现了作业分层推送。

2. 项目式学习推送分层作业

在作业布置时,除了传统的书面、实践、探究等作业以外,学校还积极引导学生进行项目式学习。让学生在项目式学习的情境中一方面提高学习的兴趣,另一方面通过完成项目式学习推送的分层作业,实现作业形式的多样化。

深入贯彻落实"双减"政策,是一项系统工程,学校聚焦作业的育人功能,通过 AI 平台的支撑,努力探索作业研究的新方向、新思路,只有立足于学生、立足于课堂,才能将学生从过重的作业负担中解放出来,这也正与合肥市师范附属小学一直秉承的"轻负担 高质量 有特色"相吻合①。

第四节　基于"启明教育"评价实施的教师成长新探索

评价的过程应该是促进学生和教师成长的过程。2014 年,学校参加了合肥市绿色评价测试。我们也希望通过绿色评价的反馈来探究教师的专业成长。并依托学校"三一工程",强化教师内在力量,全面提升教师专业素质。评价改革的目的是打破唯分数论的刻板印象,在具体实施过程中,教师的专业发展是一个重要环节。

"三一工程"指的是智库工程、青蓝工程和名师工程,学校依托智库工程的顶层设计与管理、青蓝工程的过程性指导、名师工程的专家辐射引领,实现教师的快速专业成长。

何谓"明智之师"?"明智之师"是指在学校"启迪心灵—明亮人生"教育理念下,有教育思想和智慧,明确自己的发展规划和目标,照亮自己的教育道路,

---

① 徐晓伟,汪伟,冯璐. AI 平台支撑下的作业新研究[J].中小学信息技术教育,2022(1):81—83.

同时照亮学生人生发展道路的附小教师团队。学校以师德建设为根本任务，探索构建教研、科研、培训一体化教师专业发展培训机制，加强教师教育思想和教育智慧的培养，不断促进"明智之师"的专业成长。

一、一个"智库工程"

顶层设计决定了学校的发展方向。学校致力于打造"明智之师"团队，并从三个层面建立智库。学校"智库工程"的目的是从管理、方向、政策和资金等方面为教师的成长提供充分的保障和支持。

第一层是管理智库。在管理工作中，学校唱响了"教师第一"的主旋律，把发展教师队伍、铸就"明智之师"放在重要位置。学校管理层达成共识：学校要发展，学生要发展，教师必须首先发展。学校成立了以校长为组长、业务副校长为副组长的教学管理指导小组，以各教学部门主任和各学科教研组组长为成员，从教师培训计划、政策支持和整体实施等方面全面加强教师队伍建设。

第二层是督导智库。学校拥有一批教学经验丰富、教学方法实用、极具敬业精神的中老年教师。他们对学校有着深厚的教育感情和认同感。他们愿意通过督导听课的平台，分享自己的教学理念、教学技能和教学智慧，帮助年轻教师专业成长。在他们的精心指导下一批批附小"明智之师"不断崭露头角。

【案例5-1　合肥市师范附属小学教育教学督导方案】

为实现学校持续、稳定、跨越式发展，完善教学管理体制，加强教学质量监控，确保教学过程的各个环节规范化，达到相应的质量标准，提高办学水平，为充分发挥教学督导在教学质量监控中的作用，特制订《合肥市师范附属小学教育教学督导方案》。

一、指导思想

合肥市师范附属小学教育教学督导以保证教育教学质量为目标，坚持全面、协调、可持续发展的理念，充分发挥"督导"和"引导"在教学过程中的作用，为学校改善教学管理和教学工作提供依据，为学校制订教学规划、促进学科建设和提高教学水平提供服务,促进教学改革不断深化和发展,逐步形成规范、规则、责任意识、质量和创新。

二、组织架构及人员安排

学校成立的教育教学督导联盟由"拂晓名师工作室"和资深优秀教师团队组成,为非行政组织。联盟设轮值盟主一人,由"拂晓名师工作室"和资深优秀教师团队轮流推选。各"拂晓名师工作室"设主任一名,成员若干;资深优秀教师团队分学科组(语文、数学、综合),各设组长一人,组员若干。

教学督导组成员任期一年,可根据工作需要和本人具体情况延聘或提前解聘。教学督导组办公室设在教学部,负责教学督导安排,汇总教学督导信息,做好协调与服务,协助处理有关事项。

三、工作职责

合肥市师范附属小学教育教学督导联盟的主要职责是:参与教学过程的日常检查,了解学校的教学工作安排,重点检查教师备课和教学计划,以及学校各项教学规章制度和教学文件的执行情况;参与课堂教学质量评估和教师教学科研工作。教学督导能够全面、及时地反映学校教学和管理系统运行状况的信息,为学校教学和教学管理的规划、协调和控制提供服务。具体职责如下:

1. 根据学校工作计划和年度工作计划,制订并组织实施学校教学督导工作计划,重点对素质教育、课程实施、日常管理、教学水平和教学质量进行定期监督和考核。

2. 教学督导联盟对教师和各类教学管理人员的工作和质量进行监督,及时向主管领导和教学部门反馈存在的不足和问题,督促落实整改措施。

3. 监督检查上级重大决议和学校重大决策的执行情况。

4. 开展教学研究,经常深入一线,听课评教,调查研究学生学习动态,注意发现问题,向学校领导和相关部门提出改进建议。注重发现典型案例,总结教育教学成果,及时宣传推广先进教学经验。

5. 每学期结束前,教学督导联盟成员应向教学部提交书面工作总结和改进教育教学的建议。

四、教学督导内容

1. 教学常规检查：教师备课、上课、教案规范编写、课堂出勤、作业批改、教学反思。通过听课了解教师教学的整体工作，如组织教学、注重整体、充分发挥学生的主动性、规范教案的编写等。

2. 教学质量的检查和评价：教师的课堂情况、学生的评价和反馈。

3. 青年教师培训：制订并实施青年教师培训方案，承担导师职责，帮助青年教师提高教学和专业水平。

4. 对教师的教学情况和工作能力提出评价意见。

5. 参与学校各项教研活动的评估。

6. 对学校的教学工作和课程建设提出改进意见和措施；对学校的科研工作提出建议和改进措施。

五、工作纪律与要求

1. 教学督导必须实事求是、公平合理、善意科学。

2. 教学督导要加强学习，探索小学教育教学督导规律，不断提高教学督导水平。

3. 教学督导应遵守工作纪律。未经同意，个人不得以任何形式披露监督评价意见。

4. 教学督导人员不得滥用职权、以权谋私、打击报复、包庇他人、侵害他人权益。监事违纪的，视情节轻重给予警告、撤职甚至行政处分。

5. 对因缺乏教学经验而需要改进教学方法的青年教师，要给予热情帮助和重点指导，使其尽快胜任，确保教学质量。

六、教学督导经费和督导员待遇

1. 学校提供相应经费，保证校教学督导管理工作小组正常开展各项活动。

2. 教学督导成员，每人每月由学校根据履行职责情况给予适当补贴。

3. 学校每学期评选"优秀督导员"，给予奖励。

4.教学督导员由学校统一聘任。

第三层是专家智库。专家们的指导是：一棵树摇另一棵树，一朵云推另一朵云，一个灵魂唤醒另一个灵魂。为了加快"明智之师"的专业发展，学校定期邀请本校名师、本地区名师，甚至长三角教育名师，通过名师讲课、线上指导、云端互动等方式，开阔视野，更新观念，提升自身的综合素养。

二、一个"青蓝工程"

青年教师的成长是课程改革的需要，是学校可持续发展的需要，也是教师自身价值实现的需要。在学校青年教师的培养方案中，重点放在"三格"培养，即一年合格，三年入格，五年升格，就是培养他们一年成为合格教师、三年升为家长和学校满意的教师、五年成为学科骨干教师。每学年，学校都会安排"青蓝工程"师徒结对，根据学科、年级给每一位新进教师安排教学经验丰富的指导老师，通过"拜师礼""影随行""尖尖角""话收获""展风采""谢师礼"六个篇章的指导和帮扶，让新教师尽快了解学校"启明"教育理念，尽快站稳课堂。在"青蓝工程"的实施过程中，学校结合教师成长的规律，结合徒弟们个人三年发展规划的需求，开展创新型活动。一方面师徒间如影随形地开展结对活动，如听课磨课、理论指导等；另一方面为了实现青年教师的快速专业成长，依托课程，开设系列专业指导讲座，从青年教师最需要提升的角度设置课程，讲座内容涵盖《学校启明文化》《考勤制度及相关教学要求》《如何备好课》《如何上好课》《评价方式改革的探索》《课题研究可以从小处着眼》《班主任管理智慧》《名师成长的秘密》等；最后在徒弟出师环节采用表格量化方法，从"德能勤绩"等方面对徒弟进行全方位的考核，本着合格一个出师一个的原则，规范青蓝工程出师标准。

【案例 5-2　合肥市师范附属小学青蓝工程学员出师标准】
培养青年教师，提高他们的教学水平和综合素质，是学校的一项重要基础工作。新教师培训的成效直接关系到整个教师队伍的质量和学校的生存与发展。只有打造一支优秀、高素质的青年教师队伍，才能实现以教师发展促进学生和学校发展的可持续发展。为了适应教学工作的需要，让青年教师走进课堂，坚定地站在讲台上，让青年教师尽快成长，切实担负起教育教学的重任，依照合肥师范附小着力打造"明智之师"教师团队的有关要求，特制定以下青蓝工程学员出师标准：

一、指导思想

全面贯彻党的十九大精神，坚持以马克思列宁主义、毛泽东思想、邓小平理论、"三个代表"重要思想、科学发展观、习近平新时代中国特色社会主义思想为指导，以《教育法》《教师法》等法律法规以及《教师职业道德行为准则》为依据，坚持理论联系实际的原则和教师自主发展的原则，明确教师的权利和义务，全面提高青年教师的职业道德。有针对性地安排、指导青年教师的教育教学工作，使青年教师爱岗敬业，开拓进取，力争一年适应、二年合格、三年胜任、五年成为学科骨干，并逐渐成长为有智识、有智能、有智情的"明智之师"，为把学校建设成省内乃至全国知名的示范性名牌学校创造条件。

二、主要培养形式

（一）开展青年教师拜师活动

每一位青年教师通过自愿和学校安排相结合的方式，在教研组中找到一位具有长期教学经验的优秀教师作为导师指导教学。导师要专业指导，帮助青年教师成长，从工作态度、教师道德形象、教学思想、教学行为、教学技能、教学手段、教学科研、教学创新等方面进行跟踪指导。通过推陈出新等措施，建立档案，实施考核，促进青年教师尽快成长。

（二）组织领导

为了把新入职的青年教师培养计划落到实处，学校成立新进青年教师培养领导小组和指导小组。

1. 领导小组名单：冯璐、杨家兴、欧霞、徐晓伟、傅洁。

2. 学科指导教师名单：各学科教研组组长、备课组长，各名师工作室主任以及学科优秀教师。

（三）组织进行教学常规培训

在教学过程中重视老教师传、帮、带的作用。

第一阶段青年教师和学科指导教师一同备课、一同上课,汲取经验,互相交流。

第二阶段指导教师对青年教师进行批改作业、辅导、考试、备课、听课评课、课件制作等教学常规工作环节培训和检查。

（四）开展教学大赛活动

学年末进行一次新入职青年教师的汇报课活动,汇报课之前指导老师对新教师进行备课指导,即从教材的定位,教学目标的制定,重点、难点的确定,教法、学法的选择,板书的设计、礼仪形象、行为举止等进行全方位指导,确保汇报课的成功。同时学年末新入职教师写一份优质课教案、做一个优质课件、上一节优质课、写一篇教学反思或案例,教学管理部结合教研组的听课、评课,做好管理和记录。

（五）倡导青年教师开展教育教学研究活动

以发掘教学新思想,倡导新教法为目标,引导青年教师在教学工作中推陈出新,提高教学水平与质量,倡导青年教师研究教法,研究教材,撰写教学反思与教学论文,总结教学经验,营造浓厚的教学研究氛围。

三、具体出师标准

青年教师通过学校青蓝工程提供的多元化平台,努力成长为有智识、有智能、有智情的"明智之师"。

（一）师德要求:"智情",要有敬业奉献、严慈相济、大爱无疆的教育情怀和责任心

1.热爱社会主义祖国,忠诚党的教育事业,有高度的工作责任心和奉献精神。

2.教育教学思想端正,热爱教师职业,忠于职守,有良好的职业道德和敬业精神,治学严谨,执教严格。

3.教育要面向全体学生,尊重每一位学生,树立"一切为了学生,为了

学生的一切"的观点,作风民主,以模范的言行,去教育和培养学生。

4.热爱学校,关心集体;顾全大局,团结协作,自觉服从组织安排;坚持原则,严于律己,作风正派,道德言行堪为师生表率。

(二)教学要求:"智能",要有较高的驾驭课堂、因材施教、实践反思的教育能力和教育潜能。

1.钻研教材,学习教学大纲,学习教育学、心理学理论知识,争取较短的时间内对所教学科具有较系统的教育教学基础理论和专业知识。

2.认真学习教学常规要求,掌握"备、讲、批、辅、考、评"六大教学环节,并认真做好每一个教学环节,提高教学质量。

3.新教师要与指导教师共同备课,课前先听指导教师的课,然后修改教案,再上台讲课,并写出详细的听课笔记,写出听课体会。

4.积极参加学校组织的各种教研活动和教学大赛,通过这些活动提高自己的教学水平,在活动中学习,在活动中发展。

5.虚心向有教育教学思想、有教学经验的老师、导师学习,学习他们好的思想、好的作风、好的品德。

(三)教研要求:"智识",要有广博的教育知识和教育见识

1.掌握教研的基本知识和方法,增强教研意识,努力提高教育科学研究能力,勇于改革和创新。

2.注意吸收先进的教育理念,丰富自身的教育实践;善于总结规律,结合自己的教学体会,写出具有一定水平的经验总结、教研心得或其他论文。

四、考核

1.师德表现:通过领导审查、教师互评、学生测评来统计其师德状况。

2.教学工作:由教导处和有关科室组成检查小组对新教师的各项达标要求进行检查,如听课笔记、教案、作业批改、课后辅导、课后反思等。

3.教育工作:包括班主任及其他工作的具体表现。由学生部负责做出要求。

总之,在合肥师范附小"启迪心灵—明亮人生"的教育理念指导下,努

力让青年教师成长为具有理智健全、知识完备、理念先进、德行高尚、思想开放、情智充沛的"明智之师"。青年教师精力充沛、朝气蓬勃、反应灵活、思维敏捷、工作热情高涨,是教学的主力军。而老年教师教学经验丰富、师德高尚、敬业爱岗、求真务实,在青蓝工程的具体工作中一定能做出表率。通过新老教师互相及时交流反思,总结经验,对促进青年教师的成长,提高学校教师队伍的建设,保证学校教学质量的长足发展,具有深远而重大的意义。

考核项目	基本内容	考核赋分	自评得分	考评得分
师德	遵守学校考勤制度	10分		
	无体罚和变相体罚现象	10分		
	无有偿家教	10分		
教学	1节公开课	10分		
	1篇优质教案	10分		
	1个优质课件	10分		
	1篇优质反思	10分		
	听课笔记2本(15篇)	10分		
教研	1篇论文	10分		
	参与课题研究	10分		
加分项目	参加市区级比赛并获奖	10分		
总得分				
教学部考核意见: 盖章: 年　月　日				

表5-1 "青蓝工程"徒弟出师量化表

三、一个"名师工程"

我们认为，办人民满意的基础教育优质小学，需要教学名师。学校一方面鼓励教师通过课题研究、磨课赛课、理论提升等形式成长为教学名师；另一方面充分发挥名师的示范、引领、带动作用，积极组织他们带领一批具有较高理论水平、较扎实业务功底、较强教育科研能力、具有良好发展前景的中青年教师，大力开展务实创新的教育教学研究活动。学校现有特级教师四人，名师、学科带头人、骨干教师一百一十七人次。学校给各级名校长工作室、名师工作室铺路子、搭梯子、压担子，他们承担着培训校长、学校教师和校际巡讲，开展专题讲座，执教公开教学，为参赛教师磨课指导，带领工作室成员研究课题，找到专业发展的路径，向附小教育集团学校送教等任务。学校现有合肥市及包河区名校长工作室各一个，合肥市名师工作室四个，包河区名师工作室十二个，校级名师工作室十一个。正是在各级名师的指导和引领下，附小的"明智之师"正在茁壮成长。

教师队伍建设始终是学校及教育发展的关键，唯有锻造一支优秀的高素质的"明智之师"团队，才能实现以教师发展促进学生和学校发展的可持续发展。学校一直秉承"服务教学教研，促进教师发展"的宗旨，不忘初心，依托"三一工程"，不断探索铸就"明智之师"团队的新路径。

后　记

　　"启迪心灵　明亮人生"作为合肥市师范附属小学的核心办学理念,多年来指引着学校的各项教育教学工作,是学校推行教育改革的重要思想和原则。如何启迪学生心智,引领其走向光明? 如何引导学生将知识内化为能力,使学生适应未来生活,成为终身学习者呢?

　　学校在多年的办学历程中,不断思考,上下求索,将学生的发展置于首位,形成了以指向实践学习的课程设计为核心,以实践学习中的实施策略为路径,以"四位一体"(家庭、社区、场馆、高校)资源库为保障,以360°综合评价系统为导向,以教师跨界研修共同体为支撑,以少先队实践活动为特色的闭环式教学评一体化实践育人体系。实践学习的提出,正是在传承学校文化和改革实践的基础上,基于时代发展的要求而进行的面向未来的学习变革,以适应人的终身发展和社会发展。本书就学校实践育人体系的构建与探索过程及成果做了细致梳理,可读性强、易于操作、便于推广,对其他学校的综合性改革有着重要的借鉴作用。

　　本书内容均由合肥市师范附属小学教师撰写,是学校教师对多年来探索成果的总结和凝练,一字一句,如数家珍。

　　本书撰写分工如下:

　　冯璐、许治初、邓帆负责前言、后记的撰写以及全书的统稿;

　　杨妍、练舒负责第一章、第二章的撰写与统稿,赵俊、洪洁、傅洁、刘燕、戴志程参与撰写；

汪伟、欧霞负责第三章的撰写与统稿，吴烨、王进生、胡兴勇、崔琴琴参与撰写；

杨志云、傅洁负责第四章、第五章的撰写与统稿，徐晓伟、何柳明、赵蕾参与撰写。

合肥市师范附属小学的多位老师为本书提供了宝贵的实践案例，在此表示感谢。

成书之时，由衷感谢中国教育学会名誉会长、北京师范大学顾明远教授，华东师范大学杨小微教授，复旦大学徐冬青教授，北京师范大学项华教授，北京景山学校毛澄洁老师等专家的悉心指导。感谢区委、区政府一直以来对学校的关心和帮助，感谢区教体局对学校总结教育教学成果、凝练办学特色以及出版此书给予的大力支持。

潮平两岸阔，风正一帆悬。衷心希望本书能给广大教育同仁们在进行实践教育时带来一点思考和启发。当然，对真理的认识不可能一蹴而就，而是一个螺旋式上升过程。今后，我们也将在此基础上不断完善和发展，继续开展实践学习的理论和实践研究，探索"启明教育"核心办学理念下的实践育人体系的构建。

冯璐

2022 年 3 月 31 日

参 考 文 献

1. 张红,许治初. 基于品牌塑造的学校文化建设研究 ——"启明教育"的实践与探索[J]. 合肥教育科研,2020(10):35.

2. 张红等. 启迪心灵 明亮人生[M]. 合肥:安徽文艺出版社,2013.

3. 吕春,王益广. 外语互动式教学中的课堂智慧交互设计初探[J]. 中国信息技术教育,2016(22):40—50.

4. 贾巍,陈建国. 基于智慧校园的外语教学环境建设研究[J]. 软件导刊(教育技术),2017(10):61—63.

5. 刘邦奇."互联网+"时代智慧课堂教学设计与实施策略研究[J]. 中国电化教育,2016(10):51—56,73.

6. 韩珊琳. 让学生迷上音乐课[J]. 北方音乐,2020(6).

7. 肖世鑫. 论如何提高小学音乐合唱教学有效性[J]. 读与写,2019(16).

8. 刘邦奇,吴晓如. 智慧课堂:新理念 新模式 新实践[M]. 北京:北京师范大学出版社,2019.

9. 聂庭芳,胡成. 中小学"智慧校园"建设视域下的智慧教学模式探究[J]. 当代教育论坛. 2021(3).

10. 王育齐,陈永恒. 大数据时代背景下智慧教学模式的研究[J]. 中国信息化,2019(1).

11. 喻伯军. 小学科学教学关键问题指导[M]. 北京:高等教育出版社,2020. 10.

12. 顾军. 关注学生从"预习单"设计开始[D]. 数学学习与研究,2016.